에밀

Émile ou de l'éducation

돋을새김 푸른책장 시리즈 011

에밀 [개정판]

초판 발행 2008년 4월 20일
개정 4쇄 2015년 7월 23일

지은이 | 장 자크 루소
편역자 | 이환

발행인 | 권오현 부사장 | 임춘실
기획 | 이헌석 마케팅 | 이종근
편집 | 김은경 · 김보라 디자인 | 안수진

펴낸곳 | 돋을새김
주소 | 서울시 종로구 이화동 27-2 부광빌딩 402호
전화 | 02-745-1854~5 팩스 | 02-745-1856
홈페이지 | http://blog.naver.com/doduls 전자우편 | doduls@naver.com
등록 | 1997.12.15. 제300-1997-140호
인쇄 | 금강인쇄(주)(02-852-1051)

ISBN 978-89-6167-173-6 (03370)
Copyright ⓒ 2008, 2015, 이환

값 10,000원

돋을새김
푸른책장
시 리 즈
0 1 1

에밀

장 자크 루소 지음 | **이환** 편역

돋을새김

최고의 행복은 권력에 있는 것이 아니라 자유에 있다.
이것이 나의 원칙이며 교육에 접목시켜야 할 핵심이다.

장 자크 루소 1712~1778

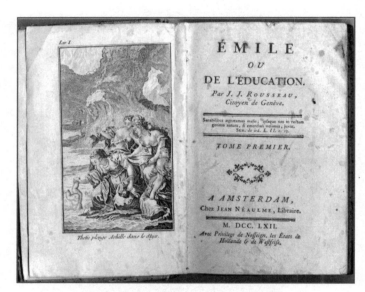

『에밀 Émile ou de l'éducation』 초판본(1762)

『에밀』은 파리에서 출간되자마자 소르본 대학과 고등법원에 의해 금서처분이 내려지
고, 루소에게는 체포영장이 발부될 만큼 엄청난 파문을 일으킨 교육 혁명서였다.

ROUSSEAU AND MADAME D'ÉPINAY. — Page 258.

루소와 에피네 부인

루소에겐 여성 후원자가 많았다. 에피네 부인 역시 루소의 후원자로 몽 모랑 시 근처의 시골 영지를 그의 은신처로 내주었다. 루소는 이곳에서 왕성한 저술 활동을 했으며, 『에밀』도 이때 집필되었다.

일러두기 ————————————————————————————————————

1. 이 책은 바버라 폭슬리Barbara Foxley의 영역본인 『Emile』(Dutton, 1911)을 기본 텍스
   트로 하고 『에밀』(한길사, 2006)을 참조했다.
2. 원문 가운데 일부는 수정하거나 생략했다.
3. 내용의 핵심을 파악해 알기 쉽게 전달하려고 노력했다. 본문 속의 제목 역시 독자의
   이해를 돕기 위해 새로이 구성했다.
4. 특별히 부기하지 않아도 되는 인명이나 지명은 생략하거나 변경하였다.
5. 주석 또한 필요에 따라 보완하거나 수정했다.

차례 |

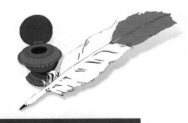

제1부

유아기
출생에서 다섯 살까지

참으로 이상한 일이다. 모든 것은 조물주에 의해 선하게 창조됐음에도 인간의 손길만 닿으면 타락하게 된다. 식물이나 동물은 물론 기후마저도 뒤흔들어놓아 모든 것이 변형되고 뒤죽박죽으로 바뀐다. 이러한 경향은 같은 인간에 대해서도 그대로 적용된다. 인간은 자신의 취향에 따라 같은 인간을, 마치 가축이나 정원의 나무처럼 왜곡하고 변형한다. 이로 인해 인간의 본성은 질식할 수밖에 없다.

　그러므로 인간의 교육은 어려서부터 제대로 이루어져야 한다. 영혼이 세상의 편견에 물들어 뒤틀리기 전에 울타리를 치고 보호해줘야 한다. 식물이 재배를 통해 성장하듯 인간은 교육을 통해 성장한다.

　교육은 세 가지를 통해 이루어지는데, 자연·인간·사물이 그것이다. 자연은 인간을 내적으로 성장시키고 인간은 그 성장을 활용하도록 돕는다. 반면 사물은 그것과 부딪쳐 얻는 경험의 측면에서 교육을 돕는다. 모든 교육은 이 세 가지 스승을 통해 이루어진다. 이 세 가지 스승의 가르침이 서로 조화롭게 이루어질 때만이 인간은 제대로 교육받았다고 할 수 있다.

이 중 자연의 교육은 우리의 관할 밖에 있다. 우리 인간의 능력으로 어떻게 할 수 있는 영역이 아니다. 사물의 교육도 이와 비슷하긴 하지만 전혀 통제 불가능한 것은 아니다. 단지 인간의 교육만이 우리가 주도할 수 있다. 하지만 그렇다고 해서 이 또한 전적으로 자유로운 것은 아니다. 어느 누가 한 아이를 둘러싸고 있는 주변 인물들의 언행을 슬기롭고 용의주도하게 통제할 수 있단 말인가?

그러므로 모든 교육엔 나름의 한계가 있기 마련이다. 교육을 기술의 관점에서만 보면 그것은 전적으로 성공할 수 없는 기술이다. 어느 누구도 이 세 가지 교육을 조화롭게 응용할 수는 없다. 단지 목표치에 근사하게 접근할 수는 있겠지만 그것도 행운이 따라야 한다.

그런데 그 목표란 무엇인가? 어떤 것이 교육의 목표가 돼야 하는가? 그것은 자연의 교육이다. 이 자연의 교육이 다른 두 가지의 교육을 이끌어야 한다. 앞서 말한 세 가지 교육의 원만한 조화를 위해선 우리의 능력 밖에 있는 이 교육의 협조가 절대적으로 필요하다.

'자연'이라고 하면, 사람들은 막연하게 추정한다. 그러니 여기서 그 의미를 정확히 해둘 필요가 있다.

흔히 사람들은, 자연을 습성이나 습관 같은 성향과 관련지어 생각하곤 한다. 예를 들어 나무는 수직으로 상승하고자 하는 욕구를 갖고 있다. 이것은 식물의 본성이어서 억압에 의하지 않는 한 그 자세를 잃지 않는다. 하지만 인위적으로 나무를 구부러뜨려 놓으면, 그 억압으로부터 해방되더라도 그 구부림의 흔적이 남는다. 하지만 이 흔적은 일시적일 뿐이다. 식물이 성장을 지속하는 한 그 본성은 다시 나무를 수직으로 자라게 한다.

인간의 성향 또한 비슷하다. 동일한 상태가 지속되는 한 습관에서 비롯된 그 성향은, 설령 그것이 부자연스럽다 하더라도 줄곧 유지된다. 그러나 상황이 바뀌면 습관은 사라지고 자연으로 되돌아간다. 교육 역시 이러한 습관일 뿐이다.

인간은 그 어떤 존재보다도 감수성이 풍부한 동물이므로 주변 사물들로부터 다양한 영향을 받으며 성장한다. 감각을 통해 유불쾌를 분별하는가 하면 이성의 힘에 기초해 사리를 판단하기도 한다. 이러한 감각과 판단은 지식이 쌓이면서 더 확대되고 강화된다. 이러한 성향은 습관이라는 괴물에 의해 굳어지는가 하면 편견에 의해 변질되기도 한다. 그러므로 이러한 변질이 일어나기 전의 성향, 그것을 나는 우리 안에 있는 자연이라고 부른다.

인간을 만들 것인가, 시민을 만들 것인가

변질되기 이전의 최초 성향에 모든 것을 조화시키는 것만이 진정한 교육이다. 앞서 말한 세 가지 교육이 단지 다르기만 할 뿐이라면 그것은 그리 어렵지 않을 수도 있다. 하지만 세 가지 교육은 서로 대립될 뿐만 아니라 모순적이기도 해서, 어느 하나를 선택해야만 하는 경우 최초의 성향에 모든 것을 조화시키기란 사실상 불가능하다. 자연과 사회제도는 양립돼 있으므로 우리는 어느 한 가지를 선택해야만 한다. 인간을 만들 것인지 시민을 만들 것인지를.

모든 사회는, 결속력이 강하면 강할수록 이기적이다. 애국자의 눈에는 외국인이 무가치하게 보일 수 있다. 스파르타 사람들은 타민족에게 냉혹하고 인색했지만 자국민에겐 공평무사하고 따뜻했다. 중요한 것은 더불어 사는 사람들을 선량하게 대하는 것이다. 자신의 의무는 이행하지 않으면서 먼 나라 사람들의 의무에 대해 이러쿵저러쿵하는 철학자들을 경계하라.

자연인은 오로지 자신만을 위해 존재한다. 그는 단지 독립된 실체일 뿐이다. 반면 시민은 분모에 의해 값이 결정되는 분자와 같은 사회적 존재이다. 훌륭한 사회제도란 인간의 본성을 유연하게 변화시켜 그 사회의 가치에 맞게 상대적인 존재, 즉 '나'를 '우리'라는 공동체로 융합시키는 제도이다. 이 제도 안에서 '나'는 더 이상 단순한 개체가 아니다. 전체를 의식하고 사고하는 사회적 유기체 속에서의 '나'이다.

그런 점에서 로마인이나 스파르타인들은 철저했다. 그들은 '나'라는 개체보다 '시민'이라는 전체 속의 '나'에 충실했다.

다섯 명의 아들을 군대에 보낸 스파르타의 한 여인이 있었다. 전장에서 돌아온 한 노예에게 여인이 소식을 묻자 노예가, "다섯 아드님은 모두 전사했습니다"라고 말했다. 여인은 얼굴을 붉히고, "천한 인간 같으니, 내가 그것을 물었더냐?" 하고 말했다. 노예는 다시, "우리가 승리했습니다"라고 말했다. 그제서야 여인은 신전으로 달려가 감사의 기도를 올렸다. 이것이 시민의 실체이다.

사회라는 질서 안에서 자연 감정을 우위에 두고자 하는 인간은 자기가 원하는 것이 무엇인지를 모르는 사람이다. 그는 하고 싶은 일과 해야 할 일을 구분하지 못해 늘 방황하는 존재, 시민도 될 수 없고 인간도 될 수 없는 존재이다. 타인에게 있어서나 자신에게 있어 아무런 이득도 주지 않는 그런 존재이다.

무릇 훌륭한 사회적 존재가 되기 위해선 언행이 일치해야만 한다. 어떤 일을 결정할 땐 자신의 방침에 근거해 심사숙고하되 한번 결정한 사안에 대해선 과감하게 실천해 나갈 수 있어야 한다. 나는 누군가가 그러한 사람을 보여주었으면 좋겠다. 그가 인간인지 시민인지, 아니면 그 두 가지 성향을 동시에 지닌 사람인지, 그래서 그를 본받으려면 어떻게 해야 하는지.

이처럼 필연적으로 대립될 수밖에 없는 두 가지 목적으로부터 상반된 두 가지 교육이 발생한다. 하나는 공공 교육이고 다른 하나는 가정 교육이다.

공공 교육에 대해 알고 싶다면 플라톤의 『국가론』을 읽어보라. 이 책은 결코 정치에 관한 책이 아니다. 이 책엔 그 어떤 저작물에서도 발견할 수 없는 교육론이 담겨 있다. 하지만 공공 교육은 현재 있지도 않으며 앞으로도 그럴 것이다. 나는 콜레주*라는 시설을 결코 공공 교육기관이라고 보지 않는다. 뿐만 아니라 소위 교육기관을 자처하는 세상의 어떤 기관도 신뢰하지 않는다. 그러한 교육은 겉으로는 사회적 인간을 지향하는 것 같지만 실상 이기적 인간만을 양산하는 데 적합할 뿐이기 때문이다.

이 모순으로부터 고뇌가 생겨난다. 자연과 인간의 상반된 길 사이에서 우리는 방황하며, 결국 애매한 타협에 자신을 내맡김으로써 자연의 목표에도 그리고 인간의 목표에도 이르게 하지 못한다. 마침내 우리는 자신들로부터도 소외돼 스스로는 물론 남에게도 유익하지 못한 존재로 평생을 마치게 된다.

그렇다면 남는 것은 가정 교육 혹은 자연 교육뿐이다. 하지만 자기만 생각하며 자란 인간이 남을 위해 무엇을 할 것인가? 만일 사람들의 이중적인 목표가 하나로 통합돼 그 모순을 제거할 수만 있다면 우리는 보다 더 행복해질 수 있을 것이다. 그럴 수 있을까? 그 점을 판단하기 위해서는 보다 완전한 인간을 상정해야만 한다. 그래서 그의 기질이나 성향을 관찰하고 성장 과정을 꼼꼼히 지켜봐야 할 것이다. 다시 말해 자연인으로서의 인간을 알아야만 한다.

이러한 인간을 만들어내기 위해선 많은 일을 해야 한다. 바람을 거슬러 항해하기 위해 돛을 조정하는 데 신경 써야 함은 물론, 때론 정박하고 때론 움직이면서 조수의 차이에도 대비해야 한다. 각자의 지위가 정해져 있는 오늘날의 사회 질서 속에서 교육의 효과

*Colléges : 예수회가 주도하고 있던 프랑스의 중등교육기관.

를 기대하기란 대단히 어렵다. 지위에 맞춘 교육은 그 지위의 환경이 바뀌는 순간 아무짝에도 쓸모없는 결과를 낳는다. 그런 차원에서 고대 이집트의 경우, 교육은 적어도 확고한 목표를 갖고 있었다. 아들이 아버지의 신분을 이어받기만 하면 됐으므로 갈등의 여지는 아주 적었다.

자연의 질서 안에서 모든 인간은 평등하다. 모든 인간이 평등하다면, 인간으로서의 성향에 맞게 교육 받은 한 어떠한 직업도 가질 수 있고 수행할 수 있어야 한다. 군인이든 사제든, 어떤 직업을 갖든 괘념할 일이 아니다. 중요한 것은 자연이 부여한 이 인간으로서의 삶을 사는 것이고 그것이 내가 가르치고자 하는 삶이다.

대신할 수 없는 어머니의 역할

내가 가르친 학생이 어떤 직업을 갖게 될지 나는 모른다. 하지만 그는 분명히 인간이 돼 있을 것이다. 운명이 그 학생을 어떻게 휘몰아간다고 하더라도 그는 인간이라는 자신의 신분을 꼿꼿이 유지하고 있을 것이다. 그러므로 우리가 집중해야 할 숙제는 인간의 조건에 관한 연구이다.

나는 좋은 일이든 나쁜 일이든, 슬픈 일이든 기쁜 일이든 그것을 잘 견뎌낼 줄 아는 사람이야말로 가장 훌륭한 교육을 받은 사람이라고 생각한다. 그러므로 참교육은 훈계를 통해서가 아니라 실천을 통해서 이루어진다는 것을 알 수 있다.

우리는 태어나는 순간부터 무엇인가 배우기 시작한다. 첫번째 교사는 유모이다. 유모는 젖을 통해 아이를 양육한다. 고대에는 이 양육이 곧 교육이었다. 그 다음 보모와 교사가 아이를 가르쳤다. 하지만 이러한 구분은 바람직하지 못하다. 제대로 된 교육을 하기 위해서는 한 사람의 선생만이 필요하다.

우리가 가르쳐야 하는 학생은 세상의 온갖 풍파를 겪으며 살아 가지 않으면 안 되는 그런 인간임을 잊지 말자. 만일 그 학생이 한 곳에서 태어나 죽을 때까지 똑같은 계절의 변화를 겪으며 살아야 하는 처지라면 기존의 교육 방식도 괜찮을지 모른다. 변화에 대처 하면서 겪게 되는 불편을 감당하지 않아도 되기 때문이다.

그러나 세상사는 끊임없이 변하며 금세기의 혼란스런 양상에 비 춰볼 때 그 정도는 점점 더 심해져 갈 것이 분명하다. 이런 상황에 서 온실 속의 화초처럼 아이를 키운다면, 그 아이는 환경이 바뀌는 순간 곧 파멸에 이르고 말 것이다. 그러한 식의 교육은 고통을 극 복하도록 하기보다는 고통을 느끼도록 가르치는 셈이다.

사람들은 자신의 아이를 보호하기에만 급급한데, 이는 잘못된 것이다. 한 인간으로서 자신의 운명을 개척하며 살아갈 수 있도록 가르쳐야 한다. 행여 아이에게 무슨 일이라도 있지 않을까, 죽지 않을까 노심초사하는 것이야말로 어리석은 태도이다. 인간은 태어 난 이상 언젠가는 죽게 마련이다. 아이가 죽지 않도록 하기보다는 아이가 당당하게 살아갈 수 있도록 해야 한다.

살아간다는 것은 단지 목숨을 부지하는 일이 아니라 자신의 신체 감관을 총동원해 자아를 느끼고, 가진 능력을 최대한 활용하는 일에 다름 아니다. 가장 오래 산 사람은 가장 나이 들어 죽은 사람이 아니라 인생을 잘 느끼다 죽은 사람이다.

무릇 지혜라는 것들은 대부분 노예 근성을 지닌 편견에 물들어 있다. 우리의 관습은 구속과 억압의 갑옷에 둘러싸여 있다. 아이는 태어나는 순간부터 자유로워야 하는데, 사람들은 그 아이의 손발을 배내옷으로 감싸 구속한다. 머리에도 모자를 씌워 움직이지 못하게 눌러놓는다. 그 결과 아이는 헛된 노력을 거듭하느라 진만 빼게 되고 발육에도 지장을 받는다. 배내옷에 감싸 아이를 키우는 나라에선 꼽추나 절름발이 같은 온갖 형태의 기형아들이 많은 대신, 그렇지 않은 나라의 아이들은 대체로 키도 크고 건강하며 신체의 균형도 잘 잡혀 있다.

아이를 속박하는 이러한 불유쾌한 풍습은 모두 자연을 거스르는 태도에서 연유한 것이다. 어머니라면 으레 자신의 젖을 물려 아이를 키워야 함에도 불구하고, 그 자연이 준 직무를 유기한 채 유모에게 아이를 맡긴다. 고용된 유모가 친어머니처럼 아이를 돌볼 리는 만무하다. 유모는 자신의 수고를 덜기 위해 아이의 자유를 구속하는 편법을 동원하고 이로 인해 아이의 심신은 피폐해져만 간다.

그런데도 이 땅의 상류층 어머니들은 도시의 환락에 젖어 흐느적거리느라 정신이 없다. 그녀들은 자신의 자식이 어떤 처지에 있는지, 유모로부터 어떤 학대를 받고 있는지 알지 못한다. 뿐만 아니다. 어머니라는 신분에 부담을 느끼는지, 한발 더 나아가 아이를 낳는 일마저 포기하려는 경향을 보이기도 한다. 그녀들은 인류의 번영을 위해 주어진 매력을 인류를 해치는 일에 쓴다. 이러한 세태는 유럽의 장래 운명을 어둡게 하고 있다. 유럽이 낳은 학문과 예술, 철학은 머지 않아 황폐해질 것이고 야만이 창궐하는 시대로 바뀔 것이다.

모유를 먹이는 문제에 있어, 개중에는 그 모유가 생모의 것이든 유모의 것이든 아이에게는 별 차이가 없지 않겠느냐고 항변하는 사람들도 있다. 그럴 수 있다. 생모에게 어떤 질병이 있어 건강치 못한 젖이 아이에게 수유된다면 그것은 문제가 될 수 있다. 그러나 이 문제를 단순히 육체적 관점에서만 고려해서는 안 된다. 어머니의 사랑과 보살핌이라는 정신적 자양분은 아이에게 있어 모유를 먹이는 일보다 그 가치가 결코 작지 않다.

이렇게 말하면, 그런 헌신적 애정을 보일 수 있는 유모도 있을 수 있지 않느냐고 반론할 수 있다. 맞는 말이다. 때론 그런 경우도 없지 않을 것이다. 그러나 이 경우에도 문제는 남는다.

유모의 정성이 지극해서 아이가 유모를 어머니처럼 여긴다면, 어머니의 권리를 유모와 반분해야 한다는 곤혹스런 상황이 발생한다. 아이의 입장에서 이러한 감정은 자연스러운 것이므로 어머니로서는 대책을 세우지 않으면 안 된다. 그 결과 어머니는, 아이에게 유모를 멸시하는 감정이 생겨나도록 수단을 부린다. 유모를 하인처럼 다루면서 유모의 역할이 다하면 그를 해고해 내쫓는다. 간혹 아이에 대한 옛 정이 남아 있어 유모가 찾아오기라도 하면 푸대접해 다시는 방문할 엄두도 내지 못하게 한다.

어머니의 입장에서 이러한 태도는, 뒤늦게나마 자신의 지위를 회복한 권리 행사처럼 이해될지 모르지만 이는 또 다른 문제를 낳는다. 자신의 자식을 정감 있는 아이로 키우기는커녕 배은망덕한 아이로, 즉 자연에 반하는 아이로 키우게 된다. 이는 결국 자신을 낳아준 어머니를 멸시하는 법을 가르치고 있는 셈이 된다.

그러므로 각자는 우선 어머니의 의무를 다해야 한다. 이것이 자연의 질서를 회복하는 데 필요한 첫째가는 의무이다. 어머니가 그 의무를 다하면 가정은 화목하고 활기가 넘친다. 어머니가 그 의무를 소홀히 하면 가정은 위축되고 파괴된다. 갓 태어난 아이를 보고도 남편은 별 감동을 느끼지 못하며 아내에 대한 마음도 시큰둥하게 되어 온기 없는 가정이 된다. 혈연의 정을 다질 기회는 사라지고 각자는 오로지 자신만 생각하게 된다.

오늘날 대부분의 여성들은 어머니이기를 포기했지만, 그렇다고 절망할 때는 아니다. 자연이 부과한 그 의무를 다하면서 정숙하게 가정을 돌보는 여성들도 아직은 적지 않다. 나는 이러한 여성들이 하루빨리 늘어나길 바란다. 그래서 아이가 인생의 첫걸음을 내딛을 때부터 자연에서 이탈되지 않기를 바란다.

아버지가 가장 좋은 교사다

이와는 반대되는 방식으로 자연을 이탈하는 경우도 있다. 어머니의 게으른 무관심이 아닌 과도한 집착 때문에 생기는 폐해이다. 어머니는 자신의 아이가 소중한 나머지 필요 이상으로 떠받들어, 아이를 보호하기는커녕 더욱 나약하게 만든다. 자연의 법칙에 지배되길 두려워하는 이러한 양육 태도는 훗날 아이에게 큰 상처를 줄 것임에 틀림없다.

여기서 우리는 신화 속의 테티스*를 상기해봐야 하리라. 테티스는 그녀의 아들을 불사신으로 만들기 위해 강물에 빠뜨렸지만 내가 말하는 어머니들은 다른 방식으로 아이들을 위험에 빠뜨린다. 즉 아이들을 유약함이라는 강물에 빠뜨려 장차 고통에 시달리게 하는 것이다.

자연을 관찰하고 그 길을 따라가라. 자연은 아이를 훈련시킨다. 온갖 종류의 시련을 겪게 함으로써 체질을 강화하고 고통이 무엇인지, 아픔이 무엇인지 가르친다. 눈 앞의 역경에 겁내지 말라. 어려서의 시련을 극복하면서 아이가 지닌 생명의 뿌리는 더욱 튼튼

*Thetis : 그리스 신화에 등장하는 바다의 신으로 아킬레우스의 어머니이기도 하다. 아킬레우스는 호메로스의 서사시 『일리아스』의 중심인물로 어머니인 테티스가 그를 불사신으로 만들려고 황천(黃泉)의 스틱스 강물에 몸을 담갔는데, 이때 어머니가 손으로 잡고 있던 발뒤꿈치만 물에 젖지 않아 치명적인 급소가 되고 말았다. 아킬레스 건(腱)이라는 이름은 여기에서 유래했다.

해진다. 이것이 자연의 법칙이다.

당신은 무슨 근거로 그 법칙을 거부하는가? 그것이 아이의 장래를 망친다는 것을 모르는가? 경험에 의하면 애지중지 키운 아이의 사망률이 그렇지 않은 아이보다 높다는 것을 알 수 있다. 힘에 부치지 않는 한 그 힘을 활용하도록 하는 것이 훨씬 덜 위험하다. 굶주림이나 추위, 갈증 같은 환경에서도 아이가 견딜 수 있도록 단련시켜라. 안일함의 습관에 머물지 않도록 지옥의 강물에 빠뜨려라. 어린 나무줄기는 어렵지 않게 휠 수 있지만 굳은 나뭇가지는 견디지 못한다.

우리가 신경 써야 할 것은 아이의 장래이다. 아이가 다 자라서 어떤 질병에 걸리기 전에 미리 대비해야 한다. 우리 삶의 가치가 살아가는 동안 나날이 증가하는 어떤 것이라면, 어려서의 고통을 면해주는 일보다 나이 들어서의 고통을 면해주는 일이 더 낫지 않겠는가?

인간의 운명은 끝없는 고통의 연속이다. 육체적 고통도 있지만 정신적 고통도 있다. 육체적 아픔만 겪어도 되는 어린 시절의 고통은 그나마 나은 편이다. 자라서 맞이할 운명의 고통을 생각해보라. 사람을 절망케 하는 것은 정신적 고통이다. 우리는 아이들을 불쌍히 여기지만 정작 불쌍한 것은 어른들이다. 고통은 마음에서 생겨나기 때문이다.

울면서 태어난 아이들은 유아기의 대부분을 울면서 지낸다. 그럴 때마다 어른들은 아이를 달래거나 위협해 진정시킨다. 때로는 아이의 비위를 맞추기 위해 터무니 없는 요구를 들어주기도 한다. 아이를 다루는 데 중간의 선택은 없다. 명령하거나 명령 받거나밖에 없다. 따라서 아이가 가장 먼저 갖게 되는 관념은 지배와 복종에 대한 생각이다. 아이는 말도 배우기 전에 명령하거나 복종하며, 급기야는 자신의 잘못을 분별할 수도 없는 나이에 벌을 받기까지 한다.

어른들은 이런 식으로 아이의 마음을 뒤흔들어 놓고는 그 책임을 자연의 탓으로 돌린다. 아이를 잘못된 길로 오도해 놓은 뒤 한탄하는 격이다.

여인의 품에서 변덕의 희생물이 되어 자라는 동안 아이는 자기가 이해할 수 없는 말이나 쓸데없는 사물에 대한 기억들로 머리를 채우게 된다. 즉 어른들이 지닌 정념의 편견에 오염돼 자연의 본성을 모두 잃어버린 다음 교사의 손에 넘겨지는 것이다.

상황이 이러하므로 교사는 아이를 제대로 가르칠 수 없다. 교사가 많은 것을 가르치는 것 같지만 정작 필요한 것들, 자신이 누구이고 어떻게 사는 것이 정말 잘 사는 것이며 행복한 삶인지에 대해 전혀 가르치지 않는다. 아이는 지식은 가득하지만 지각이 없다. 지각이 없으므로 분별도 있을 리 없다. 아이는 노예이거나 폭군처럼 자라난다. 그 상태의 무능과 오만, 악덕을 바라보면서 사람들은 인간의 비참함을 토로한다. 참으로 잘못된 생각이다. 그런 인간은 우리의 변덕이 만들어낸 산물일 뿐이다. 진정한 자연의 인간은 다르다.

아이를 제대로 키우고 싶다면, 태어나는 순간부터 아이의 본성을 보호해줘야 한다. 아이가 어른이 될 때까지 그 아이를 장악하고 있지 않으면 안 된다. 참된 유모가 어머니이듯 참된 가정교사는 아버지임을 잊지 말라. 아이를 어머니의 품에서 아버지의 품으로 옮겨가도록 하라. 아버지야말로 그 어떤 선생보다도 훌륭한 교사이다. 유능한 교사보다는 분별 있는 아버지가 아이를 더 잘 키울 것이다. 재능으로는 열성의 부족을 채우기 어렵지만 열성으로는 재능의 부족을 채울 수 있다.

그러나 현실은 어떠한가? 대개의 아버지는 일 때문에 바쁘다. 그러다보니 자식에 대한 아버지의 의무는 종종 소홀히 취급된다. 어머니가 자신의 역할을 유모에게 떠넘기는 상황에서 아버지가 그 의무를 소홀히 한다 한들 이상할 게 무엇인가? 하지만 가정을 지키는 일은 소중한 것이다. 어느 한 부분의 역할만 빠져도 그 가정은 깨지고 만다.

어머니가 어머니의 역할을, 아버지가 아버지의 역할을 다하지 못하면 아이들은 결코 가족에 애정을 갖지 않을 것이다. 집을 떠나 기숙사나 학원으로 흩어진 아이들은 애정 관리에 미숙할 수밖에 없다. 어쩌다 가족끼리 모일 기회가 있어도 분위기는 서먹하고 딱딱할 것이다. 형식에 물든 형제자매 간의 처신에서 가족의 친밀함이나 가정의 즐거움을 기대할 수는 없는 일이다. 그렇게 될 때 아이는 새로운 즐거움을 찾아 나쁜 풍속에 빠지게 된다.

아버지가 아이를 잉태케 한 것, 즉 자신이 속한 종으로서의 역할을 한 것은 아버지의 세 가지 의무 가운데 하나를 이행한 것에 지나지 않는다. 아버지는 사회에 대해서는 사회적 인간을, 국가에 대해서는 시민을 키워내야 할 의무가 있다. 이 의무를 다하지 않는 것은, 능력이 있음에도 의무를 이행하지 않는 것은 범죄이다. 그는 아버지의 자격을 상실한 사람이며, 이는 어떠한 이유로도 합리화할 수 없는 잘못을 저지른 것이다. 단언컨대, 이러한 아버지들은 장차 크게 후회하게 될 것이다.

사업상 바쁘다는 것을 핑계 삼아 자신의 의무를 돈으로 해결하려는 아버지들이 있다. 오, 이 얼마나 천박한 마음인가. 돈으로 아버지를 사줄 수 있다고 믿다니. 그런 인간들은 자식에게 교사를 사준 것이 아니라 하인을 사준 것이다. 그 하인은 당신의 자식을 또 하나의 하인으로 만들 것이다.

훌륭한 교사란 어떤 인물인가. 무엇보다 돈에 초연할 수 있는 사람이어야 한다. 그런 사람이 몸담을 수 있는 직업이 두 가지 있다. 하나는 군인이고 하나는 교사이다. 어떤 사람이 내 자식의 교사가 돼야 하는가. 그것은 당신 자신이 돼야 한다. 아버지인 당신 자신이 그 일을 할 수 없다면 친구라도 돼주어야 한다.

생각해보면 교사란 얼마나 숭고한 영혼의 소유자인가? 그런 사람이 있을까? 하인이 주인에게 맞도록 훈련돼야 하듯 학생에 맞도록 교육 받은 교사가? 아이에게 감명을 줄 수 있는 교사가? 나는 그런 사람을 알지 못한다. 타락한 이 시대에 그만한 덕을 쌓은 영혼이 있는지 어떻게 알 수 있겠는가? 설령 알고 있다고 하더라도 교사의 중요성을 깨닫고 있는 아버지라면 자신이 직접 교사가 되는 것이 좋다. 그 편이 훨씬 더 수월하다. 자연은 이미 당신의 산물인 자식을 반쯤은 가르쳐놓은 상태이기 때문이다.

어떤 사람이 내게 자신의 아들을 가르쳐달라고 부탁한 적이 있었다. 나는 그 사람의 신분은 알고 있었지만 정확히 어떤 인물인지 알지 못했다. 신분만 고려하면 그 제의는 내게 큰 명예였다. 하지만 나는 그 제의를 거절했다. 만일 내가 그 제의를 받아들여 내 방식대로 아이를 가르쳤다면 실패작으로 끝났을 것이다. 오히려 성공했더라면 그게 더 문제가 됐을지도 모른다. 그의 아들은 자신의 지위를 벗어던짐은 물론 더 이상 귀족으로 남아 있기를 원하지 않았을 테니까 말이다.

교사란 참으로 중요한 책무를 지닌 사람이다. 나는 그 점을 너무나 잘 알고 있기 때문에 내게 그만한 자격이 없다는 것 또한 잘 알고 있다. 그러니 내게 그런 제안을 하는 사람이 없기 바란다. 행여 내게 그만한 재능이 있더라도 나는 그 일을 맡지 않을 것이다. 대신 나는 내 나름의 방식으로 그 역할을 하고자 한다. 실제 현실에서가 아니라 글을 통해, 가상 공간에서 그 일을 해보고자 한다.

따라서 나는 임의대로 한 명의 학생을 선발하여 그를 교육할 것이다. 그 학생이 교육에 필요한 모든 자질을 갖추고 있다고 가정하고, 어른이 되어 자립할 수 있을 때까지 가르쳐볼 생각이다. 이 방법은 내게 보통의 저자들이 자신의 환상에 빠져 범하기 쉬운 오류들을 피해 가게 해줄 것이다. 나는 일반적인 교육방식에서 벗어날 때마다 내 상상의 학생에게 그 교육방식을 실험해 봄으로써 오류를 극복해나갈 것이며, 그러면 내 방식이 어린 시절의 발육 과정과 인간 본성의 자연스런 흐름에 따르는지 여부를 곧 알 수 있을 것이기 때문이다. 설령 그렇지 않더라도 독자들은 나를 대신해 충분히 느낄 수 있으리라 믿는다.

특별하게 선택된 학생, 에밀

이제까지 나는 에밀*에 관해서는 거의 얘기하지 않았는데, 앞으로도 한동안은 그럴 것이다. 교육에 관한 내 원칙은 기존의 원칙과 다를 수도 있다. 하지만 그것들은 자명한 것이어서 이성적으로 생각하면 누구나 동의할 수 있을 것이다.

그럼에도 내 학생이 받는 교육은 당신의 학생이 받는 교육과 다를 것이므로 궁극적으로는 차이가 있을 것이다. 내 학생은 나만의 방식으로 특별히 교육될 것이며, 그에 따라 그 학생의 등장 빈도 또한 많아질 것이다. 아무튼 내가 필요 없어질 때까지 나는 그 학생에게서 눈을 떼지 않을 것이다.

여기에서 굳이 교사의 자질에 대해 말하지는 않겠다. 다만 나는 교사에게 필요한 모든 자질을 다 갖추고 있다고 가정하겠다. 이 책을 읽다보면 독자들은 내가 얼마나 많은 재량을 스스로에게 부여

*에밀은 저자인 루소가 임의로 설정한 가상의 학생이다. 여기서 처음 등장한다.

하고 있는지 알게 될 것이다.

가능하면 교사는 젊되 지혜롭고 현명해야 한다는 점을 지적해두고 싶다. 그래서 교사는 스스로를 학생의 눈높이에 맞출 수 있어야 한다. 때론 친구처럼 지내야 할 때도 있는 법이다.

사람들은 선생 노릇을 하려면 경험이 많아야 한다고 주장하지만 꼭 그렇지도 않다. 단기간의 교육이라면, 그리고 일정한 주기로 학생을 바꾸어 가르쳐야 하는 현실이라면 그럴 수도 있다. 하지만 한 학생을 4년 동안 가르치는 것과 25년 동안 가르치는 것 사이에는 큰 차이가 있다.

당신은 이미 다 큰 아이에게 교사를 찾아주지만 나는 아이가 태어나기 전부터 교사가 있어야 한다는 입장이다. 내가 말하는 교사는 단 한 명의 학생을 평생 한번 가르치는 선생을 의미할 뿐이다.

사람들은 교사와 지도자를 구분하기도 하는데 이 또한 어리석은 생각이다. 당신은 학생과 제자를 구분하는가? 아이들에게 가르쳐야 할 학문은 단 한 가지, 인간의 의무에 관한 학문밖에 없다. 이 학문은 누가 뭐라 하든 나눌 수 없다. 그런 차원에서 그 학문을 가르치는 사람을 나는 교사라기보다는 지도자라 부르고 싶다. 그는 단지 가르치는 사람이 아니라 이끌어주는 사람이기 때문이다. 지도자는 교훈을 직접 주기보다는 발견하도록 해야 한다.

교사를 선택하는 데 이 정도의 정성이 들어야 한다면 교사에게도 학생을 선택할 수 있는 권한이 주어져야 하리라. 내가 누군가를 선택해야 한다면 평범한 학생을 고를 것이다. 지금의 내 입장에서는 당연히 그래야만 한다. 특출난 재능을 지닌 아이는 저절로 성장하겠지만 평범한 아이는 그렇지 않을 것이며, 그런 아이의 교육만이 교육 일반에 대한 본보기로서 의미 있는 사례가 될 것이기 때문이다.

인간에게 있어 출생지는 매우 중요하다. 어디에서 태어났느냐에 따라 그 능력이 극대화되기도 하고 그렇지 않기도 한데, 온화한 기후에서 태어난 사람이 보다 더 잠재력을 발휘하는 것 같다. 극단적인 기후에서 난 사람은 확실히 불리하다. 인간이 한 장소에만 머물러 있는 존재가 아니라는 점을 감안하면, 양극의 지대에 있는 사람은 중간 지대에 있는 사람보다 두 배는 더 먼 길을 가야 한다. 온대지방의 사람이 한대나 열대지방으로 이동할 경우 자신의 자연적인 체질에 변화가 있다 하더라도 그 변화의 정도는 양극 지방의 사람보다 항상 적을 것이다.

따라서 내가 선택할 수 있다면, 나는 온대지방의 사람을 내 학생으로 삼고 싶다. 아울러 나는 가난하기보다는 부유한 학생을 내 학생으로 선택하고자 한다.

가난한 사람은, 가난 그 자체가 그를 교육시키지만 부유한 사람은 그렇지 않다. 부유한 사람의 교육이란 대체로 결함투성이이기 십상이다. 게다가 자연의 교육은 한 인간을 모든 인간의 조건에 적합하도록 만드는 것임을 잊지 말자. 상대적으로 볼 때 가난한 자가 부자로 될 확률은 그 반대의 경우보다 적다. 즉 부자들의 몰락이 그 반대보다 더 많으며 자연스럽다. 그런 측면에서 내 학생이 훌륭한 가문의 출신이라고 해서 문제 삼지는 말았으면 한다. 어쨌든 우리는 편견의 희생자 한 명을 구제하는 셈이 될 테니까 말이다.

내 학생인 에밀은 고아이다. 사실 그에게 있어 부모는 중요한 것이 아니다. 중요한 것은 내가 부모로서의 권리를 모두 인수받았다는 것이다. 그가 부모를 존경하는 것은 좋지만 복종은 내게만 해야 한다. 그것이 내 유일한 조건이다.

단 하나 이 조건에 덧붙여야 할 것이 있다. 앞의 조건에 이어지는 것으로, 서로 동의하지 않는 한 학생과 나는 서로 떨어져 있지 말아야 한다는 것이다. 이 약정은 매우 중요하다. 나는 우리 두 사람의 운명이 곧 두 사람의 공동 목표가 돼야 한다고 생각한다. 그래야만 서로 존중하고 사랑할 수 있으며 각자를 소중한 존재로 느낄 수 있다. 학생이 전적으로 나를 믿고 따르되 그 점에 일말의 부끄러운 기색을 가져서도 안 된다. 나 역시 그러할 것이다.

사전에 약속된 이러한 협약은 아이의 출생이 정상적으로 이루어졌으며 건강하고 튼튼한 신체 조건을 지녔다는 것을 토대로 한다. 무릇 아버지라면 자식이 튼튼하든 허약하든 신이 정해준 뜻에 따라 그 자식을 돌봐야 마땅할 것이다. 모든 자녀들은 신의 자녀들이기도 하므로 모두에게 똑같은 애정과 배려를 베풀 의무가 있다. 그것이 자연과 맺어진 계약을 이행하는 길이며 결혼 역시 그것의 연장선상에 있기 때문이다.

하지만 지금의 내 경우처럼, 자연으로부터 부과되지 않은 의무를 떠맡으려고 하는 사람은 그 의무를 이행할 수단을 미리 확보해

두어야만 한다. 그렇지 않으면 나는 엉뚱한 의무를 수행하게 될지도 모른다. 만일 내가 병든 아이를 맡게 되었다면 나의 직무는 간호사의 역할로 바뀌어야 할 것이다. 그것은 내 의도도 아닐 뿐더러 사회적으로도 손실이 큰 일이다.

병약한 아이의 신체 보전에 열정을 쏟음으로써 두 사람 모두를 희생시키는 그런 일은 지금의 내가 할 일이 아니다. 그 일은 나 아닌 다른 사람이 하는 것이 적당하다고 생각한다. 그렇다면 나는 기꺼이 그의 자선 행위를 높이 평가할 것이다. 하지만 내 재능은 그쪽으로 발달해 있지도 않거니와, 오로지 죽음에서 벗어날 일에만 골몰해 있는 아이에게 생명을 연장하는 법을 가르칠 방도를 나는 알지 못한다.

의사와 의술에 대하여

신체는 정신에 복무할 수 있을 만큼 건강해야 한다. 몸이 허약하면 요구하는 것이 많아진다. 그것은 무절제를 부르고, 그것이 정념을 자극한다. 하지만 몸이 그 욕구를 충족시키지 못하므로 그것 때문에 더욱 초조해진다.

허약한 신체는 정신을 약화시킨다. 여기에서 의술의 영향력이 생겨났다. 하지만 의술은 그들이 치유할 수 있다고 자부하는 그 어떤 병보다도 인간에게 위험한 기술이다. 그들은 우리의 병을 고치기는커녕 우리를 나약하게 하고 비겁하게 하며 소심하게 한다. 때로 신체를 치료하긴 하지만 용기를 죽인다. 도대체 시체 같은 존재를 걷게 하는 것이 왜 중요한가? 중요한 것은 인간을 만드는 것이다. 나는 의사가 인간을 만드는 것을 보지 못했다.

오늘날 의술이 유행하게 된 데는 하릴없이 빈둥거리며 신체 보전에만 연연하는 속물들의 영향이 크다. 만일 그들이 영원히 죽지 않는 몸으로 태어났다면 비참했을 것이다. 다행히 죽음은 그들의 곁에 있고 의사들 또한 그들의 곁에 있다. 그들이 죽지 않았다는 것을 확인해줄 즐거운 의사가.

나는 이 자리에서 의술의 공허함에 대해 길게 늘어놓고 싶지 않다. 내 목적은 의술을 정신적 측면에서 고찰하려는 것뿐이다. 사람들은 진리의 문제에서 그러하듯 의술의 문제에서도 똑같이 궤변을 늘어놓고 있다. 환자는 치료하면 낫고 진리는 탐구하면 발견된다는 것이다. 하지만 한 명의 환자를 치료하는 과정에서 발생한 무수한 인명의 손상과, 진리를 발견하면서 얻었다고 생각하는 유용성 사이의 손익 계산을 해볼 필요가 있다.

학문과 의술은 당연히 유용한 것이다. 하지만 사람을 속이는 학문과 죽이는 의술은 해로운 것이다. 따라서 이 둘을 구분해야 한다. 우리가 진리에 연연하지 않고 살아갈 수 있다면 거짓말에 속는 일도 없을 것이며, 자연에 거스르면서까지 치료받고자 하지 않는다면 의사의 손에 죽을 일도 없을 것이다. 바로 이 점이 중요하다. 이를 구분하고 절제할 줄 안다면 그는 매우 현명한 사람이다. 따라서 나는 의술이 몇몇 사람에게는 유익할 수 있을지언정 전체 인류의 관점에서 보면 결코 그렇지 않다고 주장하는 것이다.

종종 사람들은 의술보다는 의사 자체에 그 원인을 두곤 한다. 그럴듯한 말이다. 그러나 의사 없이 의술이 발휘될 수 있는가? 이 둘은 결합돼 있을 수밖에 없으며, 그렇다면 의술의 순기능보다 의사의 역기능에 더 두려워해야 할 것이다.

실제 이 기만적인 기술은 육체의 병보다는 마음의 병 때문에 만들어졌지만 이제 그 어느 쪽에도 유용하지 않다. 그것은 병에 대한 두려움만 강화시킬 뿐이며 죽음에 더 민감하게 할 뿐이다. 그것은 생명을 연장시키는 대신 소모시킨다. 우리가 뭔가에 대해 두려움을 느끼는 것은 그것의 위험을 알고 있기 때문이다. 죽음을 의식하지 않는 사람은 결코 두려워하지 않는다.

그러므로 용기 있는 자는 의사를 찾지 않는다. 그는 자연이 부과한 그 고통을 인내심 있게 참을 줄 알며, 조용히 죽어갈 뿐이다. 그 조용한 귀결을 방해하는 자들은 누구인가? 처방전을 내미는 의사들, 교훈을 설파하는 철학자들, 설교로 미혹하는 성직자들이 그들이다.

이 모든 사람을 필요로 하지 않는 학생이 바로 에밀이다. 그렇지 않다면 나는 그를 거절할 것이다. 나는 홀로 그를 가르치고 싶다. 그가 아프더라도 나는 의사를 부르지 않을 것이다. 그러나 아이가 죽기 직전이라면, 최악의 경우에도 죽음보다는 나은 처방을 할 것이므로 그땐 예외로 하겠다.

나는 병을 치료하지는 못하지만 그것에 대처하는 법을 알고 있다. 아이에게 아픔을 참는 법을 알게 하라. 그것이 자연의 기술이다. 동물들은 병에 걸리면 움직이지 않고 조용히 참음으로써 그 아픔을 극복한다. 그러나 인간들은 조금만 아파도 견디지 못한다. 시간이 흐르면 낫게 될 병인데도 걱정과 불안에 싸여 초조해한다. 확실히 인간보다 동물이 더 자연에 순응하며 살고 있다. 내 학생 역시 그럴 것이며, 그렇게 가르칠 것이다.

의술과 관련해서 우리가 참고할 것이 하나 있긴 한데, 일종의 식이요법이 그것이다. 하지만 이 분야는 의학의 문제라기보다는 도덕의 문제이다. 절제와 노동이 필요하기 때문이며 이것이야말로 참된 의사이다. 노동은 식욕을 돋워주고 절제는 과식을 막는다. 이 두 가지는 인간의 장수에도 확실히 유용하다. 고된 노동과 육체적 단련으로 평생을 일관한 사람들이 오래 산다는 것을 아무도 부인하진 않을 것이다. 이를 실천하기 위해 내가 어떤 시도를 할 것인지, 그 점에 대해 지금 이 자리에서 구구하게 설명하지는 않겠다. 그것이야말로 향후 내가 하고자 하는 일들 속에 당연히 포함돼 있기 때문이다.

좋은 유모의 조건

인간의 탄생은 곧 욕구의 탄생이다. 갓 태어난 아이에게 우선 필요한 것은 유모이다. 어머니가 직접 젖을 먹일 수 있으면 최상이지만 그것이 여의치 않을 때는 유모가 있어야 한다. 그러니 이 단계에서 필요한 것은 유모를 선택하는 일이다. 어떤 유모를 고를 것인가? 이는 실로 중요한 문제이다.

부자들이라면 이 문제를 산파를 통해 해결할 것이다. 물론 이는 실수하는 것이다. 부자들이 하는 일이라는 게 대체로 그렇다. 그들은 늘 사람을 잘못 판단한다. 재물이 그들을 게으르게 길들였기 때문이다. 그들이 산파에게 유모를 구해 달라고 하면, 산파는 자신에게 가장 돈을 많이 갖다 바친 유모를 추천할 것이다. 산파에게 있어 좋은 유모란 자신에게 가장 많은 이익을 가져다주는 유모이기 때문이다. 그러므로 나는 절대 산파를 통해 유모를 찾지 않을 것이다. 나는 직접 유모를 선택할 것이다.

그건 그렇게 까다로운 일이 아니다. 우선 중시해야 할 것은, 시기에 맞춰 젖을 줄 수 있는 유모를 고르는 일이다. 즉 아이가 갓 태어났을 때는 아이의 장에 남아 있는 배내똥을 깨끗이 씻어낼 수 있는 초유가 필요하며, 이후 점차로 묽은 젖이 필요하다는 것을 염두에 두고 유모를 선택해야 한다. 그러려면 아이를 낳은 지 얼마 안 된 유모가 필요하다. 물론 이러한 유모를 구하는 일이 쉽지는 않겠지만, 이를 게을리해서 겪게 될지 모를 불행을 감안하면 수고를 아끼지 말아야 한다.

또한 유모는 마음도 건강해야 한다. 젖이 좋아도 나쁜 유모가 있을 수 있다. 무절제한 유모의 젖은 그 정신 만큼이나 아이에게 해롭다. 아이는 젖만 먹는 것이 아니라 그 유모의 마음까지도 흡수한다. 유모가 악덕에 물들어 있다면, 똑같이 악덕해지지는 않는다 하더라도 그 악덕 때문에 아이는 고통스러울 것이다. 유모가 탐욕스러워 무절제와 과식에 빠진다면 유모의 젖 또한 형편없어질 것임에 틀림없다. 그렇다면 그 폐해는 고스란히 아이에게 갈 것이 뻔하다.

아이에게 필요한 유모는 한 사람이면 족하며 다른 보모가 있어서도 안 된다. 먹여주는 사람이 돌보기까지 해야 한다. 그런 점에서 고대인들은 현명했다. 그들은 수유의 임무를 마친 뒤에도 여자아이의 경우 그 곁을 떠나지 않았다. 고대의 작품에서 속내 이야기를 들어주는 인물이 대부분 그녀들의 유모였다는 점이 그것을 시사한다.

또한 아이는 가급적 여러 사람의 손을 타지 않아야 한다. 여러 사람이 아이를 돌보다보면 아이는 마음속으로 그들을 비교하게 된다. 비교는 언제나 지도자에 대한 아이의 존경심을 약하게 만드는 법이다. 그러면 권위는 떨어지고 양육은 실패한다. 그것은 교사 이외에 다른 지도자가 있어서는 안 되는 것과 마찬가지다.

아이에게 부모 이외에 더 훌륭한 사람이 있다는 사실을 눈치 채게 하지도 말라. 부모의 역량이 미진한가? 그럼 유모와 교사에게 맡겨라. 사실은 이 둘도 과하다. 하지만 두 사람의 역할 분담은 불가피하므로, 가능한 한 두 사람의 의견을 일치시키도록 하라.

유모를 편안하게 하고 영양분이 많은 음식을 섭취케 하라. 그렇다고 급격하게 생활 방식을 바꾸게 해서는 안 된다. 급격한 변화는, 설령 좋은 쪽으로의 변화라 해도 유모의 건강을 해칠 수 있다.

이제까지도 건강한 몸을 유지해 왔는데 더 욕심을 부려 무슨 득을 보겠는가.

농촌의 여인들은 도시의 여인들보다 고기를 덜 먹는 대신 채소를 많이 먹는다. 이러한 채식 위주의 섭생은 좋은 일이다. 그런데 농촌의 여인을 유모로 들인 부르주아 계층의 사람들은, 육식이 젖의 질을 향상시킬 것이라는 믿음으로 유모에게 고기를 많이 먹이는 경향이 있다. 이것은 잘못 생각한 것이다. 경험에 비추어보면, 이렇게 양육된 아이는 다른 아이보다 병치레가 잦으며 기생충에 감염될 위험도 더 높다.

이는 별로 놀랄 일이 아니다. 동물성 영양분엔 벌레가 쉽게 끓지만 식물성 영양분은 그렇지 않다. 젖은 비록 동물의 몸에서 만들어지지만 식물성 영양분이다. 그리고 초식동물의 젖이 육식동물의 젖보다 더 맛있고 몸에도 좋다. 양의 경우만 보아도, 전분질이 많은 채소가 고기보다 더 많은 피를 만들어낸다는 것은 상식이다. 따라서 유모의 식사를 바꾸기보다는 평상시의 음식을 먹게 하되 잘 조리하도록 하라. 건강을 해치는 대부분의 잘못은 조리법에서 나온다.

조리법을 개선하라. 튀김용 기름을 쓰지 말고 버터나 소금, 유제품에 열을 가하지 말라. 야채는 물에 데친 후 뜨거운 상태에서 조리하라. 채식이 유모의 변비를 유발하기는커녕 더 질 좋은 젖을 만들게 해줄 것이다. 아이에게 채식이 좋다면 유모에게도 좋은 것이다. 당연하지 않은가?

공기도 중요하다. 특히 갓난아이에게 미치는 영향은 지대하다. 공기는 아이의 모공을 통해 부드러운 피부 속으로 스며들어 강력하게 영향을 미침으로써 두고두고 그 흔적을 남긴다. 그러므로 나는 아이를 시골에서 양육하기를 권한다. 나라면 그렇게 할 것이다. 유모와 함께 시골로 거처를 옮겨 맑은 공기를 마시도록 할 것이다. 그런 환경이 안 되면 어떻게 하느냐고? 그 점에 대해서는 더 이상 설명하지 않겠다. 나는 이미 이럴 때를 대비해 어떻게 해야 하는지를 말한 바 있다.

자연은 가장 훌륭한 교사

인간은 군집 생활을 하기에 적합한 동물이 아니다. 사람들은 모여 살면 살수록 더 타락한다. 신체의 장애와 영혼의 병듦은 이러한 군집 생활의 피할 수 없는 결과이다. 만일 우리가 개미나 양처럼 떼로 모여 살았다면 일찍이 멸종했을 것이다. 인간이 내쉬는 숨은 다른 이에겐 치명적이다.

도시는 인류를 타락하게 하는 깊은 수렁이다. 도시의 삶은 갱신하지 않으면 안 된다. 시골의 삶만이 그것을 보완할 수 있다. 그러니 아이를 시골로 보내라. 그곳에서 새로이 태어나도록 하라. 전원의 맑은 공기로 심신을 충전하도록 하라. 그런데 시골에 사는 임산부가 출산을 위해 도시로 오는 까닭은 무엇인가? 오히려 그 반대가 돼야 한다. 자신의 아이를 잘 양육하고 싶다면 시골에 체류하면서 아이를 낳아야 하리라. 그것이 인간에게 더 자연스러운 일이며 자연의 의무를 다하는 일이다.

우리는 아이가 태어나면 포도주를 탄 미지근한 물로 씻어주는데 이는 쓸데없는 일이다. 자연은 결코 인위적인 발효물을 필요로 하지 않는다. 물을 미지근하게 해서 씻기는 풍습 또한 고집할 일이 아니다. 실제로 많은 민족들이 갓난아이를 강이나 바닷물에 그냥 씻긴다. 그러나 우리의 아이들은 부모의 허약한 체질로 인해 태어날 때부터 약해져 있다. 그렇다고 해서 아이의 체질을 강화하는 데 조바심을 가질 필요는 없다.

아이의 체질은 서서히 강화시켜야 한다. 아이를 자주 씻어주되 서서히 물의 온도를 낮추어라. 아이가 수온에 적응하면 찬물로 씻겨도 된다. 이러한 목욕 습관은 평생 동안 유지할 필요가 있다. 물은 공기보다 밀도가 높아 피부에 더 많이 접촉되고 자극도 더 강하다. 그런 까닭에 뜨거운 물이나 찬물로 피부를 단련하면 변덕스런 대기의 온도에 더 잘 적응할 수 있다.

갓난아이의 몸을 갑갑하게 하지 말라. 모자도 배내옷도 입히지 말라. 아이의 움직임을 최대한 자유롭게 해주어라. 옷은 넉넉하게 입히고 요람은 활동하기에 쾌적하도록 해두어라. 때가 되어 방안을 기어다니게 되면 그냥 놔두어라. 자유롭게 돌아다니다보면 옷은 더러워지고 목욕시켜야 할 일도 더 생길 것이다. 그런 일에 게으름을 피우지 말라. 이로 인한 유모의 반발을 예상 못할 바는 아니지만 타협하지 말라. 논쟁도 하지 말라. 단지 명령하라. 그 대신 당신의 명령을 쉽게 이행할 수 있도록 보조하라. 유모의 역할을 분담한다고 해서 불편해하지 말라. 그것은 당신의 아이이다.

아이는 태어나는 순간부터 가르침을 받게 돼 있다. 그 가르침의 스승은 교사인 당신이 아니라 자연이다. 교사는 자연의 가르침을 지켜보며 그에 잘 따르도록 보살피기만 하면 된다. 그것은 마치 회교도들이 상현달이 뜨는 순간을 기다리는 것과 같다. 그리하여 아이의 오성이 어렴풋하게나마 빛을 발하는 순간, 그 반짝임을 지켜보도록 하라.

우리는 아무것도 모르는 채 태어난다. 아이의 행동거지 하나하나는 인식의 결과가 아니라 순수하게 기계적인 결과이다. 그것이 의식의 성장을 유도하고 촉진한다. 그렇지 않고 이미 다 커서 태어났다면, 그는 아무것도 하지 못하는 바보가 됐을 것이다. 신체는 어른 만한데 아무것도 할 줄 모른다면 그는 굶어 죽을지도 모른다. 인간의 성장 단계와 깨달음의 순서를 생각해보라. 경험 없는 그 무지의 단계가 최초의 어리석음의 단계와 얼마나 흡사한가를.

인간의 교육은 출생과 함께 시작돼 급속도로 지속된다. 경험이 학습을 앞서, 말하거나 듣기 전에 이미 배운다. 아이가 유모를 알아볼 때쯤만 돼도 그는 이미 많은 것을 배웠다고 할 수 있다. 가장 변변찮은 사람도 성장의 발달 과정을 살펴보면 그 습득된 지식의 양에 놀라게 된다. 동물들도 마찬가지다. 동물도 감각과 욕구를 갖고 그것을 활용한다. 먹는 법을 배우고 걷는 법을 배우며 나는 법을 배운다. 생명이 있는 모든 존재들은 각자의 영역에서 각자의 지혜로 삶을 개척한다.

아이가 먼저 느끼는 감각은 감정적이다. 아이는 즐거움이나 고통만을 깨닫는다. 사물에 대한 식별 능력은 커가면서 서서히 형성될 뿐이다. 아이는 빛을 향해 시선을 돌리지만 방향 감각이 서툴러 물체를 삐딱하게 보는 경향이 있다. 그 경향에 빠져 습관화되지 않도록, 그럴 땐 아이의 고개를 바르게 돌려주어야 한다. 그것이 사시(斜視)로부터 아이를 보호해주는 방법이다.

또 아이로 하여금 어둠에 익숙해지도록 해야 한다. 안 그러면 어두운 상태를 견디지 못해 울거나 소리칠 것이다. 젖 먹는 시간과 잠자는 시간이 일정하다면 아이는 때가 되었을 때 반응하게 될 것이다. 결국 아이는 습관에 물들게 된다. 이 습관이 아이의 욕구를 낳는다.

아이로 하여금 습관에 물들지 않도록 하라. 가장 좋은 습관은 어떠한 습관에도 물들지 않는 습관이다. 아이의 행동을 규격화하고 양식화하지 말라. 아이를 안아줄 때나 잡아줄 때도 한쪽 팔로만 하지 말라. 습관에 좌우됨 없이, 아이의 의지대로만 움직이도록 사전에 예방하고 조처하라. 그리하여 언제나 자기 자신이 주인이라는 점을 각성시켜라.

아이가 사물을 분간하기 시작하면 모든 것에 호기심을 갖게 된다. 이때 선입견을 심어주어 아이를 주눅 들게 하지 말라. 거미가 있는 것을 용납하지 않는 집에서 자란 아이는 거미를 두려워하는

데, 이로 인한 습성은 어른이 되어서까지 이어진다. 어떤 사물에 대해선 친숙한 반면 다른 사물에 대해선 경계심을 갖는 태도는 결코 바람직한 것이 아니다. 아이들이 편향된 인식을 갖지 않도록 경계하라. 뱀이나 두꺼비 같은 혐오스러운 동물도 자주 보면 익숙해지고 두려움이 사라진다.

대체로 아이들은 가면을 무서워하는 경향이 있다. 이를 극복하는 방법은 간단하다. 나는 에밀에게 재미있는 형상의 가면부터 보여줄 것이다. 그런 다음 누군가에게 그 가면을 씌워놓고 웃는다. 나도 웃고 근처에 있던 모든 사람이 다 웃는다. 마침내 에밀도 웃는다. 이것에 성공하면 그 다음은 식은죽 먹기다. 점차 덜 유쾌한 가면 쪽으로 형상을 바꿔가기만 하면 된다. 그러면 에밀은 아무리 흉측한 가면을 보더라도 결코 두려움을 느끼지 않을 것이다.

총소리나 천둥소리에 대해서도 마찬가지로 얘기할 수 있다. 그 소리가 아이들의 청각을 상하게 하지 않는 한 아이들은 결코 두려워하지 않는다. 아이들이 두려움을 갖게 되는 것은 그것이 사람을 다치게 하거나 죽일 수도 있다는 것을 안 다음의 일일 뿐이다. 각성이 두려움을 갖게 했을 때에는 습관이 그를 안심시키도록 하라. 신중하게 단계를 밟아 가르치면 어떤 일에도 대담해질 수 있다.

아이의 노예가 되지 말라

갓난아이는 기억력과 상상력이 아직 발달돼 있지 않기 때문에 그 반응이 원초적이다. 직접적인 자극에만 주의를 기울이는 까닭에 무엇이든 만져보려는 경향이 있다. 이때 그것이 명백하게 위험한 것이 아닌 한 제지하지 말라. 아이는 이런 행위를 통해 자신의 감각을 실제화시킨다. 보고 만지고 듣고, 뜨거움과 차가움을 느끼고, 딱딱함과 부드러움을 감별해내는 모든 것이 교육이다.

우리는 움직임을 통해서만이 다른 사물이 있다는 것을 안다. 공간 관념을 갖는 것도 이를 통해서이다. 아이는 공간에 대한 관념이 없기 때문에 물체가 멀리 있든 가까이 있든 무조건 손을 뻗는다.

아이를 데리고 자주 산책하라. 이곳저곳으로 움직이면서 거리에 대한 감각을 느끼게 하라. 그러나 아이가 그 감각을 익혀 거리를 판단하기 시작하면 아이의 의지에 의해서가 아니라 당신의 의지에 의해 움직이도록 하라. 왜냐하면 아이가 더 이상 자신의 감각에 속아넘어가지 않게 되자마자 노력하는 동기가 바뀌기 때문이다. 이 변화에는 음미해야 할 부분이 많다.

아이는 울면서 뭔가를 부탁한다. 처음에는 도와달라고 울지만 나중에는 시중을 들어달라고 운다. 자신의 나약함에서 비롯된 의존이 어느 순간 지배와 통치의 욕구로 변질되는 것이다. 그러한 변질에 대한 책임은 어른들에게 있다. 어른들이 아이들을 섬기면 섬

길수록 그 욕구는 강화된다. 이 욕구는 자연적인 발로라기보다는 어른들이 시중을 들어줌으로써 조장된 관념이므로 도덕적 결과이다. 따라서 아이가 응석을 부릴 때 그 숨은 의도를 파악하는 것이 대단히 중요하다.

아이가 물체를 향해 손을 뻗으면서 운다고 치자. 그 울음은 물체에 손이 닿지 않아서라기보다는, 즉 거리에 대한 판단이 미숙해 운다기보다는 그 물체로 하여금 다가와 달라고 명령하는 것이다. 아니면 당신에게 그 물체를 가져다 달라고 명령하는 것이든가. 만일 앞의 경우라면 아이를 한 걸음씩 그 물체 쪽으로 데리고 가라. 그러나 당신에게 명령하는 것이라면 응하지 말라. 아이가 울부짖으면 울부짖을수록 무시하라.

사람에게든 사물에게든, 아이는 결코 주인이 아니다. 아이에게 지배나 복종의 관념이 깃들게 해서는 안 된다. 아이의 욕구가 정당한 것이라면 분별 있게 대응하라. 원하는 것을 갖다주지 말고 그쪽으로 아이를 데리고 가라. 그와 같은 과정을 통해 아이는 자신의 위상에 맞는 합리적 결론에 이를 것이다.

아이가 고약한 성격을 갖고 있다면 그것은 아이가 약하기 때문이다. 아이를 강하게 키워라. 그러면 아이는 착해질 것이다. 강인한 사람은 결코 악한 행동을 하지 않는다. 우리가 전지전능하다고 믿는 신에게서 선한 의지를 발견하지 못했다면 사람들은 신을 받아들이지 않았을 것이다. 사람들은 악보다 선을 항상 우위에 놓는다.

이성만이 선악을 판단한다. 선을 좋아하고 악을 미워하는 마음은 이성과 무관하게 존재할 수 있으나, 이성 없이 발달할 수는 없다. 이성이 반짝이기 전까지 인간은 선악을 판별하지 못한다. 아이가 분별없이 행동하는 것은 그 때문이다. 어렸을 때는 아무런 죄의식 없이도 야만적인 짓을 서슴지 않는다.

철학에서는 그 원인을 인간의 오만이나 탐욕, 이기심, 지배욕 같은 악덕에 돌리려는 경향이 있다. 그래서 아이의 철없는 행패를 나약함에 대한 반항, 자기 힘에 대한 증명 의지 등으로 설명하고 싶어 한다. 그러나 인생의 큰 물줄기를 돌아 어린 시절의 나약함으로 회귀한 노인들을 보라. 그는 스스로 고요해질 뿐만 아니라 세상 또한 평화롭길 바란다. 그는 조그만 변화에도 동요하며 혼란을 느끼고 불안해한다.

이 차이는 어디에서 오는 것일까? 동일한 육체적 상태에서 왜 이리도 다른 결과가 나타나는 것일까? 육체적 상태는 동일하지만 한쪽은 커가고 한쪽은 줄어든다. 한쪽은 삶의 정점을 향해 있지만 다른 한쪽은 죽음을 향해 있다. 쇠락해가는 노인의 활력은 마음으로 집중돼 있지만 아이의 활력은 밖으로 넘쳐 흐른다. 이 활력은 아이에게서 더 역동적이다. 아이에게서 파괴 성향이 더 두드러져 보이는 것도 이 때문이다.

자연의 창조자는 절묘하게도, 아이에게 이런 활력을 주는 대신 그 힘은 미약하도록 관리함으로써 아이를 보호한다. 그러나 아이가 주변 사람들을 제멋대로 움직일 수 있는 도구로 오해하는 순간 이 균형은 깨지고 만다. 아이는 고약한 폭군처럼 되어 다루기 힘들어진다. 이러한 성향은 선천적인 지배욕에서 비롯되는 것이 아니라 그렇게 버릇 들인 주변 사람들에게서 기인한 것이다.

지배욕은 이기심을 높이고 강화시켜 하나의 습관이 되게 하고, 이 습관이 엉뚱한 환상을 낳는다. 그리고 이 환상의 밭에서 편견과 억측이라는 잡초가 최초로 뿌리를 내리게 된다. 사정이 이러하므로 이제 우리는 인간이 자연의 길에서 벗어나는 지점을 명확히 알수 있다. 그렇다면 자연의 길을 따르기 위해서는 어떻게 해야 하는가? 그 원칙을 살펴보자.

첫번째 원칙. 본래 아이는 힘이 없다. 자연의 요구에 부응하기조차도 벅차다. 그러므로 자연으로부터 받은 모든 힘을 사용할 수 있도록 배려해야 한다. 그래도 그 힘을 남용할 줄 모른다.

두번째 원칙. 지적으로든 체력적으로든 아이에게 부족한 것은 보충해주어야 한다.

세번째 원칙. 아이를 도울 때는 현실적으로 필요한 것에 국한하되, 엉뚱한 환상이나 까닭 없는 욕망에 호응해서는 안 된다. 환상은 자연적인 것이 아니므로 발동을 제한하면 고통도 생기지 않는다.

네번째 원칙. 아이의 표정과 행동에 각별히 신경을 써야 한다. 아이의 욕구가 자연스러운 것인지 억측의 결과인지를 잘 판별해야 한다.

이러한 원칙은 아이의 지배욕을 줄여 아이에게 더 많은 자유를 주게 할 것이고 타인들도 덜 성가시게 할 것이다. 아이가 욕망을 자제하는 데 익숙해지면 자기 힘으로 얻을 수 없는 것에 대해서는 박탈감조차 거의 느끼지 않을 것이다.

몸이 자유로운 아이는 배내옷으로 감싸여 있는 아이보다 분명 덜 울 것이다. 육체적 욕구만 알고 있는 아이는 고통스러울 때만 운다. 이것은 큰 장점이다. 아이가 필요로 하는 도움이 무엇인지 금세 알 수 있고 또 쉽게 도와줄 수 있기 때문이다.

그러나 아이를 도울 수 없다면 그냥 놔두어야 한다. 아이를 달래준답시고 비위를 맞추거나 어르지 말라. 그런다고 아픈 아이의 몸이 낫는 것은 아니다. 대신 그러한 행동은 아이에게 잘못된 편견을 심어준다는 것을 명심하라. 어떻게 해야 자신을 달래주는지를 아이가 알게 되면, 그 아이는 이제 당신의 주인이 된다. 그러면 끝이다.

울어야 할 이유도 없는데 우는 아이는 없다. 그러나 어떤 울음의 원인은 매우 고약하다. 자신의 요구를 관철하기 위한 방편으로 우는 그 울음은 자연의 작품이 아니다. 당장의 소란이 귀찮아 우선은 달래놓지만 장차는 그 울음을 더 배가시킬 뿐인 유모의 작품이다. 아이의 잘못된 고집을 꺾는 방법은 간단하다. 아이보다 당신이 더 고집 세면 된다. 아이가 울면 울수록 당신은 더 냉랭하게 침묵을 유지해야 한다. 그러면 아이는 두 번 다시 울지 않으며 괴로워 어쩔 수 없을 때에만 눈물을 흘린다.

때로 아이의 마음을 혹하게 하는 물건을 주어 울음을 달래는 경우가 있다. 대부분의 유모들은 이 분야에 뛰어난 기술을 갖고 있으며 그 효과 또한 적지 않다. 그러나 이 경우엔 아이가 그 의도를 눈치 채지 못하도록 해야 한다는 숙제가 있다. 그런데 대부분의 유모들은 이 숙제를 해결하는 데 서투르다.

부드러운 것으로 잇몸을 단련시켜라

아이가 젖을 뗄 무렵이 되면 이가 나온다. 이때 아이는 본능적으로 무엇이든 깨물기 위해 입으로 가져간다. 그런데 사람들은 상아나 늑대 이빨 같은 단단한 것을 주면 아이의 이가 더 튼튼하게 난다고 생각하는 모양이다. 잘못된 생각이다. 단단한 물체를 물게 되면 잇몸을 굳게 해서 이가 돋는 데 방해가 될 뿐 아니라 통증만 키운다. 언제나 자연의 본능을 따르는 것이 좋다. 강아지들을 살펴보라. 강아지들은 이가 날 때 결코 딱딱한 물체를 씹지 않는다. 나무나 가죽처럼 물기 편하고 부드러운 물체들로 잇몸을 단련할 뿐이다.

사람들은 좀 더 검소해야 한다. 아이들이 갖고 노는 물건들만 봐도 필요 이상으로 돈을 들인다는 것을 알 수 있다. 은방울이나 금방울, 산호나 수정 등 온갖 종류의 값비싼 물건들을 아이에게 준다. 도대체 왜 이런 허영이 필요한지 모르겠다. 과일이나 잎 달린 나뭇가지, 씨앗이 부딪쳐 소리를 내는 양귀비 열매 또는 빨거나 씹을 수 있는 감초 뿌리 등만 있어도 된다. 아이에겐 이런 것들이 훨씬 더 즐거우며 유익하다.

우유에 밀가루를 넣고 끓인 죽이 건강에 좋지 않다는 것은 이미 알려져 있다. 우유 속의 밀가루는 빵과 달리 잘 익지도 않는데다 발효성도 떨어져 소화하기 어렵기 때문이다. 죽을 만들고 싶다면 미리 밀가루를 익혀두는 것이 좋다. 그보다는 빵을 풀어 만든 죽이나 미음이 더 낫다. 고깃국물이나 스프 같은 음식은 가급적 먹이지 않는 것이 좋다.

무엇보다도 아이가 씹는 일에 익숙해지도록 하라. 이야말로 아이의 치아 발육을 돕는 가장 확실한 방법이다. 따라서 나는 아이에게 말린 과일이나 빵껍질을 씹게 할 것이다. 그것들을 입에 넣고 씹다보면 삼키기도 하겠지만 그러는 동안 이도 솟을 것이고 젖도 자연히 떼게 될 것이다. 대체로 농부들의 위장이 튼튼한 것은 어려서 이러한 방법으로 젖을 뗐기 때문이다.

바람직한 언어교육이란

아이는 태어나면서부터 사람들의 말소리를 듣는다. 듣긴 하지만 아이의 미숙한 기관이 그 모든 소리들을 감별할 리는 만무하며 겨우 흉내를 내는 정도일 것이다. 나는 유모들이 아이에게 들려주는 노랫소리나 이야기에 대해 근본적으로 반대할 생각은 없다. 그러나 어조 정도밖에 이해하지 못하는 아이에게 장황한 말로 혼을 빼놓는 것에 대해서는 반대한다. 말을 배우기 전의 아이에겐 쉽고 분명한 발음을 반복적으로 들려줄 필요가 있다.

사람들은 말을 너무 빨리 가르치려는 경향이 있는데 이 또한 잘 못이다. 아이가 말을 배우지 못할까봐 서두르면 오히려 역효과를 낼 수 있다. 이러한 경솔한 열성이 부담을 주어 아이의 발음은 더 불명확해진다. 천천히 또박또박 말할 기회를 주어야 한다. 그렇지 않으면 이때의 버릇이 평생 갈 수도 있다.

시골의 아이들은 도시의 아이들보다 더 크고 분명하게 말한다. 나는 농촌에서 오래 살았기 때문에 누구보다 그 점을 잘 알고 있다. 주로 하녀의 품속에서 자란 도시의 아이들은 그저 중얼거리기만 해도 상대방이 알아듣기 때문에 발음이 분명하지 않다. 아이가 입술만 움직여도 하녀는 곧바로 눈치 채고 그의 시중을 들어준다.

물론 도시 아이들의 이러한 결점은 학창시절을 거치면서 교정되기도 한다. 하지만 많은 것을 암송해야 하는 교육의 특성상 우물쭈물하거나 건성으로 발음하는 버릇이 들기 때문에 상황이 많이 개선되는 것 같지는 않다. 암송하다 보면 단어를 생각해내야 하고, 그러다보면 음절을 끌든가 기억나지 않아 더듬기 마련이다.

하지만 시골의 아이들은 다르다. 그들을 돌보는 어머니는 거의 언제나 아이와 떨어져 있다. 아이가 어머니에게 말하려면 큰소리로 해야 한다. 이 훈련이 어떻게 하면 상대방에게 자기 의사를 효율적으로 전달할 수 있는지를 가르친다. 수줍어 머뭇거리긴 하지만 말할 땐 분명한 발음으로 말하는 것이 시골의 아이들이다.

물론 여기에도 단점은 있다. 필요 이상으로 크게 얘기하거나 발음이 너무 정확해 귀에 거슬리기도 한다. 또 억양이 너무 세고 거친데다 어휘 선택이 부정확하다는 결함도 있다. 하지만 이러한 문제는 비본질적인 것이다.

대화에서의 근본은 내 말을 상대방이 알아듣게 발성하는 것이다. 불분명한 발음과 모호한 억양은 상대방을 혼란스럽게 한다. 억양은 대화의 생명이다. 그것은 대화에 감정과 진실을 부여한다. 제대로 교육받은 사람들이 그토록 억양을 두려워하는 것은 아마도 그 때문일 것이다. 동일한 어조로 얘기하는 데서 빈정거리는 악습이 생겨난다. 억양을 배제하면 궁중의 젊은이들 사이에서 찾아볼 수 있는 이상하고 부자연스런 발음이 뒤를 잇게 된다.

특히 프랑스 인들의 발음이 그렇다. 그들은 억양 없이 말하는 대신 읊조리듯 말한다. 프랑스 인들과 얘기할 때 역겨움을 느끼게 되는 것도 그 때문이리라. 하지만 에밀은 그렇지 않을 것이다. 그는 나 이상으로 바르고 똑똑하게 프랑스 어를 구사할 것이다.

아이에게 말을 가르칠 땐 아이로 하여금 분명하게 이해한 말만 듣고 발음하도록 해야 한다. 아이가 말을 더듬더라도 너무 추궁해서 알려고 하지 말라. 당신이 상황을 지배해서도 안 되지만 아이 역시 그것을 지배하도록 해서는 안 된다. 인간이 모든 말을 경청할 필요는 없으며 필요한 것만 주의 깊게 들어주는 것으로 충분하다. 당신을 이해시키는 것은 아이의 몫이다. 말의 필요성을 절감하게 되면 스스로 잘 말할 수 있게 된다.

우리 주변엔 말을 유난히 늦게 배우는 아이들이 있는데, 늦게 배워서 말하는 기관에 장애가 생긴 것이 아니다. 그보다는 장애가 있는 기관을 타고났기 때문에 늦어진 것이다. 그렇지 않고서는 이를 해명할 도리가 없다. 어떤 이유가 있겠는가? 말할 기회가 다른 아이들보다 적어서? 아니면 그럴 만한 자극을 남들만큼 받지 못해서? 아니다. 오히려 그 반대이다. 사람들은 아이가 말을 안 하면 불안해한다. 그래서 더 말을 시켜보려고 애쓰지만 이는 아이를 더 혼란스럽게 할 뿐이다.

가장 좋은 방법은 놔두는 것이다. 그러면 아이는 저절로 말을 하게 된다. 말을 빨리 배운 아이들은 발음도 정확하지 않으며 상대방의 말을 옳게 이해할 틈도 없다. 하지만 늦게 배운 아이는 자연적인 순서에 따라 쉬운 말과 쉬운 발음부터 받아들인다. 천천히 관찰하고 그 의미를 확인한 후에 상대방의 말을 수용하는 것이다.

서둘러 말을 배운 아이들의 또 하나 약점은, 상대방의 말을 자의적으로 해석한다는 것이다. 때때로 아이가 뜻밖의 말을 함으로써 우리를 놀라게 하는 경우가 있는데, 그것은 아이의 의도라기보다는 우리의 관념이 덧붙인 오해이기 십상이다. 아이는 자신이 한 말이 무슨 뜻인지 실제적으로 잘 모르는 경우가 많다. 따라서 가능한 한 아이의 어휘를 제한하는 것이 좋다. 자신이 알지 못하는 낱말을 쓴다거나 이해할 수 없는 관념을 동원해 말하는 것은 커다란 폐단이다.

어린 시절의 배움은 한꺼번에 온다. 말하고 먹고 걷는 것을 동시에 배운다. 이 시기가 인생에 있어서는 첫 시기이다. 그 전까지 아이는 어머니의 자궁에 있었던 것이나 다름없다. 최소한의 감각만 있었을 뿐이므로 자신의 존재조차도 느낄 수가 없었던 때가 그 시기이다.

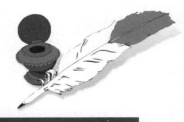

제2부

아동기
다섯 살에서 열두 살까지

여기서부터 에밀은 인생의 두번째 시기를 맞는다. 에밀은 이제 말을 할 줄 안다. 자신의 의사를 표시할 수 있기 때문에 잘 울지 않는다. 말로 표현할 수 없을 정도의 고통 때문이라면 몰라도 그렇지 않는 한 울지 않는다. 그래도 운다면 그것은 주위 사람들의 잘못 때문이다.

　아이가 천성적으로 잘 우는 체질이라면 나는 그 체질을 바꿔줄 것이다. 울고 있는 한 나는 그에게 다가가지 않을 것이며 울음을 그쳐야만 다가갈 것이다. 그러므로 아이가 나를 필요로 할 때는 조용히 도움을 요청할 것이고, 웬만큼 고통스럽더라도 자신의 처지를 살펴줄 사람이 주위에 없다고 판단하는 한 잘 울지 않을 것이다.

　아이가 넘어지거나 부딪혀 다쳤을 경우, 혹은 코피를 흘리거나 손가락을 베었을 경우에도 나는 서둘러 그에게 쫓아가지 않을 것이다. 그래봤자 상황이 개선되지도 않을 뿐더러 이미 주어진 아픔은 참는 수밖에 다른 도리가 없는 것이다. 서둘러 접근하면 오히려 두려움만 키워 아이가 아픔을 더 크게 느낄 수 있다. 이 경우 상처보다 공포가 더 큰 괴로움을 줄 수 있는데, 내 방식대로 한다면 적어도 이 두번째의 괴로움은 막아줄 수 있을 것이다.

아이는 어른을 통해서 자신을 판단한다. 내가 두려워하면 아이도 두려워하고, 내가 침착하면 아이도 차분해진다. 고통을 필요 이상 과장하지 않도록 주의해야 한다. 그래서 고통의 단계에 맞는 아픔만 수용하는 의연함을 길러줄 필요가 있다. 이렇게 하면 더 큰 고통이 찾아와도 참아낼 줄 알게 된다.

에밀이 고통 없이, 고통을 모르고 자란다면 나는 유감스러울 것이다. 아이는 고통을 알아야 하고 위험이 무엇인지 겪어봐야 한다. 그런 경험이 아이를 강하게 한다. 작은 경험이 장래의 보다 큰 위험에 대처할 수 있는 힘을 길러준다. 그럴 때 아이는 같은 위험이라도 좀 더 잘 대응한다. 높은 곳에서 떨어져도 다리가 부러지지 않고 막대기에 맞아도 팔이 부러지지 않는다. 부주의하게 아이를 위험한 상황에 방치하지 않는 한 크게 다치지 않는다.

고통에 대한 학습은 절대적으로 필요하다. 작은 상처에도 기절할 것처럼 호들갑을 떠는 것, 그렇게 되도록 과보호로 아이를 격리시키는 것은 어리석은 일이다.

에밀은 그 어떤 보조 장비도 없이 자신의 길을 뚜벅뚜벅 걸을 것이다. 아이를 골방에서만 키우지 말고 자주 산책시켜라. 밀밭 사이를 달리게 하라. 달리다 넘어져도 괜찮다. 아이는 일어날 것이고 더 빨리 자신을 추스를 것이다. 자유가 주는 즐거움엔 적지 않은 상처가 따른다. 에밀은 자주 상처를 입을 것이지만 언제나 즐거울 것이다. 그렇지 않은 아이는 상처를 덜 겪을지 모르지만, 항상 규제 받으며 우울하게 지낼 것이 틀림없다. 거기에 무슨 이득이 있는지 나는 알지 못한다.

씩씩하게 자란 아이는 불평도 적다. 그 아이는 스스로 많은 것을 할 수 있으므로 타인의 손길도 그다지 필요로 하지 않는다. 자신의 힘으로 난관을 극복하려고 애쓰는 동안 지식 또한 자연히 증대한다. 아이의 인생이 시작되는 것은 이때부터이다. 자신을 의식하고 행동하며 개체로서 자신의 삶을 느끼기 때문이다. 이때부터 아이는 도덕적 존재로 격상한다.

사람들은 인간의 수명에 대해 집착하면서, 몇 살까지 살 수 있는지를 염려한다. 하지만 인간의 수명이란 불확실한 것이다. 때로 장수하는 사람이 없지 않지만 대부분은 그 생물학적 수명을 다 채우지 못한다. 특히 삶의 위험은 인생의 초기로 갈수록 집중된다. 갓난아이들 가운데 겨우 반 정도만이 살아남는다.* 그런데도 불확실한 미래를 위해 현재를 희생하는 교육을 참고 견뎌야만 한다면 그것은 참으로 어리석은 일이다. 설령 그 교육이 합당한 목적을 지니고 있다 하더라도 억압과 굴종으로, 마치 노예나 죄수처럼 속박한다는 것은 있을 수 없는 일이다. 얼마나 많은 아이들이 아버지나 가정교사의 욕심 사나운 지혜의 희생물이 되어 사라져갔는지 당신

---

*18세기에는 태어난 아이들 중 43퍼센트만이 생존했다는 통계가 있다.

들은 아는가?

　어른들이여, 제발 인간다워라. 그것이 당신들의 첫째 의무이다. 신분과 세대를 뛰어넘어 인간답게 행동하라. 아이들을 사랑하라. 자애로운 마음으로 그 아이들의 천성을 독려하라. 당신에겐 그 아이들의 행복을 빼앗을 권리가 없다. 어째서 당신은 한 번뿐인 유년의 세계를 고통으로 채워주려 하는가? 당신은 당신의 아이가 언제 죽을지 아는가? 자연이 그들에게 준 짧은 시간을 빼앗아 후회할 일을 만들지 말라. 아이들로 하여금 살아 있다는 기쁨을 만끽하게 하라.

　이렇게 말하는 내가 잘못인가? 나를 비난하려는가? 어린 시절이야말로 인간의 좋지 못한 성벽을 교정해줄 최적의 시기라고 당신은 항변할지 모르겠다. 지금 고통을 겪게 하는 것이 나중에 겪을 고통을 반감시킬 것이라고 말이다. 하지만 당신은 무엇을 근거로 그렇게 단정하는가? 아이의 가냘픈 정신을 짓밟아 주입한 그 훈계가 훗날 더 유익한 결과로 나타날지 어떻게 장담할 수 있단 말인가? 누가 그것을 보증하는가? 당신은 아이들의 미래를 아는가? 당신의 교육 방식이 자연에서 비롯된 것일 뿐 잘못된 양육 습관에서 비롯된 것이 아니라는 것을 당신은 증명할 수 있는가? 미래의 행복을 위한다는 미명하에 자행되는 현재의 불행 만들기! 어처구니없는 일이다. 이처럼 저급한 이론으로 방종과 자유를 혼동하고, 아이를 행복하게 기르는 것과 버릇없이 기르는 것을 혼동한다면 우선 그것을 구분하는 법부터 가르쳐줘야겠다.

욕망과 능력을 조화시켜라

무엇이 인간의 조건을 규정하는지 생각해보자. 인간은 만물의 질서 안에 그 지위를 갖고 있고 어린 시절은 인생의 질서 안에 그 지위를 갖고 있다. 그러므로 어른은 어른으로서, 아이는 아이로서 바로 보고 바로 서야 한다. 각자의 입장에서 각자를 자리잡게 하는 일, 그리고 그 시기의 정념에 질서를 부여하는 일이야말로 행복을 위해 우리가 할 수 있는 일의 전부이다. 그 밖의 일은 우리의 능력이 아닌 외부의 원인에 의해 좌우된다.

세상에는 절대적으로 행복하다든지 절대적으로 불행하다는 게 없다. 우리는 그것을 알지 못한다. 삶은 늘 움직이며 그 움직임 속에 우리의 몸과 마음도 섞여 있다. 그 안에 선도 있고 악도 있으며, 어떤 사람은 그것이 많고 어떤 사람은 적다. 행복한 사람? 고통을 가장 적게 겪는 사람이다. 불행한 사람? 기쁨을 가장 적게 느끼는 사람이다. 인생에는 기쁨보다 고통이 더 많다. 항상 그렇다. 이것이 인간의 운명이다. 그러므로 사는 동안 느끼는 행복이란 어떤 소극적 상태일 뿐이다. 즉 행복이란 언제나 그가 겪는 고통의 최소량에 의해 측정되지 않으면 안 된다.

모든 고통은 그것에서 벗어나고자 하는 욕망과, 모든 쾌락은 그것을 누리고자 하는 욕망과 결부돼 있다. 이 욕망은 결핍을 전제로 한다. 그리고 이 결핍은 고통을 수반한다. 그러므로 우리의 불행은

이 욕망과 능력의 불균형에서 비롯된 것이다. 만약 이 둘 사이의 균형을 완벽하게 유지할 수 있는 자가 있다면 그 사람은 절대적으로 행복할 것이다.

그렇다면 우리에게 주어진 과제는 이 욕망과 능력을 균형 있게 조화시키는 일일 것이다. 그것이 행복에 이르는 길이요 지혜롭게 사는 길이다. 무엇을 어떻게 할까? 욕망을 줄일까? 하지만 이 문제는 욕망을 줄인다고 해결되지 않는다. 욕망을 능력 아래로 축소하면, 남아 있는 능력의 일부분이 한가하게 되어 우리의 존재를 온전히 향유할 수 없기 때문이다.

그럼 우리의 능력을 키울까? 그것도 해결책은 아니다. 능력의 확대는 필연적으로 욕망의 확대를 가져오고, 이것은 더 큰 불행으로 이어질 것이기 때문이다. 진정한 행복은 능력을 넘어서는 욕망을 줄이고 힘과 의지를 평형 상태로 유지하는 데 있다. 그때서야 비로소 우리의 몸과 마음이 질서를 잡아, 몸은 활동 상태에 있으면서도 영혼은 평정을 유지할 수 있을 것이다.

만물을 최선의 상태로 있게 한 자연은 인간 역시 처음에는 그러한 상태로 있게 했다. 자연이 애초에 부여한 것은 인간의 자기 보존에 필요한 욕망과 그것을 충족할 만큼의 적절한 능력뿐이었다. 그 밖의 모든 능력은 필요할 경우 발달하도록 인간의 내면 깊숙이 숨겨 놓았다. 욕망과 능력의 일치가 이루어져 불행하지 않다고 느낄 수 있는 것은 오로지 그 원초적 상태에서뿐이다. 하지만 숨어 있는 인간의 능력이 활동하자마자, 그 능력 가운데 가장 활발한 상상력이 다른 능력들을 앞질러 간다. 이 상상력은 선이든 악이든 관계없이, 그 지평을 넓혀 욕망을 충족시킬 수 있다는 희망을 심어주고 그것을 조장한다.

그러나 대상에 가까이 다가가면 갈수록 그 대상은 멀어져간다. 잡았다고 생각해서 보면 그 대상은 이미 그 전의 대상이 아니다. 만족은 결코 욕망의 끈을 놓지 않는다. 인간이 불행하다고 느끼는 것은 결핍 그 자체 때문이 아니라 그 결핍을 느끼게 하는 욕망 때문이다.

현실의 세계에는 한계가 있지만 상상의 세계에는 한계가 없다. 우리의 능력으로 제한할 수 있는 것은 상상의 세계뿐이다. 그러므로 상상의 세계를 줄이는 수밖에 없다. 현실과 상상의 간극이 넓으면 넓을수록 불행하므로 그것만이 우리가 할 수 있는 일이다. 신체의 고통과 양심의 가책을 빼고 나면 불행은 모두 상상적인 것에서 연유한다. 누구나 다 아는 것 같지만 이를 실천하는 사람들은 극히 드물다.

흔히 인간은 약하다고 말을 하는데 그것은 무슨 의미인가? 약하다는 것은 어떤 관계에 대한 상대적 표현 아닌가? 욕망에 비해 가진 능력이 더 월등하다면, 벌레 같은 미물이라 할지라도 그 존재는 강하다고 할 수 있다. 가진 능력에 비해 욕망이 더 크다면, 사자나 영웅이라 할지라도 그 존재는 약하다고 할 수 있다. 무릇 만물은 본성에 충실할 때 강하다.

인간 역시 그렇다. 인간이 인간 그 이상의 존재가 되고자 한다면 약할 수밖에 없다. 능력을 키우면 강해질 것이라는 믿음은 그러므로 편견에 불과하다. 능력보다 오만이 커질 때 오히려 그 능력은 줄 것이다. 우리가 우리 스스로 가진 능력 안에 머무를 수 있다면 우리는 항상 만족하며 살 수 있을 것이다. 나약함을 불평할 일도 없거니와 약하다는 느낌조차 갖지 않을 것이다.

지나친 능력은 인간을 불행하게 한다

모든 동물은 자기 보존에 필요한 만큼의 능력만 갖고 있다. 인간만이 그 이상의 능력을 갖고 있다. 그 여분의 능력이 인간을 불행하게 만든다니, 이 얼마나 역설적인가? 지나치게 소유함으로써 불행해지지 말라. 지나치게 행복하려고 애쓰지 말라. 그 욕망이 당신을 불행하게 할 것이다.

인간의 삶이 유한하다는 것은 다행한 일이다. 죽음 자체는 고통스러울 수 있지만, 죽음이 이승의 여정을 끝내줄 수도 있다는 기대감은 기분 좋은 일이다. 현명한 사람은 현실 너머에 있는 어떤 가치에 대해 더 주목한다. 섣부른 지식과 위선적인 지혜만이 죽음을 불행한 사건으로 받아들인다. 인간의 삶이 영원하다면 우리는 그 생명의 보존에 상당히 비싼 대가를 치러야 할 것이다.

죄악만 제외한다면, 인간이 겪는 정신적인 고통은 모두 편견의 산물이다. 그런데 죄악은 우리의 의지에 달려 있다. 육체적 고통은 시간이 지나면 스스로 극복된다. 그것도 아니라면 우리를 파괴할 것이다. 시간이나 죽음이 그 고통을 종식시킨다. 그때까지는 고통을 견뎌야 하지만, 그 방법을 모르면 모를수록 더 많이 괴로워해야 한다. 고통이 고통을 낳는 이 악순환에 어쩔줄 모르는 인간들이여, 자연에 순응하라. 참을성을 키워라. 의사를 멀리 하라. 죽음은 피할 수 없지만 단 한번 경험할 뿐이다.

인간이 만들어낸 것들은 모두 어리석음과 모순에 둘러싸여 있다. 사람들은 생명이 그 가치를 상실해 가면 갈수록 더 생명에 집착한다. 노인은 젊은 사람보다 더 인생을 아까워한다. 인간은 누구나 자기 보존에 대한 열망을 가지고 있지만 그 열망이 인위적 산물이라는 점은 깨닫지 못한다. 그것을 깨달은 사람들은 죽음 앞에서도 별로 괴로워하지 않으며 삶을 체념한다. 그 체념의 제1법칙은 자연으로부터 부여받은 것이다. 미개인이나 짐승들은 죽음에 맞서지 않는다. 말 그대로 자연스럽게 받아들인다. 이 체념의 법칙이 무너지면, 드물긴 하지만 이성에 의해 또 다른 법칙을 세우는 사람들이 있기는 하다. 그러나 이 인위적 체념은 자연의 체념만큼 완벽한 것이 아니다.

앞날에 대한 생각이 우리를 불행으로 이끈다. 불확실한 미래를 전망하면서 현재를 소홀히 한다는 것은 얼마나 미친 짓인가! 이 미친 증상은 나이를 먹으면서 더욱 커진다. 그래서 노인이 되면 의심도 많아지고 탐욕 또한 증가하게 되어 미래에 더욱 집착하게 된다. 이 집착이 모든 것으로 퍼져나간다. 모든 시간과 모든 공간으로 확산되고, 모든 인간과 모든 사물에게로 전염돼 현존하는 것과 앞으로 있게 될 모든 것에 대해 신경 쓰게 된다. 이제 우리 자신은 우리에게 아주 작은 부분밖에 되지 못한다. 관심이 드넓어질수록 상처는 커질 수밖에 없으며 그에 따라 아픔 또한 증가하지 않겠는가. 얼마나 많은 군주들이 자신은 한 번도 본 적이 없는 땅을 잃었다고 비탄에 잠겨 있는지 아는가.

우리를 이토록 멀리 끌고 간 것이 과연 자연이란 말인가? 다른 사람으로부터 우리의 운명을 배우다가 결국엔 마지막에나 가서 깨닫는 것이 자연이란 말인가? 그렇게 죽어가는 것이?

여기 한 남자가 있다. 기운 넘치고 생기발랄한 남자다. 그 남자에게 한 통의 편지가 날아든다. 그는 편지를 개봉하고 읽는다. 순식간에 그의 표정이 어두워지더니 실신하듯 쓰러진다. 깨어나서는 통곡을 그치지 않는다. 고뇌와 번민이 그의 영혼을 난도질해댄다. 어리석은 이여! 무엇이 그대를 이렇게 만들었는가? 누가 해를 끼치기라도 했단 말인가? 그대의 팔다리가 떨어져 나가기라도 했는가? 그대를 이렇게 뒤흔들어놓은 것이 무엇이란 말인가?

만일 이 편지가 그에게 배달되지 않았다면 어떻게 되었을까? 그는 불행했을까, 행복했을까? 어느 쪽으로도 가능했을 이 남자의 운명을 생각해보면 참으로 기분이 야릇하지 않은가? 사람들은 말할지도 모르겠다. 그의 불행은 예견된 것이었으며 그것이 그의 현실이라고. 맞는 말이다. 하지만 그는 그것을 느끼지 못하고 있었다. 그것은 어디에 있다 나타나 그를 뒤흔들었단 말인가? 그렇다면 이제까지 느꼈던 그의 행복이란 환상에 불과했던 것이 아닐까?

그렇다. 건강함도, 생기발랄함도 모두 환상이었다. 이제 우리는 더 이상 이곳에 존재하지 않는다. 우리는 우리가 없는 다른 곳에 존재하고 있을 뿐이다. 우리 자신이 우리의 삶을 만들어가는 것이라면, 도대체 이렇게까지 죽음을 두려워할 필요가 있을까?

그러니 인간이여! 자신의 존재를 자신의 안으로 제한하라. 그러면 당신은 불행하지 않을 것이다. 자연이 삼라만상의 질서 안에 정해준 그 자리에 머물도록 하라. 그 자리에서 당신을 끌어낼 사람은 아무도 없다. 필연의 법칙에 저항하지 말라. 아울러 그 법칙에 저항하기 위해 하늘이 준 힘을 낭비하지 말라. 그 힘은 수명을 연장하라고 준 것이 아니라 보존하라고 준 것이다.

당신이 지닌 자유와 능력도 타고난 그 힘의 범위 안에서만 활용하라고 준 것이다. 그 밖의 모든 것은 환상이거나 현혹당한 결과에 불과하다. 어떤 지위와 권력도 이 점에서 예외는 아니다.

자신의 의도를 남의 도움 없이 행동으로 옮겼을 때만이, 진정 자신의 의지대로 행동한 것이 된다. 그런 점에서 최고의 행복은 권력에 있는 것이 아니라 자유에 있다. 자유로운 사람은 자신이 할 수 있는 일만 하되, 하고 싶은 일만 한다. 이것이 중요하다. 이것이 나의 원칙이며 교육에 접목시켜야 할 핵심이다.

자연의 질서에 따라 아이를 가르쳐라

　사회가 인간을 약화시킨다. 사회는 개인이 스스로의 힘에 대해 지닌 권리를 빼앗을 뿐만 아니라, 개인의 욕망에 따른 능력 자체를 제한하기 때문이다. 이 능력의 약화가 욕망의 증대를 불러온다. 어른에 비해 아이가 약한 이유도 이와 같다. 어른이 강한 것은 아이보다 힘이 세어서가 아니라 자연적으로 자립할 수 있기 때문이다. 그래서 어른은 더 많은 의지를 가지고 있고 아이는 더 많은 환상을 가지고 있다. 여기서 말하는 환상은 참다운 욕망을 지칭하는 것이 아니라 타인의 도움을 통해서만 충족되는 욕망을 지칭한다.

　자연은 이 환상을 부모의 애정을 통해 충족하도록 조치했다. 그런데 종종 이 애정은 모자라거나 넘치기도 하고 악용되기도 한다. 이 애정의 남용으로 인해 아이는 더욱 약해진다. 현명한 어른이라면 자신의 입장을 고수할 수 있다. 그러나 아이는 그것이 어렵다. 아이는 자신의 위치를 벗어나기 위해 무수히 움직인다. 어른이 할 일이란 그 움직임을 관리하고 감독하는 것이다. 하지만 이 일은 쉽지 않다.

　아이는 짐승이어서도 안 되고 어른이어서도 안 되며, 단지 아이여야 하기 때문이다. 아이는 스스로의 약함을 느껴야 하지만 그 약함 때문에 고통 받게 해서는 안 된다. 의존하되 복종하도록 해서는 안 된다. 요구하되 명령하도록 해서도 안 된다. 아이는 스스로 필요할 때만 타인에게 복종한다. 어떻게 하는 것이 자신의 생존에 더 유익한지 다른 사람들이 더 잘 알고 있을 것이라는 믿음 때문에 그럴 뿐이다. 그러므로 아이에게 도움이 되지 않는 일이라면, 심지어 아버지조차도 요구해서는 안 된다. 그에게는 그럴 권리가 없다.

편견과 제도에 물들기 이전의 아이였다면, 그 아이 역시 어른들과 마찬가지로 자신의 행복을 유지하는 데 자유를 활용했을 것이다. 그것은 더할 나위 없이 정당한 것이다. 그러나 아이의 나약함 때문에 그러한 자유는 제한된다. 스스로 능력이 되고, 그래서 자신이 원하는 것을 할 수만 있다면 그 사람은 행복할 것이다. 그러나 욕망에 비해 능력이 부족하다면 그 사람은 행복할 수가 없다. 아이가 그렇다. 아이는 자연의 상태에서조차 그 능력의 부족으로 인해 불완전한 자유밖에 향유할 수가 없다. 그것은 마치 어른이 사회의 상태에서 불완전한 자유밖에 누릴 수가 없는 것과 같다.

우리들은 모두 더불어 산다. 타인의 도움 없이 살아갈 수 없다는 점에서 인간은 무력하고 비참하다. 우리는 모두 어른이 되도록 태어났지만 법과 사회가 우리를 다시 아이의 상태로 끌어내린다. 부자든 귀족이든 왕이든 모두 아이들이다. 자신을 섬기고 자신의 비참함을 위로해주는 것을 보며 자랑하는 아이들이며, 그 보살핌에 우쭐해하는 아이들이다.

이러한 고찰은 사회제도의 온갖 모순을 해결하는 데 매우 유용하다. 의존에는 두 가지 종류가 있다. 하나는 자연의 사물에 대한 의존이고 다른 하나는 사회의 사람에 대한 의존이다. 사물에 대한 의존은 도덕성과 무관하므로 자유를 침해하는 어떤 악덕도 불러일으키지 않는다. 하지만 사람에 대한 의존은 무질서하므로 온갖 악덕을 불러온다.

이러한 성향에 의해 주인과 노예는 서로를 타락시킨다. 만약 사회의 이런 병폐를 치유할 방법이 있다면, 그것은 사람 대신 법률로서, 즉 개인의 의지를 압도하는 어떤 힘으로 우리 사회를 무장하는 데서 찾을 수 있을 것이다. 그러면 그 법의 준엄성에 의해 인간에 대한 의존 역시 사물에 대한 의존처럼 변화할 것이다. 그런 나라에서는 자연 상태의 이점과 사회 상태의 이점이 하나로 결합될 것이며, 인간을 악덕으로부터 보호하는 자유와 인간을 미덕으로 끌어올리는 도덕성이 결합될 것이다.

자연이 사물에 의존하듯, 그렇게 아이를 키워라. 그러면 당신은 자연의 질서에 따라 아이를 가르치게 될 것이다. 아이의 경솔한 행위에 대해서는 그 행위로 인한 불리함으로 잘못을 깨닫게 하라. 나쁜 짓을 하지 못하도록 금지하기보다는 예방하는 데 주력하라. 아이 스스로 자유 의지에 따라 행동할 수 있고 해야 한다는 의지를 심어주어라. 복종에 의해 행동하지 않도록 하고, 지배한다는 느낌으로 가르치지 말라. 부족한 부분이 무엇인지 스스로 깨닫고 도움을 요청할 때에만 그것을 보충해 줘라. 그 모든 지원은 아이의 자유를 신장하기 위한 조치들일 뿐이다. 그러므로 아이에게 있어 타인의 도움은 수치이다. 아이가 그것을 깨닫고 하루 빨리 자립할 수 있도록, 그러한 열망을 갖도록 하라.

자연은 아이를 성장시키기 위한 다양한 수단들을 갖고 있다. 어른들의 실수로 지나치게 떠받들거나 위축시키지 않는 한 아이는 필요 없는 것을 원하지 않는다. 뛰고 싶을 땐 뛰게 하고 울고 싶을 땐 울게 하라. 모든 행위는 스스로를 단련하기 위한 신체의 요구에서 비롯된 것이다.

그러나 아이 스스로 할 수 없는 일이나 타인이 대신 해주어야만 하는 일에 대해서는 주의해야 한다. 그 일이 진정한 자신의 욕구에 의해서 나온 것인지, 자연의 욕구에 의해서 나온 것인지, 아니면 엉뚱한 욕구에 의해서 나온 것인지를 판별해야만 한다.

아이가 원하는 것을 얻기 위해 떼를 쓸 때 어떻게 해야 하는지에 대해서는 이미 말한 바 있다. 여기에서 한 가지만 더 덧붙이자면, 아이가 자신의 요구사항을 쟁취하기 위해 말로써가 아니라 울음으로써 호소한다면 단호하게 그것을 거절하라는 것이다. 그렇지 않고 우는 모습이 안쓰러워 요구를 들어주게 되면 그것은 잘못 가르치는 셈이 된다. 우는 버릇을 키우는 셈이 되며 요구대로 응해준 선의를 의심하도록 가르친 셈이 된다. 그러면 아이는 그 방법이 낳은 효과에 길들여져 고집 센 아이로 자랄 것이다.

요구를 들어줄 생각이었다면 아이가 의사 표시를 하는 순간 바로 들어주어라. 그렇지 않았다면 거절하되 번복하지 말라. 특히 아이가 쓸데없이 정중한 표현을 써서 자신의 요구를 관철하지 못하도록 하라. 겉멋 든 예의로 주위 사람을 복종시키려는 어조 속에서 진실성을 찾기란 어렵다. 부자들의 점잔 빼는 듯한 교육이 아이를 정중하게 명령하는 인간으로 만들곤 한다.

나는 에밀이 거칠어지기보다는 거만해지지 않을까가 더 걱정이다. 에밀이 '부탁합니다'라는 식으로 정중하게 명령하기보다는 '그렇게 해주세요'라는 식으로 거칠게 부탁하기를 바란다. 중요한 것은 에밀이 사용하고 있는 표현이 아니라 그 표현 속에 깃들어 있는 마음가짐이기 때문이다.

지나치게 엄격하거나 지나치게 관대한 것은 모두 다 피해야 할 일이다. 아이가 고통 받고 있는데도 이를 방치한다면 당신은 그 아이를 불행하게 만들 것이다. 반면 지나친 과보호로 아이를 감싼다면 당신은 그 아이를 연약하고 허약하게 만들 것이다. 둘 다 좋지 않은 일이다. 그것은 반자연적이다. 언젠가는 돌아가게 마련인 인간의 상태로부터 그 아이들을 벗어나게 하기 때문이다.

이쯤에서 당신은 항변할지도 모르겠다. 막연한 미래를 준비한다는 미명하에 현재의 행복을 희생시키고 있다고 앞에서 비난한 아버지들과 내가 비슷한 곤경에 빠져 있다고 말이다. 그렇지 않다. 내가 학생에게 주는 자유는 그가 겪을 사소한 불편함들을 상쇄해 주고도 남을 만한 것이다.

나는 아이들이 흰 눈 위에서 즐겁게 뛰어노는 것을 떠올린다. 그 아이들은 마음만 먹으면 언제라도 꽁꽁 언 몸을 녹이러 갈 수 있지만 그렇게 하지 않는다. 누군가 그 아이들을 불러 집으로 들어가라고 강요한다면, 그 아이들은 추위로 인해 느끼는 고통보다 그 억압으로 인해 더 많은 고통을 느낄 것이다.

당신은 이런 나의 태도가 마음에 들지 않는가? 아이들이 자청하여 받아들인 그 불편함을 용인하는 일이 당신의 아이를 불행하게 만들 것이라고 생각하는가? 나는 아이들을 자유롭게 놓아둠으로써 아이들의 현재를 행복하게 해주고 있는 것이다. 아이들이 겪어야 할 고통에 미리 대비시킴으로써 그 아이들의 미래를 행복하게 해주고 있는 것이다. 뭐가 불만인가? 만일 당신과 나 가운데 누군가 아이들의 선생이 돼야 한다면, 아이들은 누구를 선택할 것 같은가? 그것을 결정하는 데 아이들이 망설일 것 같은가?

모든 존재는 자신의 본질을 떠나서는 행복해질 수 없다. 인간을 모든 고통에서 해방시키려는 것은 그 본질에서 벗어나라고 강요하는 것과 같다. 그렇지 않은가? 나는 보다 큰 행복을 맛보기 위해서는 작은 고통들을 많이 겪게 해줘야 한다고 생각한다. 그것이 인간의 본성이다. 육신이 편안하면 정신이 부패한다. 고통에 무지한 사람은 비인간적이다. 그런 사람은 어떤 일에도 감동할 줄 모르며, 인간의 탈을 쓴 괴물일 뿐이다.

당신의 아이를 불행하게 만드는 확실한 방법이 있다. 아이가 갖고 싶어 하는 것이면 무엇이든 갖게 하라. 하나를 가지면 둘을 갖게 하라. 욕망은 날로 증대될 것이고 그에 따라 당신의 능력은 고갈될 것이다. 언젠가 당신은 아이의 요구를 거절해야만 할 시기가 올 것이고 그러면 아이는 미칠 것이다. 원하는 것을 갖지 못하는 고통보다 익숙하지 않은 당신의 그 거절 때문에 아이는 더 고통스러울 것이다. 원하기만 하면 모든 것을 손에 쥘 수 있었던 아이는 그 거절을 배신으로 여길 것이다. 아이는 이치를 따질 줄 모르므로 당신의 어떠한 설명도 변명으로 받아들일 것이다. 그는 사방에서 악의를 볼 것이고, 이는 아이의 본성을 비뚤어지게 해 모든 사람들을 미워하게 할 것이다. 오만한 폭군이 되어 날뛸 것이다.

이런 아이는 노예 가운데서 가장 비천한 노예이며 불행한 인간이다. 나는 그런 아이를 본 적이 있다. 그 아이는 어깨로 집을 밀어 넘어뜨려보라는 둥, 종탑 위의 수탉을 잡아달라는 둥, 행진하는 군대를 멈춰 북소리를 오래 듣게 해달라는 둥의 터무니없는 요구를 하곤 했다. 그리곤 자신의 뜻대로 되지 않자 울음을 터뜨리며 누구의 말도 듣지 않았다. 이 얼마나 불쌍한 아이인가?

나약함과 지배욕이 광기와 불행을 만들어낸다. 그들의 불손한 태도와 경박한 허영심은 모욕과 경멸과 조롱만을 불러 올 뿐이다. 그들은 마치 물을 마시듯 치욕을 삼켜야 하리라. 가혹한 시련을 통해 그들은 곧 자신의 처지를 깨닫고 무지와 무능을 통감하게 되리라. 예기치 못한 장애로 인해 의기소침하게 되고 너무나 많은 멸시로 인해 비굴하게 되리라.

아이를 복종하는 존재로 만들지 말라

다시 근본으로 돌아가자. 자연은 아이를 사랑받도록 만들었지 그를 두려워하거나 복종해야 할 존재로 만들지 않았다. 세상에 갓 태어난 아이보다 더 연약하고 불쌍한 존재가 어디 있겠는가? 아이의 순진하고 해맑은 모습을 보라. 누군가 돌봐주지 않으면 한시라도 견딜 수 없을 것 같은 저 얼굴을. 그런 아이가 누군가에게 명령하고 주인 행세를 한다면 그것 만큼 자연의 질서를 거스르는 일도 없을 것이다. 또 그런 아이를 속박하고 억누른다면 이 또한 야만스런 짓이다. 아이를 오만하게 해서도 안 되지만 두려워하게 해서도 안 된다. 아이를 속박하지 말라. 한순간만이라도 아이를 자유롭게 풀어주자. 장차 사회 구성원이 되면 시민으로서의 예속이 그들을 압박할 텐데 왜 미리 그것을 겪게 한단 말인가. 한때만이라도 예속의 악덕들로부터 아이를 격리시켜 두자.

아이들이 이성을 갖기 전에는 도덕적 존재나 사회적 관계 등에 관한 어떠한 관념도 가질 수 없다. 그러므로 이러한 관념을 나타내는 말은 가능한 한 사용하지 말아야 한다. 아이가 그릇된 관념에 오염될 수 있기 때문이다. 이것이 오류와 악덕의 씨앗이 될 수도 있다. 아이의 마음이 감각적 사물을 향해 열려 있는 한 그의 모든 관념이 감각에만 머물러 있도록 하라. 그리고 물리적 세계만 발견하도록 하라. 그렇지 않으면 아이는 당신의 말에 전혀 귀 기울이지 않을 것이다. 설령 듣는다 해도 당신의 도덕적인 세계에 대해 공상적인 관념만을 덧칠함으로써 평생 지울 수 없는 상흔을 안고 살아가게 될 것이다.

아이와 더불어 이치를 따지는 식의 정신 훈련에 대해 나는 별로 신뢰하지 않는다. 가장 훌륭한 교육이란 이성적인 인간을 만들어내는 것이다. 그런데 이 이성이란 인간이 가진 정신 능력 가운데서 가장 늦게 발달되는 것이다. 다른 모든 능력의 합성물이 이성인 까닭이다. 이런 이성을 지렛대 삼아 아이의 기초 능력을 향상시킨다는 것은 전후가 뒤바뀐 것이다. 그것은 일을 끝에서부터 시작하는 것과 같다.

당연하지만, 이 시기의 아이들에겐 사리를 분별할 능력이 없다. 그렇지 않다면 교육이 필요 없을 것이다. 그런 상대에게 전혀 알아들을 수도 없는 말을 한다면 아이는 둘러대거나 말로 때우는 데 익숙하게 되어 따지기 좋아하는 버릇 없는 아이로 성장할 것이다. 그리고 이 과정에서 아이는 탐욕이나 공포, 허영 같은 동기들을 필연적으로 받아들이게 될 것이다.

사람들이 아이를 가르친답시고 나누는 대화의 형태를 예로 들어 보겠다. 대부분 이런 식으로 진행된다.

어른―그런 짓을 하면 안 된다.
아이―왜 안 되죠?
어른―나쁜 행동이기 때문이지.
아이―나쁘다뇨. 나쁜 게 무엇인데요?
어른―너에게 하지 말라고 하는 일이지.
아이―하지 말라고 하는 일을 하면 왜 나쁜데요?
어른―벌을 받게 되니까 나쁘지.
아이―몰래 하면 되죠.

어른 - 누구에게든 들키고 말 거야.

아이 - 숨어서 할 거예요.

어른 - 너에게 캐물을 거다.

아이 - 둘러대면 돼요.

어른 - 그런 거짓말을 해선 안 된다.

아이 - 왜 안 되죠?

어른 - 나쁜 행동이기 때문이지.

대화는 필히 순환논리에 빠지게 되어 있다. 여기에서 더 나아가면 아이는 당신의 말을 이해하지 못할 것이다. 선이나 악, 인간이 지켜야 할 의무 등을 이해하는 일은 아이의 영역이 아니다. 어른이 되기 전까지 아이는 아이로서 있어야 한다. 그것이 자연의 질서이다. 이 질서를 거역하면, 우리는 설익고 맛도 없는 과일을 속성으로 재배하는 것과 같다. 아이를 꼬마 박사와 애늙은이로 만들어서 좋을 게 뭐 있겠는가? 아이는 보고 느끼는 데 그 나이에 맞는 사유 방식을 활용한다. 어른의 방식으로 생각하길 강요하지 말라. 사실 그 나이엔 이성이 필요하지도 않다. 이성은 힘을 억제하는 장치이다. 아이에겐 그런 장치가 있어야 할 이유가 없다.

혹시 당신은 아이를 설득할 목적으로 위협을 하거나 아첨을 하기도 하는가? 참으로 잘못된 일이다. 아이가 당신의 말에 설득된 것처럼 보여도 그것은 겉으로만 그럴 뿐이다. 당신이 그 방법을 고집하면 할수록 아이의 내면은 시커멓게 타들어간다. 반항보다 복종이 더 이익이고 편리한 처세 방식이라는 것을 확인하는 순간 아이들은 가면을 쓰게 된다. 나쁜 짓을 하다 들켜 그가 잘못을 인정했다고 치자. 그 인정은 반성의 결과가 아니다. 더 큰 벌을 받을까 두려워, 혹은 용서받을지 모른다는 희망에서 나온 행동일 뿐이다. 아니면 단지 귀찮은 상황을 모면하고 보겠다는 발상일 수도 있다. 아이는 결코 당신의 이성에 설득된 것이 아니다. 그 나이의 아이에게 인간의 의무 따위를 이해시킬 사람은 아무도 없다.

그렇게 되면 어떤 결과가 나타나겠는가? 우선 아이는 당신을 싫어하게 되고 당신에게 적의를 품을 것이다. 그 다음 처벌을 모면하기 위해 당신의 눈치를 보게 됨으로써 음험하거나 위선적이 될 것이다. 아이를 거짓에 물들게 하고, 진짜 동기를 거짓 동기로 은폐하도록 길들여 아이의 진짜 성격을 모르게 할 것이다. 이는 결국 주변 사람들을 속여 공허한 말로 자신을 위장하도록 부추기는 결과를 낳을 것이다.

혹 당신은 법을 예로 삼아 이렇게 말할지도 모르겠다. 법이 비록 양심에 있어 의무적이긴 하지만, 어른들을 억압하고 있지 않느냐고 말이다. 맞는 말이다. 그러나 어른들이란 교육에 의해 망쳐진 아이들이 아니던가? 이것이야말로 예방하지 않으면 안 되는 일이다. 아이에겐 힘으로, 어른에겐 이성으로 관여하라. 그것이 자연의 질서이다. 그리고 지혜로운 사람에겐 법이 필요 없다.

당신의 학생을 연령에 맞게 다루어라. 그가 자리에서 일탈하지 않도록 하라. 그러면 그는 지혜를 알기도 전에 지혜의 중요한 핵심

을 실천하게 될 것이다. 명령하지 말라. 당신이 권위를 행사하고
있다는 낌새조차 느끼지 못하게 하라. 단지 아이는 약하고 어른은
강하다는 사실만을 알게 하여 그가 복종하지 않을 수 없도록 해야
한다. 인간에겐 자연이 부과한 멍에가 있다는 것을, 그 필연적인
멍에의 가혹함에 모든 존재들은 머리 숙이지 않으면 안 된다는 것
을 깨닫게 하라. 그 필연성을 어른의 변덕 속에서가 아니라 사물
속에서 발견하게 하라. 결코 권위로써 그를 제어하지 말라.

한 번 거절한 사항에 대해서는 절대로 번복하지 말라. 아이는 당
장 자신이 원하는 것을 얻을 수 없을지 모르지만 장차 얻을 수 있
는 것은 더 많을 것이다. 참을성 있고 변덕 부리지 않으며 체념을
아는 아이가 될 것이다. 왜냐하면 사물의 필연성에 대해 인내심 있
게 대응하는 것이야말로 곧 인간의 본성이기 때문이다. 아이가 거
짓말이라고 여기지 않는 한 '이제 더 없다' 는 말은 절대 거역할 수
없는 명제이다. 여기엔 타협의 여지가 없다. 아이에겐 아무것도 요
구하지 말아야 한다는 것, 그렇지 않으려면 처음부터 복종시켜야
한다는 것, 이 두 가지 중의 하나이기 때문이다.

가장 나쁜 교육은 아이로 하여금 자신의 의지와 당신의 의지 사
이에서 갈등을 겪게 하는 일이다. 당신과 아이 가운데 누가 선생이
될 것이냐를 두고 다투는 일이다. 그럴 바에야 나는 아이가 선생이
되는 편이 백 배는 더 낫다고 생각한다.

사람들이 아이의 교육에 뜻을 두어온 이래 그 지도 방법으로 경
쟁심, 질투심, 선망, 허영심, 탐욕, 공포 등의 정념밖에는 생각해내

지 못했다는 것이 내게는 이해가 안 된다. 이런 정념들이 아이들의 마음을 악덕에 물들게 한다. 분별 없는 교사들은 선량함을 가르친다면서 아이들을 곧잘 악의 구렁텅이에 밀어넣는다.

아이들을 제대로 가르치려면 오로지 한 가지, 자유를 잘 규제하기만 하면 된다. 할 수 있는 일과 할 수 없는 일, 가능한 것과 가능하지 않은 것에 대한 규칙만으로 아이를 가르칠 자신이 없는 사람은 교육에서 손을 떼야 한다. 이 두 영역을 확장하거나 축소하면서 아이를 가르쳐라. 아이를 밀든 당기든 이 필연의 끈을 통해서만 제어하라. 그러면 아이는 불평을 늘어놓지 않을 것이다. 사물의 힘만으로 아이를 통제하므로 어떤 악도 싹트지 않는다. 왜냐하면 정념은 그것이 효과를 거두지 않는 한 자극받지 않기 때문이다.

아이에게 교훈을 줄 땐 말로만이 아니라 경험을 통해 얻도록 하라. 잘못을 저질러도 체벌하지 말라. 그는 잘못이 무엇인지 모르기 때문이다. 그가 용서를 구하게 하지도 말라. 그에겐 도덕적 관념도 없을 뿐더러 그럴 만한 의지도 없기 때문이다. 아이들은 구속받으면 구속받을수록 더 거칠어진다. 당신의 눈을 벗어나는 순간 아이는 그 속박의 고통에 대해 보상받고 싶어 하기 때문이다.

도심에서 자란 학생과 시골에서 자란 학생을 한 방에 두어보라. 도심에서 자란 학생의 행동이 훨씬 더 거칠 것이다. 이 학생은 모처럼 얻은 방종의 기회를 서둘러 악용하는 반면, 시골 학생은 언제라도 누릴 자신의 자유를 확신하고 있어 서두르지 않기 때문이다.

자연에서 오는 본능적 충동은 항상 바르다. 이 사실을 하나의 준칙으로 세워두자. 본래 인간에게 악함은 없다. 그러므로 인간의 마음에 악이 깃들었다면 우리는 그 악의 경로를 추적할 수 있다. 인간이 본래부터 지니고 있는 자연적 정념은 자기애 또는 넓은 의미에서 이기심이라고 부를 수 있는 것밖에 없다. 이 정념은 누구와 어떤 관계를 맺느냐에 따라 선용되기도 하고 악용되기도 한다. 그런데 아이들은 천성적으로 타인에겐 무관심하다. 그러므로 이기심의 안내자인 이성이 발달하기 전까지는 오로지 자연이 그에게 요구하는 일만 하도록 보호하는 것이 중요하다. 그러면 그는 선한 일만 하게 될 것이다.

그렇다고 그 아이가 절대 사고 치지 않을 것이라거나 말썽 부리지 않을 것이라는 얘기는 아니다. 그 아이는 나쁜 짓을 할 수도 있다. 하지만 그것은 그렇게 보일 뿐 실제로 나쁜 짓을 한 것은 아니다. 나쁜 짓의 여부는 남에게 해를 끼치려는 의도가 있느냐 없느냐에 따라 좌우되는데 그에겐 그럴 의도가 없기 때문이다. 만일 의도를 지니고 나쁜 행동을 했다면, 그 아이는 구제불능이다.

아이들에게 자유를 최대한 허용하라. 그 자유를 행사하는 데 방해가 될 만한 것이나 파손될 만한 물건들이 있다면 치워놓아라. 아이의 손 닿는 곳에 비싼 물품을 두지 말라. 거울이나 도자기처럼 사치스러운 물건을 놓지 말되 투박하고 튼튼한 가구를 들여놓아라. 이러한 주의에도 불구하고 아이가 문제를 일으켰다면, 절대 혼내지 말라. 야단치지 말라. 그것 때문에 당신의 기분이 상했다는 내색조차 하지 말라. 마치 가구가 쓰러져 저절로 파손되기라도 한 것처럼 행동하라. 명심하라. 그렇게 보인 인내심만으로도 당신은 엄청난 교육을 한 것이 된다.

서둘러 가르치지 말라

여기서 교육 전체를 통틀어 가장 중요하고 유익한 규칙 하나를 얘기하고자 한다. 시간을 낭비하라는 것이다. 시간을 아끼라가 아니라 낭비하라고? 그렇다. 시간을 낭비하라. 독자들은 나의 이 역설을 용서할진저! 통찰엔 역설이 필요한 법이다. 그리고 누가 뭐라든, 나는 편견을 가진 인간이 되기보다는 역설을 즐기는 인간이 되고 싶다.

인생에서 가장 위험한 시기는 출생에서 열두 살까지의 시기이다. 오류와 악습이 싹트는 시기임에도 그것을 제어할 수단이 없기 때문이며, 설령 그 수단이 생겼다 하더라도 그땐 이미 뿌리가 너무 깊어 뽑아내기 어렵기 때문이다. 만일 아이가 젖먹이 시절에서 이성의 시기로 도약할 수만 있다면 오늘날 시행하고 있는 교육의 방식도 괜찮을 수 있을 것이다. 하지만 자연은 그러한 도약을 허용치 않으므로 정반대의 교육이 필요하다. 아이는 정신이 그 모든 능력을 구비하기까지 정신을 사용해서는 아무것도 하지 못하도록 해야 한다. 정신이 너무 어두워 당신이 인도의 횃불을 비춰준다 해도 그 빛을 볼 수 없을 것이며, 관념의 평원에 나 있는 길조차 올바로 찾아가기는 사실상 불가능할 것이기 때문이다.

　그러므로 초기의 교육은 소극적인 차원에 머물러야 한다. 즉 미덕이나 진리를 가르치기보다는, 마음을 악덕이나 과오로부터 지켜주는 일에 주력해야 한다. 만일 당신이 그 학생을 비록 무지하지만 튼튼하게만 길러낼 수 있다면 그의 오성의 눈은 이성을 향해 열릴 것이다. 무엇보다 편견의 악습에 물들지 않도록 경계하는 것이 중요하다.

　관례적인 악습에 물들지 않도록 하라. 이치를 내세워 따지지 말라. 아이의 신체와 감각을 단련시키는 데 힘쓰되 정신만은 한가하도록 내버려둬라. 아이는 판단력이 부족하므로 판단력 이전의 생각들을 경계하라. 너무 일찍부터 선을 가르쳐주려고 서둘지 말라. 천천히 가르쳐라. 늦으면 늦을수록 이득인 줄 알라. 아무것도 훼손됨 없이 목표를 향해 나아가는 것만으로도 많은 것을 얻는 것이다. 아이로 하여금 그 안에서 어린 시절이 무르익도록 하라. 교훈이 필요할지라도 꼭 오늘 시행해야 할 사안이 아니라면 가르침을 미루어라.

　아이들은 저마다 고유한 정신적 성향을 지니고 있으므로 그에 맞게 지도해야 한다. 아이의 본성과 성격을 관찰하라. 그를 위해 오래도록 지켜보라. 싹이 자유로이 움틀 때까지 기다려라. 시간이 걸리더라도 조급해하지 말라. 그것이 낭비라고 생각하는가? 그렇지 않다. 그 방법이야말로 시간을 절약하는 가장 효율적인 방식이라는 것을 당신도 알게 될 것이다.

대책도 없이 교육을 서두른다면 당신은 곧 방향을 상실하고 말 것이다. 수전노처럼 한푼도 손해보지 않겠다는 식으로 처신하지 말라. 아이의 어린 시절을 낭비하도록 하라. 장차 그것으로 아이는 더 많은 시간을 벌게 될 것이다. 현명한 의사는 환자의 체질을 알기 전에는 처방을 내리지 않는다. 그는 신중하게 파악하고 환자를 치유한다. 하지만 서두르는 의사는 환자를 죽인다.

그렇다면 아이를 어떻게 하란 말인가? 자동인형처럼 놔두란 말인가? 인간과 세상으로부터 방치하란 말인가? 이렇게 항변할 수 있다. 그리고 이 항변은 강력하다. 하지만 자연에 따르는 교육을 하기란 본래 어렵다. 내가 언제 그것을 쉽다고 말한 적 있는가? 고백하건대 나 역시 똑같은 어려움을 느낀다. 이 어려움은 극복될 수 없을지도 모르지만 노력하면 목표의 근처까지는 갈 수 있다.

한 인간을 교육시키기 전에 선생 자신부터 인간이 되어 있어야 한다. 그리하여 아이에 대한 이상적 모델을 스스로의 내부에 갖추어 놓고 있어야 한다. 아이가 아직 지식을 갖추기 전에는 아이가 봐도 좋을 것만 보도록 주변을 정리할 시간이 있다. 그러기 위해선 모든 사람들로부터 존경 받을 수 있도록 당신 자신을 돌보아야 한다. 존경 받는 사람이 되어라. 당신이 주위 사람의 선생이 되지 못한다면 아이의 선생 역시 되지 못할 것이다.

그리고 이 권위는 미덕에 대한 존경심에서 비롯된 것이어야만 한다. 당신이 지갑을 털어 환심을 산다고 해서 될 일이 아니다. 먼저 마음을 열고 상대방을 받아들여라. 물질이 아닌 관심과 호의로 사람들을 움직여라. 얼마나 많은 불행한 사람들이 적선보다는 따뜻한 위로의 말 한마디를 필요로 하는지 당신은 아는가? 이웃을 사랑하라.

싸움은 말리고 송사가 일어나지 않도록 하라. 아이가 본분을 지키도록 하고 아버지가 관대히 행동하도록 도와라. 행복한 결혼생활이 되도록 조언하라. 약자를 위해 할 수 있는 한 당신의 힘을 다써라. 불행한 자들의 대변자가 되어라. 인간적인 사람, 사랑이 넘치는 사람이 되어라.

아이가 먼저 질문할 때까지 기다려라

내가 에밀을 시골에서 키우려는 이유가 있다. 시골에서라면 여러 가지 좋지 못한 악습들, 주인을 따라다니는 비굴한 하인배들이나 도시의 오염된 풍속들로부터 아이를 보호할 수 있기 때문이다. 시골 농부들에게서도 악덕은 발견할 수 있지만 거기엔 겉치레도 없고 상스러움 또한 그대로 드러나 있어 아이가 본받을 리도 없다. 유혹적이라기보다는 혐오감만 불러일으킬 뿐이다. 시골에서는 또 아이를 통제하기가 훨씬 자유롭다. 교사의 언행이나 평판에 대해 오해 살 일도 적을 뿐더러 권위를 유지하기에도 유리하다. 사람들은 모두 그를 따르고 인정 받으려 할 것이므로 아이에게도 선한 영향을 미칠 것이 분명하다. 이 정도만 해도 큰 복이다.

당신의 잘못을 남의 탓으로 돌리지 말라. 아이가 좋지 못한 장면을 목격하더라도 당신이 가르치는 악보다는 덜 해롭다. 당신이 좀 더 안달시고 스스로 좋다고 판단한 관념 하나를 주입하기 위해 중언부언하지 말라. 머릿속에 오만 가지 생각으로 꽉 찬 당신의 관념이 아이에게 제대로 전달될 것이라 자신하는가? 아이가 자신의 방식대로 해석하지 않을 것이라고 장담할 수 있는가?

당신이 아이에게 무엇인가를 가르쳤다고 치자. 그리고 아이가 무엇을 배웠는지 확인해보라. 아이 마음대로 질문하고 얘기하도록 놔둬보라. 당신은 당신의 가르침이 아이의 머릿속에서 이상한 모양으로 변형돼 있는 것을 보고 놀랄 것이다. 당신은 화를 낼 것이며, 모든 것이 뒤죽박죽인 아이는 당신이 예상치도 못한 질문들로 당신을 난처하게 만들 것이다. 그로 인해 당신이 침묵하거나, 아니면 그 아이가 침묵하도록 몰아넣게 될 것이다.

당신이 침묵한다면, 그 아이는 당신을 어떻게 생각할 것인가? 아이가 승리를 쟁취했다고 느끼는 순간 그 길로 교육은 끝나지 않겠는가? 그는 더 이상 배우려 하지 않을 것이며, 당신의 약점을 찾아 반박하는 일에만 골몰할 것이다.

그러니 선생들이여, 가르치는 일에 신중하라. 서두르지 말고 주의해 가르쳐라. 섣불리 선악에 대한 지식을 넣어주려다가 악마의 교사가 되지 않도록 하라. 아이가 집 밖에서 보고 듣는 것을 통제할 수 없다면, 그의 내면에 그런 것들이 적절히 안치되도록 주의를 기울이는 데만 힘써라.

격한 정념, 가령 극도의 흥분 상태를 목격하게 되면 아이는 깊은 인상을 받게 된다. 그때가 교육자의 입장에서 볼 때 아이에게 멋진 훈시를 할 기회라고 생각할지도 모르겠다. 하지만 아니다. 당신은 결코 그 일을 제대로 해낼 수 없다. 단 한마디의 말도 하지 말고 기다려라. 아이가 당신에게 다가와 그 일에 대해 질문할 때까지 기다려라. 그러면 문제는 해결된다.

답은 아이의 감각을 자극한 그 대상으로부터 나와야 한다. 어떤 사람이 병에 걸려 흥분한 상태에 빠져 있고 그 모습을 아이가 보았다면, 그래서 열에 들뜬 환자의 목소리와 벌겋게 충혈된 눈을 보았다면 침착하고 정직하게 말해주기만 하면 된다. 이 사람은 지금 너무 아파 발작 상태에 빠져 있다고. 그러면서 당신은 자연스럽게 질병과 그 질병의 증상에 대해, 혹은 그 결과에 대해 언급할 기회를 갖게 될 것이다. 그런 것들은 자연에서 비롯된 현상 가운데 하나이므로 아이도 깨달아야만 하는 것들이다.

반드시 알지 않으면 안 되는 그 필연적인 관념을 통해 아이는 많은 것을 배우게 된다. 어떠한 도덕적 설교도 이 방식보다 유익하지는 않다. 병에 대한 관념의 습득은 장차 아이를 훈육하는 데도 매우 효과적일 수 있다. 가령 아이가 말을 듣지 않거나 못된 짓을 한다면 당신은 그 아이를 환자처럼 대하면서 그 악습을 치유할 수도 있다.

나는 나의 에밀에 관해 이런 상상을 한다. 어느 날 두 사람의 이웃 여자가 말다툼을 벌이고 있다. 이를 지켜보던 에밀이, 한층 더

화가 나 기세를 올리고 있는 여인에게 다가가 이렇게 말한다. "아, 부인께선 몹쓸 병에 걸리셨군요. 정말 안됐어요." 그 동정 어린 에밀의 말투를 상상해보라. 이러한 기지는 틀림없이 주변 사람의 이목을 끌게 될 것이다. 그러나 이러한 행동의 효과를 에밀이 눈치채기 전에 나는 서둘러 그를 데리고 나와 빨리 그 일을 잊도록 할 것이다.

나는 세세히 가르치기보다는 일반적인 원칙들만 설명하고 보여줄 것이다. 그렇다고 하더라도 이 사회에 몸담고 있으면서, 비록 어린 꼬마이긴 하지만 인간 관계나 인간 행위의 도덕성에 관해 그가 어떤 관념도 없이 자라도록 할 수는 없을 것이다. 나는 그 관념의 교육을 최대한 늦추되 최소화해서 가르쳐야 한다고 생각한다. 그래서 아이 스스로 나쁜 짓인지도 모르고 행동하는 일만은 없도록 해야 할 것이다.

그러나 아이들 중엔 온화한 성격을 지닌 아이도 있지만 거친 성격의 아이도 있다는 것을 염두에 두어야 한다. 이러한 성격의 아이는 일찍부터 사나와지므로 그것을 제어하기 위해서라도 서둘러 어른으로 만들어야 한다. 나는 곧 그 점을 설명할 것이다.

체험을 통해 얻은 것은 결코 잊지 않는다

인간에게 있어 첫째 의무는 자기 자신에 관한 것이다. 그런데 우리의 모든 행동은 자기 보존과 안락함이라는 가치의 기반 위에서 이루어진다. 이것이 자기 자신을 향한 소박한 감정이다. 하지만 의무는 이러한 가치에 반하는 행동을 요구하므로 권리를 먼저 말하는 것이 교육적일 수 있다. 그렇지 않고 의무에 대해서만 말한다면 아이는 이해하기도 어려울 뿐더러 따분해할 것이 분명하며, 이것이야말로 일반적인 교육 방식이 답습해 온 폐해이다.

그러므로 앞서 말한 아이를 내가 가르쳐야 한다면, 나는 이렇게 생각할 것이다. '아이가 도전하려는 것은 사람에 대해서가 아니라 사물에 대해서이다. 사람에 관한 한 아이는 연령으로든 힘으로든 자신보다 우월한 자에겐 존경해야 한다는 것을 경험을 통해 배운다. 그러나 사물은 스스로를 방어하지 못하며, 이치가 그러하므로 아이에게 심어줘야 할 최초의 관념은 자유의 관념이 아니라 소유의 관념이다. 이를 위해 우리는 아이가 뭔가를 소유하도록 해줄 필요가 있다.'

그렇다고 해서 옷이나 장난감 따위를 주면서, 소유라는 것이 무엇인지 설명해봤자 아이에겐 씨가 먹히지 않을 것이다. 그 물건들을 제 마음대로 사용할 수는 있겠지만 어떻게 해서 그것들을 소유하게 되었는지 아이는 모르기 때문이다. 누군가가 주었으므로 네 것이라고 말해봐야 설득력 없기는 마찬가지다. 왜냐하면 주기 위해선 먼저 가졌어야 하는데, 어떻게 해서 갖게 되었는가를 해명하는 것이 바로 소유의 원리를 설명하는 것이 되기 때문이다.

여기서 우리는 소유에 대한 개념이 어떻게 해서 생겨났는지를 밝혀야 하고, 그러려면 소유의 기원까지 거슬러 올라가 설명하지 않으면 안 된다. 자, 이렇게 해보자. 에밀은 시골에 살고 있을 것이므로 농촌 일에 대해서는 어느 정도 알고 있다고 치자. 어느 날 아이는 자신도 무엇인가를 키워보고 싶다는 의견을 피력한다. 누구보다도 그의 의견을 존중하는 나는 당연히 그를 도와 조력자가 된다.

에밀과 나는 근처에 있는 밭 한 귀퉁이를 일구고 콩을 심는다. 씨앗에서 싹이 올라온다. 우리는 함께 물을 주면서 그것이 자라나는 모습을 기쁜 마음으로 지켜본다. 나는 에밀에게 '이것은 네 것' 이라고 분명하게 말해준다. 아이는 시간과 노동을 투자한다는 것이 무엇이며 그로 인해 얻은 소유라는 관념을 확실히 실감한다.

그러던 어느 날, 물뿌리개를 들고 밭으로 온 아이는 경악한다. 콩이란 콩은 모조리 뽑혀져 있는데다 밭도 마구 파헤쳐져 있다. 오, 어떻게 이런 일이! 아이는 분노와 비탄에 빠져 있다. 도대체 누가 이런 짓을 했단 말인가? 부당함에 대한 노여움 때문에 아이는 눈물을 그치지 않는다. 나도 분노하며 슬퍼한다. 우리는 마침내 그것이 이웃에 사는 농부의 소행임을 알고 그를 불러온다.

하지만 우리의 분노는 표적을 빗나갔다. 사태를 파악한 그 이웃은 오히려 우리를 힐난하며 불평을 쏟아낸다. "당신들이었군요! 당신들이 내 밭을 망쳐놨어요. 나는 여기에 어렵사리 얻은 멜론 씨앗을 뿌려놨었는데 당신들이 콩을 심는다고 짓밟아놨단 말입니다. 오, 세상에, 나는 멜론을 수확해 당신들에게 대접할 생각까지 했건만, 이제 더는 그 씨앗을 구할 수도 없으니 이 일을 어쩌면 좋단 말입니까?"

장 자크―미안하게 됐소. 우리가 당신의 노동과 수고를 망쳐놓았군요. 사과하리다. 멜론의 씨앗은 내가 구해다 드리겠소. 앞으로는 이와 같은 실수를 하지 않을 거요. 누가 먼저 경작하고 있지나 않은지, 꼭 확인하고 씨앗을 심도록 하겠소.

농군―당연하지요. 그래야 합니다. 하지만 이제 그럴 필요도 없을 겁니다. 놀고 있는 땅은 없을 테니까요. 저 역시 아버지에게서 물려받은 땅에서 농사짓고 있고, 그건 다들 마찬가지죠.

에밀―아저씨, 그럼 이런 경우가 흔하겠네요?

농부―그렇지 않단다. 남의 밭을 건드리는 사람은 거의 없지. 그래야만 자신의 밭도 지킬 수 있을 테니까.

에밀―하지만 저는 밭이 없는 걸요.

농부―그게 나랑 무슨 상관이지? 그건 내 문제가 아니라 네 문제일 뿐이야. 만일 앞으로 한번 더 이런 일이 있으면 그땐 내 땅을 지나다니지도 못하게 할 거야. 난 내 수고를 헛되이 하고 싶지 않으니까.

장 자크―이보시오. 그러지 말고 나와 타협하는 게 어떻겠소. 내가 제안을 하나 하리다. 내 어린 친구와 나에게 당신의 밭을 조금만 빌려주시오. 그러면 수확물의 절반을 당신에게 드리리다.

농부―뭐 그렇게까지 할 것도 없습니다. 밭이라면 조건 없이 빌려드리겠습니다. 하지만 또 이런 일이 있을 때는 콩을 모조리 뽑아 버릴 테니, 그 점만은 알고 계십시오.

이것은 기초적 관념을 심어주기 위한 단순한 예에 불과하지만, 이 시도를 통해 우리는 소유에 대한 관념이 노동을 통해 어떻게 생겨났는지, 그리하여 가장 먼저 그것을 차지한 사람이 왜 그 권리를 가져야 하는지를 이해할 수 있게 된다. 이러한 예는 단순 명료하고 간결해서 아이라 해도 쉽게 이해할 수 있다. 하지만 이러한 문제를 관념적으로만 설명하려면 우리는 곧 곤경에 처하게 된다. 그러니 젊은 교사들은 명심할 일이다. 말보다는 행동으로 가르쳐라. 아이는 말로 가르친 것은 쉽게 잊지만 체험을 통해 얻은 교훈은 결코 잊지 않기 때문이다.

앞에서 나는 온순한 아이와 난폭한 아이는 구별해서 가르쳐야 한다고 말했다. 반복되는 얘기지만, 이와 관련해 한 가지 예를 더 들어보겠다.

여기 통제 불능인 난폭한 아이가 있다고 치자. 이 아이는 무엇이건 손에 닿는 대로 부수는 습성이 있어 곧잘 사람들의 화를 돋우곤 한다. 하지만 당신이 이 아이의 선생이라면 절대 화를 내선 안 된다. 아이가 부술 만한 물건들은 치워두되 이미 부쉈다면 서둘러 새 물건으로 교체해주지 말라. 그래서 결핍으로부터 오는 불편함을 겪도록 해야 한다. 아이가 자기 방의 창문을 깨뜨렸다면 그 역시 그대로 두어라. 찬 바람이 들어와도 그대로 두어라. 감기 걸릴 것을 염려해 노심초사할 것도 없다. 아이가 바보로 자라느니보다 감기 걸리는 것이 백배는 더 낫기 때문이다. 아이가 당신을 불편하게 해도 당신이 먼저 문제 삼지 말라. 아이가 먼저 불편을 느끼도록 하라. 그런 다음 당신은, 마치 아무 일도 없었다는 듯 조용히 유리를 갈아 끼워주기만 하면 된다.

그런데도 또 아이가 창문을 깼다면 어떻게 할 것인가? 그땐 방법을 바꾸어야 할 것이다. 그렇되 절대로 화를 내지 말고 이렇게 말하라. "이것은 내가 만든 창문이다. 내겐 이 창문을 보호해야 할 책임이 있다." 그리고는 아이를 창 없는 방에 가두어라. 아이는 한동안 울며불며 소란을 피울 것이다. 그렇다고 당신의 마음이 흔들려서는 안 된다. 때가 되면 아이의 마음은 진정되고 사태를 해결하기 위한 마음가짐을 갖추게 될 것이다. 그때도 당신은 직접 나서서는 안 된다. 누군가를 시켜 문제를 해결할 방도를 알려주고 아이가 그것을 제안하도록 유도하라. 아이에게 자유를 주는 대신 앞으로는 절대 창문을 깨지 않겠다는 조건이 담긴 제안을. 아이는 틀림없이 그 제안을 수용해 당신에게 간청할 것이다. 그때 당신은 이렇게 말하라. "훌륭한 생각이다. 왜 진작 그런 생각을 하지 않았는지 모르겠구나." 그러고 나서 마치 신성불가침의 약속을 하기라도 한 것처럼 아이를 껴안아주기만 하면 된다.

아이들의 거짓말은 선생이 가르치는 것이다

나는 아이가 잘못했다 하더라도 벌로써 다스리지 말라고 줄곧 얘기해 왔다. 아이가 하는 거짓말에 대해서도 같은 방식으로 대응해야 한다. 대신 당신은 거짓말이 가져올 나쁜 결과, 즉 진실을 얘기해도 믿지 않게 된다든지 의심이 의심을 낳아 그 피해가 고스란히 본인에게 갈 것이라는 등의 폐해를 설명하면서 아이를 설득해야 한다.

거짓말에는 두 종류가 있는데, 하나는 과거 사실에 대한 거짓말이고 다른 하나는 미래와 관련된 거짓말이다. 앞의 거짓말은 자신이 한 것을 하지 않았다거나 안한 것을 했다고 주장할 때 생기며, 따라서 사실을 속이는 일이다. 뒤의 거짓말은 지킬 마음이 없는 약속을 할 때 이루어지는 것으로 자신의 생각에 반하는 어떤 의도를 보여줄 때 생긴다. 하지만 이 두 가지는 종종 섞이기도 한다.* 여기서 그 차이점에 대해 고찰해보자.

아이처럼 남의 도움을 필요로 하는 경우, 그들은 남을 속이는 일에 그다지 관심이 없다. 남을 속여봤자 이익될 게 없기 때문이다. 대신 그 남이 있는 그대로의 사실을 사실대로 보아주는지에 대해

---

*어떤 범법자가 자신은 죄를 짓지 않았다고 변명할 때가 그런 경우이다. 그는 진술에서뿐만 아니라 사실에서도 거짓말을 하고 있는 것이다.

서는 관심이 많다. 그들의 판단이 곧 자신에게 영향을 미치기 때문이다. 따라서 사실을 속이는 유형의 거짓말은 아이들의 입장에서 볼 때 결코 자연스럽지 않다.

그러나 복종이라는 괴물이 아이들에게 거짓말을 해야 할 필요성을 야기시킨다. 아이들은 그 괴물을 피하기 위해, 벌이나 꾸지람을 듣지 않기 위해 사실을 은폐한다. 거짓말로 인한 당장의 이익이 진실을 말해서 얻을 장차의 이익을 압도하기 때문이다. 그렇지 않다면, 자연스럽고 자유롭게 교육을 한다면 아이는 거짓말할 이유가 없다. 야단치지도 않고 벌주는 일도 없는데 왜 아이가 거짓말을 하겠는가? 정직함이 어떤 위험도 초래하지 않는데 말이다.

약속과 관련된 거짓말은 한층 더 자연스럽지 못하다. 무엇을 하겠다거나 하지 않겠다는 약속은 일종의 계약 행위로서, 자연 상태에서 벗어나 자유의 가치를 훼손하는 것이기 때문이다. 또한 아이들의 약속은 엄밀한 의미에서 모두 무효라고 할 수 있다. 그의 한정된 시야는 현재에 국한돼 있을 뿐 미래를 내다보지 못하기 때문이며, 약속을 하면서도 자신의 행위에 대해 통찰하지 못하기 때문이다. 아이가 하는 약속은 오로지 현재의 곤경을 벗어나기 위한 수단에 불과하다고 생각하면 된다. 만일 창문에서 뛰어내리면 벌을 받지 않는다거나 사탕 한 봉지를 얻을 수 있다면, 그 아이는 당장 약속을 할 것이다. 이 때문에 법률은 아이들의 약속에 대해 그 효력을 인정하지 않는다. 그러므로 당신이 선생이라면, 아이에게 약속을 지키라고 요구할 때도, 그 약속과 상관없이 마땅히 해야 될 그런 일만 요구하도록 해야 한다.

아이의 약속이 거짓말에 속하지는 않는다 하더라도, 약속을 이행하지 않는다면 그것은 좀 다른 문제에 속한다. 그것은 일종의 소급된 거짓말이라고 볼 수 있다. 아이는 자신의 약속에 대해서는 충분히 기억하고 있을 것이기 때문이다. 다만 아이는 약속을 지켜야 한다는 것이 왜 중요한지에 대해 알지 못할 뿐인데, 이는 미래를 예견할 만큼 아직 이성이 발달하지 않았기 때문이다.

그러므로 아이들의 거짓말은 모두 선생의 작품이다. 아이들에게 진실을 말하라고 윽박지르는 것은 아이들에게 거짓말을 하라고 가르치는 것과 다를 바 없다. 이상하게도 선생들은 아이들을 규제하고 가르치는 그 열성에 버금가는 수단을 갖고 있지 못한 것 같다. 그들은 빈약한 교훈을 근거 삼아 아이들의 정신을 장악하는 데만 골몰한다. 그들은 아이가 무지하지만 정직한 것보다, 교훈을 잘 알면서 거짓말하는 편을 더 좋아한다.

나는 에밀을 그렇게 가르치지 않을 것이다. 나는 그가 지식 많은 학생이 되기보다 참한 학생이 되길 원한다. 그러므로 나는 그에게 진실을 캐묻거나 확인하지 않을 것이다. 약속을 강요하지도 않을 것이다. 만일 약속이 필요한 경우라면 그에게서 제안이 나오도록 할 것이다. 그렇게 맺은 약속은 반드시 지키도록 해 분명한 이득을 줄 것이며, 약속을 어겼을 땐 스스로 불편을 느끼도록 할 것이다. 그 불편함은 복수의 결과가 아니라 사물의 질서로부터 비롯된 것임을 깨닫도록 할 것이다.

그러나 에밀에겐 그러한 일조차 일어나지 않을 것이라고 나는 확신한다. 아마 에밀은 훨씬 훗날에나 가서야 거짓말이 무엇인지 알게 될 것이다. 그리고 사람들이 왜 거짓말을 하는지를 알게 되면 분명 놀랄 것이다. 타인에게 의존하거나 얽매이는 삶을 살아본 적이 없을 에밀의 입장에서 보면 거짓말만큼 흥미 없는 일도 없을 것이기 때문이다.

서둘러 가르치지 말아야 한다. 그래야만 서둘러 요구하는 일도 없게 된다. 빨리 가르치려는 욕심이 아이로 하여금 약속을 남발하게 한다. 아이가 약속에 부담을 느껴 그 중요성을 망각하거나 쓸데없는 헛소리로 간주하게 되는 것 등은 다 이와 같은 과정을 통해 얻어진 결과물들이다. 그러므로 아이에게 뭔가를 요구할 때는 신중히 하라. 의무를 지울 땐 그 의무에 대해 증오심을 갖지 않도록 주의하라.

당신의 자녀를 신앙심 깊은 아이로 만들고 싶은가? 그렇다면 아이를 너무 자주 교회에 데리고 가지 말라. 교회를 지겨워하도록 만들지 말라. 끊임없이 기도를 하게 함으로써 기도하지 않아도 될 순간을 갈망하게 만들지 말라. 아이에게 자비심을 길러준다는 명분 하에 헌금하도록 유도하지 말라. 적선은 당신의 몫이지 아이의 몫이 아니다. 자비심을 베푸는 일은 당신의 권한일 뿐이다. 적선이 갖는 의미를 이해하지도 못하는 아이는 자비심을 베풀 자격도 없다. 당신이 헌금을 강요한다면 아이는 단지 주머니 속에 있는 금속 조각을 내줄 뿐이다. 금속조각의 의미를 아이가 이해하리라고 생각하는가? 아이에게 있어 그 금속조각은 사탕 한 봉지만도 못한 것일 수 있다. 당신의 자녀를 인심 후한 아이로 키웠다고 생각하는가? 그 아이가 소중히 여기는 물건을 남에게 주도록 권유해보라. 당신은 그 아이의 태도에서 그가 정말 인심이 후한지 어떤지를 알게 될 것이다.

이와 관련해 사람들은 또 다른 잘못을 범하고 있다. 아이에게서 뭔가를 얻으면 곧바로 되갚는 행위를 반복함으로써 받을 만큼만 주는 습관에 젖도록 만드는 것이다. 아이가 다른 사람에게 뭔가를 줄 땐 두 종류의 관대함밖에 없다. 자기에게 필요 없는 것을 주거나 곧 되돌려받으리라고 확신하는 것만 준다. 로크는, 가장 후하게 주는 자가 가장 후하게 얻는다는 것을 경험을 통해 가르쳐야 한다고 주장한다. 그럴듯한 말이다. 하지만 이것은, 아이를 욕심쟁이나 구두쇠로 만드는 일이다. 달걀 하나를 주고 소 한 마리를 얻자는 고리대금업자의 심보를 가르치는 일이다. 받을 희망이 없으면 주는 행위도 없다. 이익에 대한 희망이 그의 손을 관대하게 한다.

그러나 잘 보라. 중요한 것은 손의 습관이 아니라 영혼의 습관이다. 우리가 가르치는 모든 미덕의 행태가 다 이렇다. 이 미덕에 짓눌려 아이들이 어린 시절을 우울하게 살아간다. 이른바 이것이 훌륭한 교육이다!

허세와 가식을 버려라. 덕망 있고 성실하게 살아라. 아이에게 모범을 보여라. 그 모범이 아이의 마음에 각인되도록 하라. 자비롭게 행동하되 그러한 태도를 아이에게까지 강요하지는 말라. 아이에게 돈을 주면서 자선 행위를 하게 한다고? 우스운 일이다. 그 명예는 그 나이의 아이에게는 결코 어울리는 것이 아니다. 자선을 베푼다는 것, 그것은 어른의 의무일 뿐 아이의 의무가 될 수 없다. 가난한 자들을 돕는 나의 행위를 모방한다면, 그리하여 아이가 적선을 베풀고 싶어 한다면 나는 그 행위를 드러내놓고 하지 못하도록 할 것이다. 적어도 뻐기면서 하지는 못하도록 할 것이다.

모방의 차원에서 이루어지는 모든 미덕은 원숭이처럼 흉내만 내는 가식적인 것이다. 남이 하니까 나도 한다는 식의 선행은 결코 도덕적이라고 할 수 없다. 하지만 아이의 마음이 깨끗한 상태이므로, 분별심을 지니고 선을 행할 수 있기 전까진 그런 행동을 따라 하며 습관을 들이는 것도 필요하긴 하다.

인간은 모방하는 존재이며 동물 역시 그렇다. 모방을 좋아하는 마음은 자연스러운 것이다. 그런데 사회 속에서 그것은 악덕으로 변질된다. 원숭이는 자신이 두려워하는 인간은 모방하지만 자신보다 못한 동물은 모방하지 않는다. 원숭이는 자신보다 나은 존재의 행동을 훌륭하다고 판단한다. 하지만 어리석은 인간들은 같은 것을 흉내 내면서도 그것을 깎아내리고 우습게 만든다. 아름다움을 모방하지만 아름답지는 않다. 스스로 나은 인간이 되기보다는 어떻게 하면 남에게 위압감을 갖게 할지, 자신의 재능을 칭찬하도록 할지에 더 골몰한다. 나는 에밀을 그렇게 가르치지 않을 것이다. 그러한 허례와 허식에 물들지 않도록 할 것이다.

미덕을 가르치는 데 있어 가장 중요한 교훈은 남을 해치지 말라는 것이다. 선행 또한 그래야만 한다. 사람들은 누구나 다 좋은 일을 하며 산다. 좋은 일을 하나도 하지 않고 사는 사람은 없다. 악하다고 알려진 사람도 예외가 아니다. 단지 그는 백 명의 사람을 희생시켜 한 명의 사람을 행복하게 할 뿐이다. 바로 여기에서 이 세상의 화근이 싹튼다. 가장 숭고한 미덕은 소극적인 것이다. 그래서 어렵다. 그것은 남에게 보여주기 위한 것도 아니며, 자기 만족으로 스스로를 고양시키는 그 유쾌한 즐거움까지도 초월하는 것이다. 생각해보라. 아무에게도 해를 끼치지 않는 사람만큼 타인에게 큰 선행이 어디 있겠는가를! 그런 사람이 되기 위해서는 얼마나 큰 불굴의 정신과 강인한 성격이 필요하겠는가를!

아이 같은 어른, 어른 같은 아이

아이를 바르게 키운 경우라면 이상의 얘기들은 거의 필요치 않을 것이다. 그런 아이들은 누군가 악덕의 씨앗을 뿌리기 전엔 나빠질 수 없기 때문이다. 그러므로 이제까지의 내 얘기들은 일반적인 법칙이라기보다는 예외적 규칙에 관한 것들이라고 할 수 있다. 그런데 이와는 반대되는 또 다른 종류의 예외가 있다. 태생이 남달라 어려서부터 높은 수준을 유지하고 있는 아이들 말이다.

아이 같은 어른이 있는 것처럼, 어른 같은 아이도 있다. 그런데 이런 예외는 흔하지도 않거니와 분별하기도 어려워 사람들은 곧잘 혼동한다. 자신의 아이가 비범하다고 생각하기 시작하면 추호도 그 점을 의심하지 않는 어머니들이 세상에는 많다. 그래서 그러한 어머니들은 아이들이 종종 보이는 발랄함이나 기지, 놀랄 만큼의 단순한 언행 등을 보면서도 그것을 비범함의 징후로 간주한다. 하지만 이것들은 모두 그 나이 또래의 아이들에게서라면 흔히 발견되는 특징들일 뿐이다. 제멋대로 자유롭게 성장하는 아이가 어쩌다 기발한 말 한마디 했다고 해서 그것이 놀랄 일인가? 그런 일 한 번 없이 자란다면, 그것이 더 놀랄 일일 것이다.

때론 다이아몬드처럼 반짝이는 생각들이 아이의 머릿속에 떠오를 수 있다. 그렇다 해도 그 다이아몬드가 그의 것은 아니다. 그 나이에는 진정한 소유물을 가질 수가 없다. 같은 말이라도 아이가 하는 말과 어른이 하는 말은 다르다. 아이의 관념엔 일관성도 연결성도 없으며 어떤 고정적인 확신이란 것은 더더욱 없다. 그러므로 연령에 맞게 아이를 다루어라. 아이를 지나치게 혹사시킴으로써 가진 힘을 탕진시키지 않도록 하라.

경솔한 판단으로 아이의 장래를 그르치지 말라. 겉보기엔 아이가 우둔해 보여도 실제로는 그렇지가 않을 수 있다. 이 두 유형의 차이를 구분해내기란 참으로 어렵다. 어떻게 양 극단에 있는 정신이 이토록 비슷한 징후를 띠고 있는지 놀라운 일이다. 하지만 그럴 수밖에 없다. 어떤 관념도 제대로 가질 수 없는 아이에게 있어 재능 있는 아이와 그렇지 못한 아이 사이에 나타나는 차이라고는 한 가지밖에 없다. 즉 뒤의 아이가 그릇된 관념만을 받아들이는 데 반해, 앞의 아이는 그릇된 관념만을 발견하기 때문에 아무 관념도 받아들이지 않는다. 결국 한쪽은 아무 능력이 없다는 점에서, 다른 한쪽은 아무것도 마음에 들어하지 않는다는 점에서 바보같이 보인다. 그러니 아이를 서둘러 판단하지 말아야 한다. 어린 시절을 존중하라.

예외적인 아이일지라도, 그 면모가 확연해질 때까진 내버려둬라. 자연의 움직임이 그를 드러낼 때까지 손대지 말라. 당신은, 시간을 아껴야 하므로 서둘러야 한다고 말할지도 모르겠다. 그러나 시간을 잘못 사용하면 아무것도 하지 않는 것보다 더 시간을 많이 잃는다는 것을 당신은 모르고 있다. 잘못된 교육은 차라리 하지 않느니만 못하다. 당신은 아이가 아무것도 하지 않으면서 몇 년인가의 어린 시절을 보내는 것이 불안한가? 낭비라고 생각하는가? 오, 당신은 잘못 생각하고 있다. 아이가 행복하게 지내고 있다는 것이 왜 문제인가? 즐겁게 뛰어노는 일이 그렇게도 가치 없다는 말인가? 플라톤은 그의 저서 『국가론』에서, 아이들을 축제와 놀이를 통해 가르칠 것을 설파했다. 그렇게 자란다고 해서 어른이 된 후 문제가 있을 것 같은가? 그렇지 않다. 아무것도 하지 않는다는 것을 두려워하지 말라. 만일 인생 전체를 유익하게 보내야 한다는 미명 하에 잠 한숨 자지 않으려는 사람이 있다면 당신은 그를 어떻게 생각하겠는가? 아마도 미쳤다고 할 것이다. 그는 시간을 즐기지 않고 그것을 버린다. 아이의 시간도 마찬가지다. 아이의 어린 시절을 이성이 잠자는 시기로 생각하라.

관념은 이해 없이는 형성되지 않는다

배움에는 반드시 수고가 필요하다. 아이가 아무 힘도 들이지 않고 무엇을 배운다는 것은 아무것도 배우지 않는다는 것과 같다. 아이의 두뇌는 거울 같아서, 이성을 받아들일 준비가 돼 있지 않는 한 무엇이든 반사한다. 말은 기억될지 모르지만 관념은 반사된다. 아이는 단지 이미지(심상)만 받아들인다. 이미지가 감각적인 대상에 대한 그림이라면, 관념은 그 그림들 간에 정의된 개념을 가리킨다. 그래서 이미지는 단편적으로 존재할 수 있지만 관념은 모두 다른 관념을 필요로 한다. 즉 대상과의 관련에 대한 이해 없이 관념은 형성되지 않는다.

아이들이 소리나 형태, 감각 같은 것들은 기억하지만 관념은 기억 못하며, 더구나 그 관념들 간의 관계는 더욱 기억하지 못하는 것도 이 때문이다. 초보적이긴 하지만 아이들이 기하학을 이해하기도 한다는 점을 내세워 내 생각에 반발하는 사람도 있을 것이다. 하지만 그러한 반발은 내 생각이 옳다는 것만을 반증해줄 뿐이다.

기하학을 이해하고 있다는 아이들을 관찰해보라. 그들의 단편적인 지식은 금방 한계를 드러내 문제를 살짝 비틀기만 해도 혼란에 빠진다. 아이들은 도형에 대한 인상과 증명에 필요한 문장들만 외우고 있을 뿐이다. 도형을 뒤집어 놓아보라. 뭐가 뭔지 아무것도 모른다. 아이들의 모든 지식은 감각에만 머물러 있어 진정한 이해에까지는 이르지 못한다.

그러나 나는 아이들이 최소한의 추리력조차 가지고 있지 않다고 말하는 것은 아니다. 오히려 그들 스스로 잘 알고 있다든가 눈에 보이는 이익과 관련된 일에 관해서라면 놀라우리만치 잘 추리한다는 것을 알고 있다. 그러나 아이들의 능력이란 거기까지이다. 그 이상의 기대는 모두 어른들의 욕심이 빚어낸 꿈일 뿐이다. 현실에 대해 아무런 이해력도 갖추지 못한 아이들에게 장래의 행복이라든가 미래의 이익 등에 대해 가르치려고 하는 것은 결국 말뿐인 교육, 말로만 포장하는 교육에 지나지 않는다.

진정한 교육이란 사물에 관한 학문이어야 함에도 그들은 머뭇거리며 가르치지 못한다. 대신 용어만 알면 아는 것처럼 보이고 가르칠 수 있을 것 같은 학문, 즉 문장학이나 지리학, 연대기, 어학 같은 학문들에만 손을 댄다. 도대체 그러한 분야들이 아이들에게 무슨 소용이란 말인가? 평생에 한번이라도 그 학문들을 유용하게 써먹을 수 있는 사람이 얼마나 있단 말인가?

물론 나는 지금 열다섯 살 미만의 아이들의 교육에 대해 말하고 있다. 그럼에도 내가 무용한 학문 가운데 하나로 어학을 꼽은 것에 대해 여러분은 의아해할지도 모르겠다. 그러나 생각해보라. 비범한 소수의 아이들을 제외하고 이 연령대에서 다양한 외국어를 소화할 수 있는 학생들이 있을 수 있다고 생각하는가? 나는 그렇게 보지 않는다.

어학이 단순한 어휘 공부에 불과한 것이라면, 그럴 수도 있다는 것을 나는 인정한다. 그러나 기호가 바뀌면 그에 따른 관념도 바뀐다. 이 관념을 고리로 사상이 형성되고 그 사상은 그 언어의 색채에 물들 수밖에 없다. 아이가 두 가지 언어를 사용한다는 것은 그 두 가지 언어가 지니고 있는 관념들을 비교할 줄 안다는 것이다. 그런데 그것이 가능한 일일까? 관념조차 거의 이해하지 못하는 상태에서 어떻게 비교할 수 있단 말인가?

기호에는 반드시 관념이 따르므로, 무엇인가를 공부한다는 것은 표현되는 것들의 관념을 배우는 것이다. 그런데도 사람들은 줄곧 기호만 가르칠 뿐, 그 표현된 기호 속의 관념은 이해시키지 못한다. 아이에게 지리를 가르친다면서 지도 보는 법만을 가르치는 것과 똑같다. 그래서 아이들은 도시도 알고 국가도 알지만 그것들이 지도가 아닌 어딘가에 실재한다는 것은 이해하지 못한다. 그러므로 그것은 이미 아는 것이 아니다. 2년 동안 세계지리를 공부한 열 살짜리 아이들 중 과연 파리에서 생드니까지 찾아갈 수 있는 아이가 있을 것 같은가? 나는 없다고 본다.

역사 교육도 실정은 비슷하다. 사람들은 역사란 역사적 사실의 모음집일 뿐이라고 생각하는 모양이다. 그래서 이 사실만 알면 아이들이 쉽게 역사를 이해할 수 있다고 생각하는 듯하다. 하지만 역사적 사실의 이면에 숨어 있는, 그래서 역사적 사실을 결정짓는 여러 관계들에 대한 탐구 없이 역사를 안다고 단정할 수 있을까? 눈에 보이는 사건 자체만으로 그 사건의 전모를 파악할 수 있을까? 사건의 배후에 있는 맥락들, 원인이나 동기에 대한 인식 없이 어떻게 사건을 알 수 있단 말인가? 인간의 행위에서 단지 겉으로 드러난 육체적 움직임만 본다면, 당신은 역사를 통해 아무것도 배울 것이 없을 것이다.

나는 학자도 아니고 철학자도 아니다. 다만 진리를 사랑하는 은둔자에 불과하다.* 그러므로 일반인들과는 달리 편견에 물들 기회도 적다. 나의 성찰이나 추론은 이론에 입각한 것이 아니라 사실에 바탕을 둔 것이라는 점을 이해해주었으면 한다. 나는 이러한 관찰을 통해 얻은 전형적인 사례들을 당신에게 얘기함으로써 당신이 최선의 판단을 할 수 있도록 도와주고 싶을 뿐이다.

얼마 전 나는 아이들의 교육에 남다른 열정을 갖고 있는 시골의 한 부인 집에서 며칠을 묵은 적이 있다.** 어느 날 아침 나는 그 집의 가정교사가 아이를 가르치는 자리에 함께 있게 되었다. 가정교사는 알렉산더 대왕에 대한 얘기를 교재 삼아 아이를 가르쳤다. 우리도 잘 알고 있는 알렉산더 대왕과 의사 필립에 관한 얘기*** 였다.

유능한 가정교사였던 그 선생의 생각은 그러나 내 맘에 드는 것은 아니었다. 하지만 나는 선생의 체면을 생각해 그 자리에서 반박

---

*이 무렵 루소는 파리 교외의 몽모랑 시에 은둔하며 일반인들과는 거의 교류를 끊고 있었다.
**에피네 부인의 집에 거주할 당시로 추정된다.
***플루타르크의 『영웅전』 중 '알렉산더 대왕전'에 나오는 이야기. 알렉산더는 파르메니옹의 편지를 통해 자신의 친구인 의사 필립이 다리우스에 매수돼 자신을 독살하려 한다는 것을 알지만, 태연하게도 그 편지를 필립에게 건네주고는 그가 가져온 탕약을 단숨에 마셔버린다.

하지는 않았다. 식탁에서 아이는 이 얘기를 되뇌었는데 나름대로 명쾌하고 멋지게 말해서 주위 사람들의 칭찬을 받았다. 연이어 토론이 벌어졌고 알렉산더의 무모함을 비난하는 사람과 그의 용기를 칭찬하는 사람들로 갈렸다. 나는 그 자리에 있던 사람들 중 누구도 알렉산더의 행동을 제대로 이해하고 있는 사람은 없다는 것을 알았다.

나는 용기나 의연함으로도 보일 수 있는 알렉산더의 행동에 대한 세론을 언급하면서 본격적으로 내 생각을 말하려고 했다. 그러나 그때 내 옆에 앉아 있던 부인이 내 귀에 대고 이렇게 말했다. "그만 해요, 장 자크. 저 사람들은 당신의 말을 이해 못할 거예요." 나는 그녀의 말에 놀라 그만 입을 다물었다.

저녁 식사를 마친 뒤, 나는 어린 박사를 데리고 산책을 나섰다. 나이 어린 아이치고는 무난하게 화제를 소화한 것 같았지만 결코 알렉산더에 대해 잘 이해하고 있다고는 볼 수 없었기 때문에 나는 그 아이에게 다시 질문을 던져보았다. 그리고 그 아이가 누구보다도 알렉산더의 용기에 감탄하고 있다는 것을 알았다. 하지만 이 아이는 어디에서 그 용기를 발견했을까? 그것은 두말할 것도 없이 알렉산더가 단숨에 마셔버린 그 탕약 때문이었는데, 아이 역시 2주일 전 그러한 탕약을 고생스럽게 마셨던 기억이 있어 크나큰 감동으로 그를 움직였던 것이다.

아이에게 역사 공부를 시키겠다는 사람들의 고매한 지혜라니! 왕이니 제국이니 전쟁이니 정복이니 혁명이니 법이니 하는 말들을 아이의 입에서 나오게 하기란 쉬운 일이다. 그러나 그 말이 지닌 관념을 유연하게 이해시키기란 참으로 어려운 일이다.

내 말을 제지했던 부인에게 불만을 가진 독자들은, 내가 하려던 말이 무엇인지 자못 궁금해할지도 모르겠다. 그러나 답답한 일이다. 그것을 얘기해줘야 할 정도라면, 얘기해준다 한들 어떻게 이해할 수 있을까? 그것은 알렉산더가 미덕을 믿었기 때문이다. 그는 자신의 목숨을 걸고 그 미덕을 믿었고, 그럴 수 있도록 영혼이 만들어져 있었기 때문이다. 이 얼마나 아름다운 신앙 고백인가! 이제까지 그 누구도 이런 고백을 한 사람은 없었다.

모든 기억은 관념을 필요로 한다. 감각만 건드리는 기억은 진정한 의미에서 기억이 아니다. 아이에게 별 의미도 없는 기호의 목록만 배우도록 해서 뭘 어쩌겠다는 것인가? 사물만 배워도 기호는 배우는 것 아닌가? 그런데 사람들은 별 의미도 없는 말을 학문인 양 가장해서 편견을 심어주고 있지 않은가? 스스로 알지도 못하는 용어를 남발하며 배우는 그 최초의 말과 사물이 결국 아이의 판단력을 흐리게 한다.

자연이 아이의 두뇌에게 준 유연성, 모든 인상을 받아들이게 해준 그 유연성은 왕의 이름이나 지리학에 관한 용어들을 새겨넣으라고 준 것이 아니다. 반대로 현재 이해할 수 있고 장차 쓸모가 있는 관념, 미래의 행복과 연관해서 하지 않으면 안 될 의무에 대해 명확히 할 수 있는 관념을 두뇌에 새겨 살아가는 동안 그 나름의 방식으로 활용토록 하기 위한 것이다.

기억은 책을 통해서만 증진되는 것이 아니다. 공부도 책을 통해서만 하는 것은 아니다. 보고 듣는 모든 것이 책이고, 그 책을 통해 아이들은 스스로의 기억을 살찌운다. 기억이라고 부르는 이 기본적인 능력을 강화하는 진정한 기술은 기억해야 할 그 대상을 잘 선택하는 데 달려 있다. 아이가 알아야 할 것들은 지속적으로 보여주되 알지 말아야 할 것은 눈에 띄지 않도록 숨겨야 한다. 이런 식으로 어려서의 교육과 나이 들어서도 평생 이용할 수 있는 지식의 창고를 만들어주어야 한다. 이 방법은 사실 아이를 비범하게 만들 수 있는 것은 아니다. 하지만 성인이 되면 사람들에게 존경받는 현명한 사람을 만든다.

에밀은 아무것도 외우지 않을 것이다. 우화조차도 외우지 않을 것이다. 재미있다고 알려진 라 퐁텐의 우화도 마찬가지다. 왜 그런가? 역사책의 말들이 역사가 아니듯 우화에 수록된 말들 역시 우화가 아니기 때문이다. 사람들은 우화에 대해 오해하고 있다. 우화를 가리켜 아이들의 윤리 교과서라고 말하는 사람들이 있다. 어쩌면 그렇게 잘못 알고 있는가? 우화는 비록 재미있을지언정 아이들을 속인다. 거짓말로 진실을 호도하며, 그럼으로써 오히려 교훈을 배우지 못하도록 방해한다. 우화 속의 윤리는 잡다할뿐더러 아이들의 나이와도 맞지 않아 그들을 미덕으로 이끌기보다는 악덕으로 이끈다. 어떠한 경우에도 아이들에겐 진실만을 얘기해줄 필요가 있다.

느긋하게 대응하는 것이 가장 빨리 깨우치는 길

어린 아이들에게 있어 독서는 하나의 재앙이다. 그런데도 어른들은 끊임없이 이 행위를 강요한다. 에밀은 빨라도 열두 살이나 돼야 책이 무엇인지 알 것이다. 사람들은 그 나이쯤이면 읽고 쓰는 정도는 할 줄 알아야 한다고 주장한다. 그 말에도 일리는 있다. 나역시 동의한다. 하지만 독서가 유익하다고 깨달았을 때 읽을 수 있으면 된다. 그 전까지 독서는 아이를 귀찮게 할 뿐이다.

강요하지 않는 한, 아이는 스스로에게 이익이 되는 것이 아니면 아무것도 배우려 하지 않을 것이다. 무엇인가를 가르치고 싶은가? 그렇다면 간단하다. 그것이 이익이라는 점을 깨닫게 하기만 하면 된다. 모르면 불편하고, 불편하면 결국 손해이다. 알면 편하고, 그것은 결국 이익이다. 그러니까 현재의 이익, 그것만이 아이를 이끌어가는 원동력이다.

에밀은 글을 쓸 줄도, 읽을 줄도 모른다. 그래도 불편하지 않았기 때문이다. 그러나 이제 에밀은 좀 더 커서, 아버지나 어머니로부터, 혹은 친인척이나 친구들로부터 이런저런 초대를 받게 되었다. 에밀의 손에 초대장이 쥐어진다. 초대장! 간단명료하게 용건만 기재된 그 초대장을 들고 에밀은 어쩔 줄을 모른다. 대개의 경우 누군가 그것을 읽어주긴 했지만 늘 그런 것은 아니다. 그리고 그것은 남에게 신세 지는 일이기도 해서 어딘가 불편하다. 아! 스스로 읽을 수만 있다면 얼마나 좋을까!

그때부터 에밀은 초대장의 문건을 이해하기 위해 전심전력을 다한다. 마침내 반 정도를 해독해 언제 어디로 크림을 먹으러 가자는 정도까지는 이해한다. 하지만 누구랑 가자는 것일까? 그는 자신의 궁금증을 풀기 위해 계속 노력할 것이다. 여기서 나는 뭘 도와줘야 할까? 글자 상자와 카드를 동원해서라도 그를 가르쳐야 할까? 그에게 글쓰기를 가르쳐볼까? 아니다. 나는 그렇게 하지 않을 것이다. 그런 놀이기구 따위를 동원해서까지 서둘러 교육해야 한다면, 그것은 차라리 하지 않으니만 못하다.

아이들을 교육하는 데 있어 지켜야 할 준칙이 하나 있다. 그것은 서둘러 가르치지 말라는 것이다. 당신의 자녀를 빨리 가르치고 싶은가? 그렇다면 느긋하게 대응하라. 그것이야말로 아이를 가장 빨리 깨우치는 길이다. 에밀이라면 분명 열 살이 되기 전에 글을 읽고 쓸 줄 알게 될 것이다. 왜냐하면 나는 그가 열다섯 살이 되기까진 아무래도 좋다고 생각할 것이기 때문이다. 읽고 쓰는 것도 중요하지만, 그것에 염증을 느끼지 않도록 하는 일은 더욱 중요하다. 그래서 아직 학문을 사랑할 수 없는 아이에게 학문을 싫어하도록 만들지 않아야 한다.

당신의 아이에게 생각하는 힘을 길러주고 싶은가? 그의 신체를 단련시켜라. 끊임없이 달리고 활동하게 하라. 소리 지르면서 움직이도록 하라. 힘을 쓰다보면 그 힘에 상응하는 분별력을 갖게 된다. 그 분별력이 아이의 사고능력을 향상시킬 것이다. 기백의 측면에서 어른이 되게 하라. 그러면 이성의 측면에서도 곧 어른이 될 것이다.

하지만 이 방식을 쓰면서도 당신이 통제를 통해 아이를 규율한다면 그것은 정말이지 어리석은 일이다. 당신의 머리로 아이의 팔다리를 움직이면 그의 머리는 결국 쓸모없게 될 것이기 때문이다.

혹시 신체의 단련이 정신의 활동에 장애가 될 것이라고 생각하는가? 천만의 말씀이다. 신체는 계속해서 단련하지만 영혼을 가꾸는 일은 등한히 하는 두 부류의 인간이 있다. 농민과 미개인이 그들이다. 농민은 섬세하지 못하고 거칠며 투박하다. 미개인은 놀라운 지각 능력을 가지고 있는 것으로 알려져 있다. 왜 이런 차이가 나는 것일까? 농민은 늘 명령받으며 살아온 데다 하던 일만 계속 반복하는 생활에 젖어 있어 그의 이성을 습관과 복종이라는 괴물이 점령하고 있기 때문이다. 하지만 미개인은 다르다. 그들은 한 곳에 정착하며 살지 않을 뿐더러 자신의 의지대로만 삶을 개척해야 하므로 동작 하나 하나에도 민감하게 신경 써야 한다. 상황을 파악하고 사태를 추리한 후에만 몸을 움직인다. 신체를 쓰면 쓸수록 정신은 더욱 계발된다. 체력과 이성이 서로 도우며 함께 성장한다.

그러니 박식한 선생이여, 어떤 학생이 농민을 닮았고 미개인을 닮았는지 알아보자. 권위에 짓눌려 있는 당신의 학생은 스스로 아무것도 하지 못한다. 당신의 요구나 허락이 없는 한 밥도 먹지 않고 웃지도 않는다. 그 학생이 생각할 것을 당신이 다 생각해 주므로 아무 걱정도 하지 않는다. 판단이나 의견 역시 마찬가지여서 그 학생은 이제 이성이란 것이 무엇인지 알지도 못할 뿐더러 그것이 왜 필요한지도 모른다.

가끔씩 보여주는 재기가 어쩌다 빛을 발할 때도 있지만, 그것의 쓰임새라고 해봐야 사교계에서 부인네들과 수다를 떨기에 알맞은 것들일 뿐이다. 곤란한 일이나 어려운 일에 처했을 경우, 그래서 주체적으로 뭔가 결단을 내려야만 할 경우 그 아이가 어떤 행동을 하는지 지켜보라. 당신은 그 학생이 가장 우둔한 아이들보다도 더 바보스럽다는 것을 알게 될 것이다.

그러나 내 학생, 자연의 아들이라고 해야 할 내 학생은 자립심이 뛰어나 남에게 의지하지도 않거니와 뭔가를 알아도 뽐내는 법이 없다. 수다를 떨지도 않으며 아는 체하지도 않고 행동한다. 세상 돌아가는 물정에 어두울지언정 자신의 할 일을 등한히 하는 법이 없다. 늘 움직이므로 늘 관찰하고 늘 풍부한 경험을 얻는다. 교훈은 자연으로부터 배우는 것이지 인간으로부터 배우는 것이 아니다. 누구도 가르쳐주지 않으므로 그 학생은 스스로 더 많이 공부한다. 이렇게 하여 그의 신체와 정신은 동시에 단련된다. 육체가 튼튼해질수록 정신은 훨씬 더 약동한다.

젊은 선생이여, 나는 당신에게 어려운 기술 하나를 권고하고 싶다. 훈계 없이 지도하는 일이고, 아무것도 하지 않으면서 모든 것을 다 하는 기술이 그것이다. 이러한 기술이 당신의 처지와는 어울리지 않을 것이라는 것을 나는 안다. 그것은 우선 당신의 재주를 발휘하는 데 알맞지 않을 것이다. 또 학생의 아버지에게 높은 평가를 받는 데도 불리하게 작용할 것이다. 하지만 이 방법이야말로 당신의 교육을 성공으로 이끄는 유일한 길이다.

당신의 학생을 어진 인물로 키우고 싶다면 그 아이를 악동으로 만들어야 할 것이다. 하긴 이것이 스파르타인들의 교육법이었다. 그들은 아이들을 책과 가까이 있게 하는 대신 자신의 양식을 훔치는 법부터 가르쳤다. 그렇다고 해서 스파르타인들이 포악한 인간으로 성장했던가? 그들은 언제나 이기도록 훈련됐고 전쟁에선 승리했으며 남들에게 깍듯했다.

용의주도한 이 교육은 얼핏 보면 선생이 학생에게 명령하고 조종하는 것처럼 보이기도 한다. 그러나 사실은 반대다. 조종하는 것은 아이이다. 아이는 당신의 요구사항이 무엇인지를 염두에 두고 행동하며 타협하고 조율한다. 일반적으로 선생보다는 아이가 더 상대의 마음을 잘 읽는다. 그럴 수밖에 없다. 아이는 자신의 보존과 자유를 위해 모든 총명함을 다 동원하는 반면 선생은 그 점에 결코 절박하지도 않거니와, 학생의 나태함을 용인하거나 묵인함으로써 일종의 안락함과 타협하기 때문이다.

학생의 입장에서, 그가 선생인 것처럼 믿게 해보라. 자유를 취한 예속만큼 커다란 예속도 없다. 하지만 어떤 경우에도 당신은 그 아이의 선생인 것이다. 그 점에 변화는 없다. 아이가 어떤 행동을 하든 그 아이의 모든 것을 통제할 수 있는 것은 당신이다. 하지만 아이는 당신이 원하는 것만을 하려고 들 것이 틀림없다. 그때가 아이에게 있어선 최선의 상태이다. 마음껏 육체를 단련하면서도 정신을 멍하게 놓지 않는 상태가 그때이다. 그때 당신은 아이가 아무런 불편 없이, 누구의 눈치를 보는 일도 그렇다고 자신이 농간을 부리는 일도 없이 스스로의 안락함을 위해서만 온갖 지혜를 짜내는 모습을 볼 것이다. 그는 변덕을 부리지도 않으며 자기가 해야 할 일만 할 것이다. 그러면서 현실에 맞게 자신의 이성을 계발해 나갈 것이다.

당신을 조심하거나 경계하지 않으므로 뭔가를 숨기지도 않고 거짓말하지도 않을 것이다. 그는 스스럼없이 자신을 내보일 것이기에 당신은 편하게 그를 관찰할 수 있을 것이고, 그에게 어떤 교육이 필요한지 더 잘 판단해 용의주도하게 대처할 수 있을 것이다. 아이는 또한 당신을 염탐하지도, 당신의 약점을 캐내려고 하지도 않을 것이다. 당신이 그를 속박하지 않는 한 그는 악의를 가지고 당신을 곤란하게 하지 않을 것이다.

물론 이와 같은 모든 일을 실행하기란 쉽지 않을 것이다. 한 번도 생각해보지 않았기 때문이다. 하지만 당신은 할 수 있고 해야만 한다. 당신이 교사라면, 마땅히 그 직분에 필요한 지식이나 지혜를 갖추고 있어야만 한다. 당신은 인간의 마음이 어떤 과정을 밟아 성장하는지 알아야 하며, 인간의 전반 혹은 개개인에 대해 숙고할 수 있어야 하며, 당신의 학생이 어떤 사물에 흥미를 느끼고 다가갈지에 대해 알고 있어야 한다. 그런데 당신이 도구도 가지고 있고 사용법 또한 알고 있다면, 마땅히 그 일을 잘 해나갈 수 있지 않을까?

아이의 변덕을 통제하지 않으면서 어떻게 그 모든 일을 해나갈 수 있겠느냐고 당신은 반문할지도 모르겠다. 하지만 선생이여, 아이의 변덕은 결코 자연의 소산이 아니라 잘못된 교육의 소산이다. 그것은 아이가 때론 복종하고 때론 명령했기 때문에 생긴 일인데, 앞서도 말했지만 아이가 그렇게 된 것은 다 당신의 탓이다. 따라서 당신의 학생이 변덕스런 고집쟁이로 돌변했다면, 그로 인한 대가 역시 당신이 치러야 할 몫이다. 어떻게 해야 그 습관을 고칠 수 있느냐고? 그것은 당신 하기 나름이다. 당신이 인내심과 지도력을 어떻게 발휘하느냐에 달려 있다.

침묵은 자연의 가르침

나는 전에 변덕스런 한 아이를 수주일간 맡아 돌본 적이 있다. 그 아이는 내가 얼마나 관대한가 시험해볼 요량이었는지, 첫날 밤부터 한밤중에 일어나 나를 깨웠다. 나는 일어나 촛대에 불을 붙였다. 그러나 그 아이는 아무런 행동도 하지 않았다. 5분 가량을 그렇게 있다 졸음이 오자 아이는 자신의 시험에 만족했는지 다시 잠자리에 들었다. 이틀 뒤에도 똑같은 일이 반복됐다. 하지만 나는 신경질을 내지 않았고, 잠들기 전 그 아이가 내게 인사차 포옹해왔을 때 정중하게 말했다. "얘야, 이제까지는 괜찮다. 그렇지만 다음부턴 이런 짓을 하지 말아라."

이 말이 그의 호기심을 자극했는지, 아이는 그 이튿날 똑같은 시간에 또 일어나 나를 깨웠다. 나는 그에게 무슨 일이냐고 물었다. 아이는 잠이 오지 않는다고 말했다. 그는 내게 불을 켜달라고 요구했다. "왜?" 하고 말한 뒤 나는 가만히 있었다.

이 짧막한 대꾸에 아이는 당황한 기색이 역력했다. 그는 부싯돌을 찾아 더듬거리더니 혼자서 불을 켜려는 듯 애쓰기 시작했다. 나는 속으로 우스웠지만 침묵을 지켰다. 마침내 아이가 자신의 힘으로는 불을 붙일 수가 없다고 판단했는지, 내게 부싯돌을 가져와 켜달라고 했다. 하지만 나는 "내겐 그 물건이 필요 없다"고 말하곤 돌아누웠다.

그러자 난리가 났다. 아이는 소리소리 지르며 방안을 마구 뛰어다녔다. 나는 꼼짝도 하지 않았다. 그러면 그럴수록 아이는 더 기승을 부리며 탁자와 의자를 두드려대기 시작했다. 그래도 내가 태연하게 있자 아이는 이제 막무가내로 내 인내의 한계를 시험하려 들었다.

마침내 그는 나를 흥분시키는 데 성공했다. 하지만 나는 일반적인 방식으로 그 흥분을 분출하지 않았다. 나는 조용히 일어나, 마침내 나를 이겼다는 기쁨에 가득 찬 아이에게서 부싯돌을 받아들고는 촛대에 불을 붙였다. 그리고는 덧문이 단단히 닫혀 있어 부서질 것이라곤 아무것도 없는 옆방으로 그 어린 신사를 데려갔다. 나는 불도 켜지 않은 채 그 아이를 두고 나왔다. 그리고 문을 잠갔다.

잠자리에 들었으나 아이의 난동은 좀처럼 끊이지 않았다. 그것은 나도 예상한 일이었다. 하지만 나는 일절 반응하지 않았고, 마침내 소란이 가라앉았으며 그렇게 하룻밤이 지나갔다. 옆방에 가 보니 아이는 휴식용의 긴 의자에 누워 곤히 잠들어 있었다.

그러나 사건은 그것으로 끝나지 않았다. 간밤의 상황을 전해 들은 어머니가 아이의 편을 들고 나섰다. 구원군을 얻었다고 생각한 아이는 복수할 좋은 기회를 잡기라도 했다는 듯 꾀병을 부렸다. 의사가 왔고 그 의사는 단박에 상황을 알아차렸다. 의사는 내 귀에 대고 걱정 말라고 익살스럽게 말한 다음, 간단한 식이요법의 처방을 내리고 갔다. 이처럼 자기 주변의 모든 사람에게 속고 있는 그 불쌍한 어머니를 보며 나는 탄식했다. 나만이 그녀를 속이지 않았음에도 바로 그 때문에 그녀는 나를 미워했다.

그녀는 내게, 자기 아들은 약한데다 가문의 상속자이므로 어떤 희생을 치르더라도 보호해야 한다는 것과 아이의 기분을 상하게 하는 것을 원치 않는다고 했다. 아이의 기분을 상하게 하지 않아야 한다는 것에 대해서는 나도 동감이었다. 그런데 그녀는 이 말을 아이가 원하는 것이면 모두 들어줘야 한다는 뜻으로 쓰고 있었다. 어머니나 아들이나 오십보 백보였다.

이쯤 되면 어머니 역시 아들과 똑같은 방식으로 대해 줘야겠다는 생각이 들었다. 나는 차갑게 말했다. "부인, 저는 가문의 상속자를 어떻게 키워야 하는지에 대해서는 모릅니다. 그 방법에 대해서는 알고 싶지도 않습니다. 뜻이 그렇다면 알아서 조처하십시오."

아이의 아버지가 나섰고, 그 집에서도 한동안 내가 필요했으므로 사태는 그것으로 진정됐다. 어머니는 가정교사에게 빨리 돌아오라고 편지를 썼다. 가정교사가 이 어린 폭군에게 얼마나 시달렸는지를 짐작하기란 그리 어렵지 않다. 왜냐하면 모든 교육은 어머니의 눈앞에서 아들의 뜻에 따라 이루어졌기 때문이다.

가정교사에게 그랬듯이, 아이는 내게도 똑같은 지배력을 행사하며 군림하려고 했다. 나는 기꺼이 대처했다. 우선 나는 그의 비위를 맞추었고 환심을 샀으며, 그 사실을 아이가 확인하도록 했다. 그런 다음 이 꼬마의 변덕을 바로잡기 위해 다른 방식을 썼다.

먼저 그로 하여금 잘못을 저지르게 만들 필요가 있었다. 아이들은 눈앞의 이익에만 골몰할 뿐 미래에 대처한다는 의식이 없으므로 함정을 만드는 것은 그리 어렵지 않았다. 나는 아이가 빠질 수 있는 오락거리를 충분히 만들어 놓은 다음, 그가 오락에 정신없이 빠져 있을 때 산책이나 하고 오자고 제안했다. 당연히 꼬마는 내 제안에 응하지 않았다. 나는 다시 제안했고 다시 거절당했다. 그렇게 해서 아이가 나를 완전히 제압했다는 것을 마음에 충분히 새겼을 때를 기다려 나는 물러났다.

다음 날은 내 차례였다. 아이는 지루했다. 그럴 수밖에 없도록 미리 손써놓았기 때문이다. 하지만 나는 바쁜 척했다. 꼬마의 욕구를 부채질하는 일은 그리 어렵지 않아서 그는 곧 내게 산책하러 나가자고 졸랐다. "난 지금 바쁘단다." 나는 거절했고 아이는 계속해서 나를 졸랐다. 나는 말했다. "싫다. 네가 네 멋대로 했듯이 나도 내 멋대로 하겠다. 어제 네가 그것을 나한테 가르쳐주지 않았니?

120

난 나가고 싶지 않다."“좋아요." 아이는 거칠게 대꾸하며 자기 혼자서 나갔다 오겠다고 말했다. 난 ‘네 마음대로 하라’고 말한 다음 내 일에 몰두하는 척했다.

아이는 좀 당혹해하는 것 같았다. 외출 준비를 마친 아이가 내게 인사를 하러 왔다. 그러면서 자신의 외출에 대해 이것저것 생각을 늘어놓았는데 그것은 순전히 나를 근심시키려는 의도에서였다. 하지만 나는 끝까지 평정심을 잃지 않았다. 내가 잘 다녀오라고 인사하자 그는 한층 더 당황하는 눈치였지만 그래도 태연함만은 가장하고 있었다.

아이는 하인에게 자기를 따라나서라고 말했다. 나는 이런 일을 예상해 하인에게 미리 당부해두었기 때문에 그는 시간이 없다고, 내가 시킨 일이 있어 그 일을 먼저 해야 된다며 거절했다. 아이는 기가 막혔는지 한동안 어쩔 줄 몰라 했다. 어떻게 이럴 수 있단 말인가?

온 세상이 자신을 위해 있다고 생각했는데 날 혼자 내버려두다니. 아이는 무력감과 외로움을 느낀다. 이제 자신은 혼자다. 불안하다. 그는 계단을 천천히 걸어 내려가면서 상상한다. 앞으로 닥칠 위험이 그의 가슴을 옥죄지만 고집 하나로 버틴다. 차라리 아이는 자기에게 나쁜 일이 생겼으면 좋겠다고 생각한다. 그렇게 만든 내가 그 책임을 져야 한다는 희망에 위로받으면서.

결국 내가 기대했던 대로 일이 진행됐다. 나는 모든 것을 미리 준비해두었다. 아이의 아버지에게도 사전에 내 계획을 알리고 동의를 받아두었다. 일종의 연극 같은 이 일엔 동네 사람들도 협조해주었다. 산책길에서 사람들은 아이를 보고 저마다 한마디씩 수근거렸다. 집을 나온 못된 아이라느니, 불행한 아이라느니 하면서 동정과 비난의 말을 퍼부었다. 아이는 자기가 더 이상 존중받지 않는 존재라는 것을 알고 놀라는 한편 무참한 슬픔에 사로잡혔다.

그 아이를 구한 것은 나의 계획을 알고 있던 내 친구였다. 그는 아이를 감시할 책임을 지고 아이의 뒤를 따라 걷다가 적당할 때 나타나 아이의 행동이 얼마나 경솔하고 잘못된 것인지를 깨닫게 한 다음 집으로 데리고 왔다.

이로써 아이의 산책은 참담한 결말을 맞았지만, 아직 끝난 것은 아니었다. 결정타를 날리기 위해 아버지가 그를 기다리고 있었다. 아이가 돌아온 그 순간 아버지는 외출하러 나가는 척하며 계단에서 아이와 마주쳤다. 아이는 모든 것을 솔직히 말하지 않으면 안 되었다. 자신이 어디에서 오는 길이며 왜 나와 함께 동행하지 않았는지에 대해. 이 불쌍한 아이는 쥐구멍에라도 숨고 싶은 심정이었을 것이다. 아버지는 길게 잔소리를 늘어놓지는 않았지만 내가 예상했던 것보다는 더 냉정하게 말했다. "혼자 외출하고 싶다면 말리지는 않겠다. 하지만 집에 돌아올 생각은 하지 말아라. 난 불한당 같은 자식과 한 집에 살고 싶지 않으니까."

그 이후 나는 엄숙한 태도로 그를 받아들였다. 지나간 일에 대해선 침묵으로 일관했을 뿐 야단치거나 비웃지도 않았다. 이튿날부터 아이는 나와 함께 산책길에 나섰고 다시 정상을 되찾았다. 길지 않은 기간이었지만 이렇게 해서 나는 그의 버릇을 고칠 수 있었다.

특별히 억압하거나 명령하지 않고도 그를 통제할 수 있었고 쓸데없는 충고로 아이를 지겹게 하지도 않았다. 그러면서도 우리는 각자 원하는 것을 모두 얻었다. 내가 입을 다물고 있으면 아이는 그 침묵으로부터 뭔가를 깨달았다. 이렇듯 교훈은 언제나 사물 그 자체로부터 얻어진다. 그것이 자연의 가르침이다.

아이의 몸을 억압하지 말라

아이를 자연의 가르침에 따라 훈련하면 신체의 건강은 물론 정신의 명민함까지도 강화시켜 그 내면에 이성을 형성해가도록 한다. 또 이와 같은 훈련은 힘을 어떻게 하면 효율적으로 사용할 수 있는지를 터득하게 해준다. 밀실에서 어머니의 보호 아래 자라나 물건의 중량이 어떤 것이고 저항이 어떤 것인지도 모르는 아이가 자기보다 큰 나무나 바위를 들어 올리려 한다면 그 얼마나 어리석은 일이겠는가? 보통의 도회지 아이들은 열여덟 살이나 돼야 철학 반에서 지렛대에 대해 배우지만 농촌의 아이들은 열두 살만 돼도 그 사용법을 훤히 꿰뚫고 있다.

방 안에 처음 들어온 고양이를 관찰해보라. 고양이는 살금살금 다니며 조심스럽게 주변을 살핀다. 냄새 맡아가며 모든 것을 조사한 뒤가 아니면 마음을 놓지 않는다. 세상이라는 방에 들어온 아이도 마찬가지다. 그 아이 역시 고양이처럼 생존에 필요한 지각 기관을 똑같이 갖고 있다. 그래서 이 지각 능력을 얼마나 잘 활용하느냐에 따라 유능한 아이가 되기도 하고 무능한 아이가 되기도 한다.

인간이 행하는 최초의 자연적 행위는 주변 사물과의 관계를 비교 검토하는 일이다. 그래서 어떤 사물이 어떤 성질을 가지고 있으며 그것이 자기 보존과 어떤 연관을 가지고 있는지 따져 학습하는 일종의 실험 물리학이다. 그런데 그런 본능적인 처지를 인식하기도 전에 사변적인 학습이 그 실험 물리학의 진전을 방해한다.

인간은 감각 기관을 통해 모든 사물을 인식한다. 그러므로 최초의 이성은 감각적 이성이다. 손과 발과 눈이 그 선생이라고 할 수 있다. 이 선생을 책으로 대체할 때 우리는 추론하는 법을 배우는 것이 아니라 타인의 이성을 이용하는 법을 배우게 된다. 그것은 많은 것을 믿게 하지만, 아무것도 알지 못하게 한다.

기술을 사용하기 위해선 튼튼한 도구를 마련해야 하듯, 생각하는 법을 배우기 위해선 튼튼한 팔다리와 감각 기관을 가져야 한다. 그것들이 생각의 도구이기 때문이다. 그러므로 인간의 진정한 이성은 신체의 원활한 기능을 필요로 한다.

어린 시절의 한가한 시간들을 어떻게 보내야 할 것인지에 대해 설명하면서, 별것도 아닌 것을 자세히 얘기하고 있다고 당신들은 나를 비판할 것이다. 그런 것들은 굳이 노력하지 않아도 습득되는 것인데 공연히 시간을 낭비하고 있다고 말이다. 그러나 아니다. 내가 가르치고자 하는 이 기술은 매우 힘들고 고통스러운 것이다. 당신들은 학문을 가르쳐야 한다고 강변하지만 그것은 짧은 생각이다. 나는 학문에 필요한 도구에 더 신경을 쓴다.

신체의 단련이 곧 그 도구를 튼튼하게 하는 일이다. 고대 이래로 많은 현자들이 이 점에 대해 통찰했다. 몽테뉴는 말했다. "아이의 정신을 강인하게 만들고 싶은가? 그렇다면 근육을 튼튼하게 하라. 노동에 익숙하게 함으로써 고통에도 익숙해지게 하라." 이 점에 관해선 나도 충분히 얘기한 바 있다. 로크 역시 설파했다. 그의 고찰에 덧붙여 몇 가지만 더 말하고자 한다.

성장기의 아이에게 육체보다 중요한 것은 없다. 그 육체가 억압받지 않도록 하라. 그러기 위해선 넉넉한 옷을 입혀야 한다. 당연히 꽉 끼거나 조이는 옷은 금물이다. 그런 옷은 불편하기도 하거니와 혈액 순환에 지장을 주어 건강에도 좋지 못하다. 가능하면 긴 재킷을 입도록 해서 몸매가 드러나지 않도록 할 필요가 있다. 몸매를 강조하기 위한 옷들은 몸매를 변형시킨다. 아이의 신체나 정신의 결함은 모두 한 가지 원인, 아이를 너무 일찍 어른으로 만들고 싶어 하는 악습에서 기인한다.

아이들은 천성적으로 밝은 색을 좋아한다. 그리고 그것이 더 자연의 취향에 맞는다. 그런데 아이가 옷을 고를 때, 단지 화려하다는 이유로 그 옷을 선택했다면 그것은 잘못된 일이다. 그 취향은 자신으로부터 온 것이 아니라 잘못된 교육의 영향으로부터 온 것이다.

어머니가 아이에게 상을 주면서 그 상품으로 화려한 장신구를 약속한다든가, 가정교사가 벌을 주면서 '네가 공부를 하지 않으면 농부의 아이처럼 투박한 옷을 입히겠다' 고 위협하는 경우가 있다. 이것은 마치 아이들에게 '인간이란 어떤 옷을 입고 있느냐에 따라 그 가치가 결정된다' 고 말하는 것과 같다. 그런 교육의 영향이 아이로 하여금 화려함을 추종하게 하고 외모를 따지게 한다. 이 얼마나 한심한 일인가?

만일 내 학생 중에 이런 아이가 있다면 나는 가장 사치스러운 옷을 입혀 그것이 얼마나 불편하고 부자유스러운지를 깨닫게 함으로써 그 취향을 바꿔줄 것이다. 나는 그의 화려한 옷의 대가로 자유와 즐거움을 잃게 만들 것이다. 그를 아이들로부터 따돌림 당하게 할 것이며 그 사치스런 옷차림에 환멸을 느끼도록 할 것이다. 아이가 편견에 물들지 않는 한, 아이는 당연히 편하고 자유롭게 있고 싶어 한다. 그것이 자연의 욕망이다.

인간에겐 두 가지 체질이 있어 어떤 사람은 활달하고 어떤 사람은 얌전하다. 얌전한 사람은 옷을 따뜻하게 입어야 하지만, 활달한 사람은 대기의 변화에 익숙해야 하므로 가볍게 입음으로써 신체를 단련해야 한다. 하지만 나는 양쪽 모두에게 계절에 따라 옷을 갈아입지 말라고 충고하고 싶다. 나의 에밀이라면 분명히 그렇게 할 것이다. 나는 에밀이 꼼짝하기 싫어하는 사람처럼 옷을 입기보다는 한겨울에도 여름옷처럼 가벼운 옷을 입었으면 한다. 아이를 춥게 길러라. 결코 그로 인해 병이 나지 않는다. 뉴턴이 그렇게 자랐는데, 그는 여든 살까지 살았다.

계절에 상관없이, 모자는 아예 쓰지 않는 것이 좋다. 당신의 아이를 맨머리로 지내도록 하라. 그것이 두개골을 더 단단하고 치밀하게 하여 대기의 영향으로부터 뇌를 더 잘 보호할 수 있기 때문이다. 부득이 모자를 씌워야 할 일이 있다면 그물 모양의 성긴 올로 짠 얇은 모자를 씌워주는 것이 좋다.

아이가 갈증을 느낀다면 당연히 물을 줄 일이다. 그런데도 이에 대해 로크가 한 말은 참으로 현명하지 못하다. 그는 아이가 더워할 때 곧바로 물을 마시지 못하도록 빵 한조각을 사전에 먹일 것을 권하고 있다. 아이가 물을 원하는데 먹을 것을 주라니, 아주 이상한 일이다. 나는 그렇게 하지 않을 것이다. 에밀이 목말라하면 언제라도 물을 줄 것이다. 아무것도 가미하지 않은 생수를 줄 것이다. 날이 차가워도 덥히지 않고 그냥 줄 것이다.

나는 에밀을, 거칠지만 강하게 키울 것이다. 한겨울에도 집 밖으로 데리고 나가 체력을 단련시킬 것이다. 땀 흘리게 하고, 목 마르면 찬물로 그의 갈증을 해소시킬 것이다. 그러면서 이러한 나의 배려를 그가 눈치 채지 못하게 할 것이다. 나는 그를 건강 염려증 환자로 만들고 싶지 않다. 그러느니 가끔씩이나마 아픈 게 차라리 더 낫다고 생각한다.

규칙을 위반할 규칙을 가져라

아이들은 충분히 잘 수 있어야 한다. 운동량이 많기 때문이다.

그래서 수면과 활동이 서로를 조정할 수 있어야 한다. 밤에 자고 아침에 일어나는 것은 자연의 순리이며 인간 역시 그렇다. 태양이 지평선 아래로 가라앉아 있을 때의 수면은 고요하고 감미롭다. 그러나 태양이 공기를 덥히고 있는 상태에서 인간의 감각은 그다지 평정을 유지하지 못한다. 그러므로 가장 좋은 수면 습관은 일출과 함께 일어나고 일몰과 함께 자는 것이다. 인간을 비롯해 모든 동물이 여름보다 겨울에 더 많이 잔다는 것은 그런 면에서 자연스럽다.

그러나 사회적 동물인 인간에게 그 규칙을 맹목적으로 적용할 수는 없다. 돌발상황이 발생하면 거기에 맞춰 규칙을 바꿔야 할 일이 생긴다. 규칙은 지켜야 하지만, 더 중요한 규칙은 필요할 경우 그 규칙을 위반할 규칙을 갖는 일이다. 그러므로 평안함만 고려한 과도한 수면으로 아이가 나약해지지 않도록 하라. 자연의 법칙에 맡기되 그 법칙에 얽매이지 않도록 하라. 때로 늦게 자거나 더 일찍 일어날 때도 있으며, 뜬눈으로 밤을 새워야 할 때도 있는 법이다. 서서히 시작해 단계적으로 훈련하면 어떤 환경에도 적응할 수 있는 강인한 체질을 만들 수 있다.

처음에는 불편한 잠자리부터 익숙해질 수 있도록 훈련시켜라. 당장에는 고통스러울지 몰라도 습관이 되면 감각이 그것을 받아들여 쾌감 또한 증가하게 마련이다. 안락한 생활은 끝없이 불쾌한 감각만을 가져온다. 애지중지 자란 사람은 포근한 이불에 감싸여야만 잘 수 있지만 그렇지 않은 사람은 아무데서나 잘 수 있다. 어디서곤 눈만 감을 수 있으면 그는 잔다.

푹신한 침대는 신체를 가라앉게 만든다. 잠자리가 너무 따뜻하면 열이 나고 그로부터 결석이나 다른 잔병을 불러와 허약한 체질을 만든다. 가장 좋은 침대란 가장 잠을 잘 잘 수 있는 침대이다. 이 점에서 에밀은 가장 좋은 침대를 갖고 있다. 우리는 낮 동안에 그것을 준비한다. 땅을 일구며 우리의 잠자리를 만드는 것이다.

건강한 아이는 아무 때나 잘 자고 잘 깬다. 아이가 자지 않고 성가시게 할 때 하녀들은 곧잘 '이제 그만 자렴' 하고 말하는데, 이는 아이가 아플 때 '이제 그만 건강하렴' 하고 말하는 것과 같다. 아이를 재우려면 지루하게 만들면 된다. 아이가 입 다물지 않을 수 없을 정도로 이야기를 많이 해보라. 아이는 곧 잠들 것이다. 지루한 설교도 때론 쓸 데가 있는 법이다. 대신 낮 동안에는 그 수면제를 사용하지 말라.

에밀이 자고 있을 때, 나는 가끔씩 그를 깨울 것이다. 그가 너무 오랫동안 자고 있어서가 아니다. 자다가도, 필요하면 언제든 깨어날 수 있도록 하기 위해서이다. 그래서 궁극엔 스스로 깨어 일어날 수 있는 습관을 들여주기 위해서이다.

만일 에밀이 잠이 많아 잘 일어나지 못한다면, 나는 그가 좋아할 것들을 만들어 그의 내면에 깨어나고픈 욕구를 심어줄 것이다. 가령 다음과 같은 방법이 있다. 나는 에밀에게, '내일 아침 여섯 시에 낚시를 갈 예정인데 같이 가겠느냐' 혹은 '놀러 가는데 같이 가겠느냐' 고 물어 그를 유혹한다. 그가 동의하면 몇 시에 깨워달라고 할 것이다. 나는 상황에 따라 깨워줄 것을 약속하기도 하고 약속하지 않기도 한다. 그가 제시간에 일어나지 않으면 나는 그냥 가버린다. 그리하여 스스로 일어나지 않으면 손해라는 것을 깨닫게 한다.

아이들의 교육은 선생 하기 나름이다. 선생이 조금만 재치 있게 대응하면 허영심이나 경쟁심, 질투심에 사로잡히지 않고도 아이의 취향뿐 아니라 열광까지 불러낼 수 있다. 아이들은 천성적으로 유희에 몰입하는 경향이 있어, 그것이 놀이라고 생각되면 무르팍이 깨져도 명랑하게 대응한다. 이로 미루어보면 고통이 쓴 것만은 아니다. 거기에도 쓴 맛을 제거하는 양념은 있다.

그런 면에서 견딜 수 없는 일은, 살면서 겪는 재난이나 불행의 고통에 인간이 끊임없이 지배당한다는 것이다. 그러나 이것도 훈련하면 할수록, 그래서 그 고통을 유발하는 감각에 익숙해지면 질수록 초조감에 휩싸인 감수성으로부터 치유될 수 있다. 그렇게 되면 그의 정신은 웬만한 일에도 상처받지 않을 만큼 굳세게 될 것이다. 다른 미덕들과 더불어 그 불굴의 정신 또한 어려서부터 수련하지 않으면 안 되는 것이다. 하지만 그것도 그 이름이나 가르쳐주는 식이 돼서는 안 된다. 아이 스스로도 모르는 사이에 그 맛을 보게 함으로써 이루도록 해야 한다.

아이에게 수영을 가르쳐보라. 특권 의식에 사로잡혀 있는 사람들은 승마를 가르치는데, 그것은 돈이 많이 드는 교육을 그들이 좋아하기 때문이다. 하지만 수영은 돈이 들지 않는다. 그들이 수영 대신 승마를 가르치는 것은 순전히 그 이유 때문이다. 승마에 서툴러도 말은 탈 수 있지만 수영은 그렇지 않다. 승마는 최악의 경우

말에서 떨어지는 정도지만 수영을 못하면 익사하고 만다. 나는 물속에 있어도 땅 위에 있는 것처럼 에밀을 가르칠 것이다.

당신은 혹시 아이가 수영을 배우면서 죽지 않을까 걱정하지만 그것은 기우에 불과하다. 설혹 그런 일을 당한다 해도 상황은 마찬가지다. 아이가 수영을 배우다가 죽거나 배우지 못해 죽거나 잘못은 언제나 당신에게 있기 때문이다.

허영심이 우리를 무모하게 만든다. 보는 사람이 없으면 우리는 무모하게 행동하지 않는다. 에밀에겐 허영심이 없도록 만들 것이다. 그러므로 그는 온세상 사람이 지켜보고 있다 하더라도 무모한 행동을 하지 않을 것이다. 반드시 위험한 상황에서만 단련이 되는 것은 아니기에 에밀은 정원의 연못에서도 헬레스폰트 해협을 횡단할 수 있는 능력을 키울 수 있을 것이다. 하지만 위험에 처해서도 당황하지 않으려면 위험에 익숙해질 필요는 있다. 이렇게 하여 앞서 말한 불굴의 정신이 길러진다.

바르게 느껴야만 바르게 안다

아이는 어른보다 신체도 약하고 이성도 없지만 보고 듣는 기능에서는 결코 어른에 뒤지지 않는다. 맛보고 냄새 맡는 기능 역시 마찬가지다. 우리 안에 형성되는 최초의 능력은 감각이므로 그것을 잘 계발할 필요가 있다. 그럼에도 사람들은 이를 곧잘 무시하거나 소홀히 한다.

아이의 감각을 훈련시켜라. 그것은 단지 사용하기만 한다고 해서 되는 일이 아니다. 감각 기관을 통해 바르게 판단하는 법을 배워야 한다. 즉 바르게 느끼는 법을 배워야 한다. 바르게 느껴야만 바르게 보고 듣고 만질 수 있기 때문이다.

판단력의 발달에는 별 영향을 주지 않으면서 신체를 튼튼히 하는 자연적이고도 기계적인 운동이 있다. 수영하기와 달리기, 뜀뛰기, 팽이 돌리기, 돌멩이 던지기 따위가 그것이다. 이 모든 활동은 다 좋은 운동이다. 하지만 우리에겐 팔다리만 있는 것이 아니다. 눈도 있고 귀도 있다. 이 기관들 역시 활용해야 한다. 그러므로 체력만 단련하지 말고 감각 기관도 훈련하라. 이 감각 기관이 체력을 이끈다.

한 가지 감각에 의해 얻은 인상을 다른 감각에 의해 확인하라. 크기와 무게를 재고, 계산해서 비교해보도록 하라. 저항력을 측정한 뒤 힘을 쓰도록 하라. 명심할 것은 실행하기에 앞서 결과를 예측하라는 것이다. 그래서 이러한 습관이 몸에 밴다면 아이의 행동은 회를 거듭할수록 명민해질 것이다. 잘못을 수정해가면 갈수록 바르게 판단하지 않겠는가?

대단히 큰 물체를 움직여야 한다고 치자. 지렛대를 이용해야 한다. 지렛대의 길이를 어느 정도로 해야 힘을 효율적으로 쓸 수 있을까? 지렛대가 길면 운동량을 낭비하게 될 것이고 짧으면 힘이 부칠 것이다. 이럴 땐 경험이 선생이다. 아이가 경험을 통해 지혜를 갖추고 있었다면 가장 효율적인 길이를 선택할 것이다.

우리는 모든 감각 기관을 똑같이 사용할 수는 없다. 가령 촉각 같은 기관은 깨어 있는 한 그 기능을 결코 멈추지 않는다. 촉각은 우리의 온몸에 퍼져 있어서 외부의 침입을 경고하는 감시자 같은 역할을 한다. 이 촉각은 특별히 훈련하지 않아도 끊임없이 그 기능을 수행하는 특징이 있다. 하지만 사람에 따라서는 훨씬 더 예민할 수가 있다.

가령 맹인들은 보통사람보다 확실히 예민한 촉각을 지니고 있다. 시각의 역할을 대신해야 하기 때문이다. 맹인은 태양이 있든 없든 늘 같지만, 보통의 인간은 어둠 속에서는 늘 불편하다. 태양이 비치는 한 우리가 유리하지만 밤에는 불리하다. 그러니까 우리는 생애의 반을 눈멀어 지낸다. 맹인은 밤이건 낮이건 걸을 수 있지만 우리는 그렇지 못하다. 등불이 있지 않느냐고? 어이없는 일이다. 당신은 그것을 팔다리처럼 늘 몸에 붙이고 다닐 배짱이라도 있단 말인가? 나는 에밀이 촛불에 의지해 사는 것보다 손끝에 눈을 가졌으면 더 좋겠다.

컴컴한 밤에 불빛 한 점 없는 건물에 갇혀 있다고 가정하고 손뼉을 쳐보라. 소리의 울림에 따라 그 공간이 큰지 작은지, 당신이 구석에 있는지 한복판에 있는지 알 수 있을 것이다. 천천히 움직이면서 느껴보라. 문이 열려 있다면 공기의 흐름이 느껴질 것이다. 운항중인 배에 있다면 당신의 뺨을 스치는 공기의 흐름만으로도 어느 쪽으로 얼마나 빨리 가고 있는지 알 수 있을 것이다. 이러한 관찰은 밤에만 할 수 있다. 낮엔 시각의 방해를 받기도 하고 정신 또한 산만해져 잘 느끼지 못한다. 이러한 예만 봐도, 우리가 촉각을 통해 얼마나 많은 시각적 지식을 얻을 수 있는지 알 것이다.

가능한 한 밤에 많이 활동하도록 하라. 인간은 생래적으로 어둠을 두려워한다. 아무리 학식이 많고 용기가 출중해도 이 치명적인 약점에서 자유로운 사람은 거의 없다. 왜 그럴까? 사람들로 하여금 미신에 빠지게 하고 의심 많게 하는 원인, 즉 무지 때문이다. 주변에서 어떤 일이 벌어지고 있는지 알지 못할 때 우리는 두렵다. 설령 그 장소가 아무리 안전하다 하더라도 내가 그곳을 보지 못한다면, 나는 왜 그곳이 안전한지를 알지 못한다.

그 두려움이 나의 상상을 자극해 스스로를 더 불안하게 한다. 소리가 들리면 도둑이 들어온 듯하고 아무 소리도 들리지 않으면 유령이라도 나타날 것 같다. 경계심은 공포감만 더욱 조장한다. 이성의 힘은 침착하라고 내게 일러주지만 그것보다 더 강한 본능이 나를 옥죈다. 이런 경우 방법은 한 가지뿐이다.

어둠에 익숙하도록 하라. 어둠의 공포를 치료하는 약은 그것밖에 없다. 이성으로 설득하고 논증하는 것보다 이 편이 훨씬 낫다. 기와공은 지붕 위에서 결코 현기증을 일으키지 않는다. 아이를 어둠 속으로 자주 데리고 가라.

그러나 이때도 조심할 것은 있다. 어둠이란 본래 침울한 것이므로 즐거운 마음으로 임하도록 해야 한다. 지하 독방 같은 곳에 가두어두면 안 된다. 아이로 하여금 어둠 속으로 들어가면서 웃을 수 있게 하고 나올 때 역시 그렇게 하라.

어린 시절 한때 나는 랑베르시에라는 한 시골 목사의 집에 기거한 적이 있었다. 그때 나는 아버지로부터 멀리 떨어져 있어 고아나 마찬가지 신세였다. 반면 내 사촌 형 베르나르는 부유한 상속자였다. 하지만 그는 매우 겁쟁이여서 종종 내게 놀림을 받았다. 그 사실을 목사도 알았는데, 그런 내가 못마땅했는지 어느 날 그가 내 용기를 시험해보고자 했다. 그는 내게 교회의 열쇠를 주면서 자신이 설교단에 두고 온 성경을 찾아오라고 했다. 그러면서 나의 공명심을 자극하기 위해 몇 마디 말을 덧붙였다. 나는 거절할 수가 없었다.

가을이었고 유난히 캄캄한 밤이었다. 나는 등불도 없이 묘지를 지나쳐 교회당 문 앞까지 갔다. 거기까지 나의 용기는 칭찬할 만한 것이었다. 그러나 문을 열고 들어서려 하자 갑자기 공포감이 밀려들어왔다. 천장에서 사람 목소리 같은 어떤 반향이 울려나왔다. 나는 한 발자국도 더 걸음을 뗄 수가 없었다. 머리카락이 쭈뼛 서는 공포심에 사로잡혀 되돌아나오고 말았다. 그리고는 집을 향해 도망치듯이 돌아왔다. 안마당을 지나면서 다행히 쉴탕이라는 강아지와 마주쳤는데, 그 개를 어루만지며 겨우 마음을 진정시킬 수 있었다.

마음이 가라앉자 슬슬 부끄러워지기 시작했다. 나는 다시 나는 듯이 교회당 안으로 들어섰다. 단단히 결심했지만 이번에도 무섭기는 마찬가지였다. 공포감이 전신을 휩싸고 돌아 기절할 것 같았다. 설교단이 오른쪽에 있었음에도, 그리고 그것을 알고 있었음에도 나는 왼쪽에서 걸상들 사이를 헤매며 좌충우돌하다가 결국엔 아무것도 찾지 못하고 도로 나오고 말았다. 나는 앞서와 마찬가지로 집을 향해 도망치면서 낮이 아닌 한 다시는 이곳에 오지 않으리라 결심했다.

집에 도착해 안으로 들어가려는데 목사님의 웃음소리가 들려왔다. 나를 비웃는 소리로 짐작한 나는 도저히 문 열 용기가 나지 않아 망설였다. 그때 목사님의 딸이 이대로 앉아 있을 수 없다며 등불을 준비하는 소리가 들렸다. 아마도 목사님이 나를 찾아 나서려는 모양이었다. 내 사촌까지 데리고 말이다.

그 순간에 나의 공포심은 온데간데없이 사라져버리고 말았다. 내가 도망쳐온 사실이 발각나면 어쩌나 하는 생각에 마음만 초조해지고 바빠졌다. 나는 다시 교회로 달려갔고 단숨에 성경을 찾아 집으로 돌아왔다. 그리고 마침내 방 안의 책상 위에 성경을 내려놓았을 때의 그 기쁨이라니!

나는 이때의 일을 유쾌한 추억으로 간직하고 있다. 다만 그뿐, 본보기 삼아 실행해 보라는 뜻은 아니다. 중요한 것은 밤과 관련된 추억, 즐거운 기억을 많이 갖는 일이다. 그래서 상상력 안에 어린 시절의 놀이가 가득 차 있기만 하다면 밤이 두렵지 않을 것이다. 어둠 속에서 웃음소리가 들려온다고 해도 귀신의 웃음소리로 상상하기보다는 그리운 친구들의 웃음소리로 들을 것이다. 밤은 그에게 유쾌한 기억만 환기시킬 뿐 절대 무섭지 않으리라.

아이의 감각을 자유롭게 하라

촉각이 시각을 대신하듯, 청각 또한 대신할 수 있지 않을까? 진동의 느낌으로 말이다. 가령 첼로에 손을 대보라. 보지 않고 듣지 않아도 현의 떨림을 통해 그 음의 높낮이를 구분할 수 있으며 제1현에서 나오는 소리인지 저음부의 현에서 나오는 소리인지 알 수 있다. 그럴 수 있도록 감각 기관을 훈련하면 궁극적으로는 노래 한 곡까지도 손가락으로 들을 수 있으리라 생각된다.

촉각은 무디게 할 수도 있고 예민하게 할 수도 있다. 딱딱한 물체를 계속 만진다든가 힘든 노동을 계속하다보면 피부에 굳은살이 붙어 감각이 둔해진다. 반면 감성에 변화를 주는 잦은 접촉을 오래 하다보면 감각은 예민해진다. 그러한 차이를 우리는 악기를 다루는 사람들로부터 확인할 수 있다. 첼로나 바이올린 같은 현악기를 연주하는 사람의 손끝은 딱딱하지만 현을 터치하는 손가락 자체는 매우 유연하다. 피아노 역시 마찬가지다.

피부를 민감하고 튼튼하게 관리하는 일은 중요하다. 손을 한 가지 일에만 반복 사용해 본래의 감성을 잃지 않도록 주의할 일이다. 하지만 발까지 그래야 할까? 왜 나의 에밀이 항상 쇠가죽으로 만든 신발을 신고 다녀야 한단 말인가? 필요할 경우 피부를 신발처럼 이용한다고 해서 문제될 게 뭐란 말인가? 나는 에밀이 맨발로 집안과 정원을 뛰어다닌다고 해도 나무라지 않을 것이다. 유리조각 같은 위험한 물체에 찔리지만 않는다면 말이다.

신체 발달을 돕는 행동을 하게 하되 언제나 꿋꿋한 몸가짐을 유지할 수 있도록 가르쳐라. 멀리 뛰고 높이 뛸 줄 알며, 나무에 기어오르거나 담을 넘을 줄도 알게 하라. 균형 잡힌 자세를 갖도록 해서 운동할 때의 동작이 역학의 법칙에 순응하는 데 어려움이 없도록 하라. 안정된 자세는 항상 우아한 법이다. 만일 내가 무용 선생이라면 나는 내 제자를 바위산 밑으로 데려 갈 것이다. 거기서 우선 훈련시킬 것이다. 산길을 걷게 하고 뛰게 하며, 어떻게 해야 신체의 균형을 잡을 수 있는지 감각을 익히게 할 것이다.

촉각의 작용이 제한적이라면 시각의 작용은 그 폭이 훨씬 넓어 인간의 너머로까지 시야를 확대한다. 시각에 오류가 많은 것은 그 때문이다. 인간은 한눈에 자기 시야의 절반을 본다. 일시에 많은 것을 보고 판단하는데 어찌 틀리지 않겠는가? 물체 하나를 볼 때도 사람마다 제각각일 수 있다. 거리에 따라, 그리고 보는 각도에 따라 보이는 게 다르므로 판단은 항상 오류에 근접해 있다. 어떤 사물이 작아 보인다면 그것이 실제 작아 그런지 너무 멀리 있어 그렇게 보이는 것인지 어찌 알 수 있겠는가? 그러므로 시각은 다른 감각의 지원을 필요로 하게 마련이다.

가령 시각은 촉각의 도움을 통해 그 자신의 성급함을 극복할 수 있다. 우리의 시선은 높이나 깊이, 길이나 거리를 판단하는 데 정밀하지 못한데, 그것은 감각의 잘못이라기보다는 사용상의 잘못 때문이다. 그 증거로 측량사나 건축가들, 화가들을 보면 알 수 있

138

다. 그들은 보통사람보다 훨씬 더 정밀하게 사물의 크기를 파악한다. 직업상 습득한 경험을 통해 보통사람들이 갖고 있는 판단의 모호함을 좀 더 제거하고 보기 때문이다.

아이를 자유롭게 풀어 놓아라. 그래서 거리를 재고 사태를 파악하는 데 흥미를 느끼도록 도와줘라. 방법은 많다. 여기에 키가 아주 큰 벚나무가 있다고 치자. 아이는 버찌가 먹고 싶다. 어떻게 해야 할까? 창고에 있는 사다리를 가져오면 될까? 저기 개울이 있다. 저 개울을 건너려면 어떻게 해야 할까? 마당에 있는 판자를 가져와 천변에 걸쳐 놓으면 될까? 징검다리를 놓으면서 건너면 안 될까? 두 나무 사이에 그네를 만들고 싶다. 줄의 길이는 어느 정도여야 할까? 배가 고프다. 눈 앞에 있는 저 두 마을 중 어느 마을로 가야 빨리 식사를 할 수 있을까? 생각하면 할수록 방법은 무궁무진하다.

예전에 매우 게으른 아이가 있었다. 이 아이는 장차 군인이 되기로 돼 있었음에도 전혀 자기 몸을 챙기지 않았다. 마치 신분이 높은 사람은 팔다리를 움직이지 않아도 누군가 다 해줄 것이라고 믿는 모양이었다. 이 아이를 어쩌면 좋을까? 어떻게 해야 이 귀족 집안의 자제를 달리도록 할 수 있을까? 달리기를 강요해선 안 되었기에 이 문제를 해결하기란 쉽지 않았다. 나는 이렇게 했다.

아이와 함께 산책을 나가면서 나는 그 아이가 좋아하는 과자를 두 개씩 넣어가지고 갔다. 그리곤 돌아오는 길에 하나씩 나누어 먹었다. 어느 날 나는 과자를 하나 더 가져갔다. 아이도 그것을 알았다. 아이는 그 과자라면 무한정 먹을 수 있을 정도로 좋아했기 때문에 제 몫을 아주 빨리 먹어치우곤 나머지 과자마저 먹을 심산으로 손을 내밀었다. 나는 '안 된다'며 단호히 거절했다. "나도 이 과자를 좋아해. 물론 나누어 먹을 수도 있지만." 그러나 나는 나누어 먹는 대신 다른 꾀를 내었다.

나는 길가에서 놀고 있는 어린 아이 둘을 불렀다. 그리곤 과자를 보여주며, 달리기 시합을 해서 이기는 사람에게 과자를 줄 텐데 해보겠느냐고 제안했다. 아이들은 망설일 이유가 없었다. 곧이어 조건이 제시되고 나는 과자를 바위 위에 올려놓은 다음 출발선을 정해줬다. 신호가 떨어지자 아이들은 달렸고, 이긴 아이가 그 과자를 집어들더니 냉큼 먹어치웠다.

당장 효과가 나타나지는 않았지만 이 시도는 의미가 있었다. 나는 서두르지 않았다. 아이들을 교육하는 데 있어서 시간 낭비란 없다. 오히려 서두르면 서두를수록 더 큰 낭비를 불러오는 것이 교육이다. 나는 평소와 다름없이 산책을 하면서, 시합을 정례화했다. 달리는 거리도 늘리고 상품으로 지급되는 과자의 양도 늘렸다. 상품이 대단한 것은 아니었지만 회가 거듭할수록 아이들은 열광했다. 이 시합을 보기 위해 통행인들마저 발걸음을 멈추고 지켜보았다. 승자는 환호했고 축하를 받았으며, 여지없이 과자를 손에 쥐었다. 마침내 나의 귀족 아이도 흥미를 보이기 시작했다. 그는 박빙의 승부가 펼쳐질 때마다 주먹을 불끈 쥐기도 하고 소리 높이 외쳐대기도 했다.

그러나 모든 것이 순조로웠던 것만은 아니다. 경주에 참가한 아이들은 가끔씩 반칙을 하기도 했다. 상대방을 잡거나 넘어뜨리는가 하면 돌을 걷어차 주행을 방해했던 것이다. 그래서 나는 그들을 서로 다른 장소에서 출발하도록 했다. 물론 결승점까지의 거리는 같도록 했다.

자신이 좋아하는 과자를 남들이 먹는 것을 보면서, 이 귀족 꼬마도 이제 깨닫기 시작했다. 달린다는 일이 때론 이익을 줄 수도 있다는 것을 알았고, 자신에게도 그럴 능력이 있다는 것을 알았다. 마음만 먹으면 원하는 것을 얻을 수 있는데 왜 노력을 하지 않겠는가? 아이는 남몰래 연습을 시작했다. 나는 그러한 사실을 알고 있었지만 일체 아는 척하지 않았다. 마침내 나의 전략이 결실을 맺을 때가 왔다.

충분히 연습했다고 생각했는지 어느 날 아이가 내게 도발해왔다. 나머지 과자를 달라고 조르면서 떼를 썼던 것이다. 아이의 속셈을 알고 있었기 때문이기도 하지만 나는 당연히 거절했다. 그러자 마침내 내가 듣고 싶어 하는 얘기가 나왔다. "좋아요! 그 과자를 바위 위에 올려놓으세요. 제가 그 과자를 차지하고 말 테니까요." "그래? 너 같은 귀족 집안의 아이도 달리기를 할 줄 안다 말이지?" 내 조롱에 마음까지 상한 아이는 더욱 열심히 달려 마침내 상을 차지했다.

이렇게 하나의 진전이 이루어지고 나자 내 목적은 금세 달성됐다. 아이는 이 훈련이 마음에 들었는지 특별히 배려해 주지 않아도 거의 언제나 일등을 할 만큼 열심이었다.

여기서 생각지도 않았던 또 하나의 성과가 나타났다. 처음 한동안은 다른 아이와 마찬가지로, 이 귀족 꼬마 역시 차지한 상품을 혼자서 독식했다. 하지만 승리에 익숙해지면서는 마음도 너그러워져 경주에 진 아이들과도 과자를 나누어 먹었다. 이를 통해 나는 관용이란 무엇인지에 대해 도덕적 관찰을 할 기회까지 얻게 되었다.

이 훈련이 반복되면서 아이는 거리를 측량하는 또 하나의 눈을 갖게 되었는데, 그것은 내가 경주 때마다 보인 트릭 덕분이었다. 나는 경주를 불공정하게 진행해서 어떤 아이는 가까운 거리를 뛰게 하고 어떤 아이는 먼 거리를 뛰게 했다. 처음에 아이는 이 사실을 몰랐으나 마침내 알게 되었고, 그러자 나에게 항의했다.

나는 그에게 이 경주의 주최자가 나라는 것과 상품을 내거는 것도 나라는 것, 그러니만큼 경주의 조건을 결정할 권한 역시 나에게 있다는 것을 이해시켰다. 선뜻 수긍을 하지는 않았지만 마침내 아이도 그 점을 이해했다. 그러자 아이는 자기가 달려야 할 코스에 대해 신경을 쓰기 시작했고, 그러면서 자연히 눈대중으로 사물을 가늠하는 능력을 키웠다.

모사를 통해 사물의 형태를 인식하도록 하라

정확한 시각을 갖기란 참으로 어렵다. 그래서 어떤 물건의 실상을 알려면 재어보아야 하고 만져보아야만 한다. 즉 촉각이나 도구의 도움을 얻어야 한다. 그러나 감각이 도구에 의존하는 습성을 방치해서는 안 된다. 눈으로도 측정할 수 있는 능력을 길러줄 필요가 있다. 그래서 이 부분과 저 부분을 비교할 수 있어야 한다. 한꺼번에 비교할 수 없다면 부분 부분으로 나누어 비교하면 된다. 그렇다고 추정만 하라는 것은 아니다. 추정의 결과를 측정의 결과와 비교해서 잘못된 인상을 바로잡는 식별력도 키워줘야 한다.

인간에겐 언제나 변하지 않는 자연의 척도가 있다. 보폭이나 팔의 길이, 키 등이 그것이다. 아이가 건물 한 층의 높이를 추정할 땐 가정교사의 키를 척도로 사용할 수 있다. 그보다 높은 종탑의 높이를 추정하고 싶다면 근처의 집들을 척도로 삼아 짐작할 수 있다. 도로의 길이를 알고 싶다면 걷는 데 걸리는 시간을 따져 짐작하는 것도 방법이다. 중요한 것은 이 모든 것을 아이 스스로 할 수 있도록 해야 한다는 것이다.

공간이나 물체의 크기를 판단하기 위해선 그 대상의 생김새를 먼저 알아야 하는데, 그 점을 숙지시키기에는 모사만한 것이 없다. 모사를 하다보면 자연히 원근법에 대한 개념이 생기고 이는 곧 공간을 이해하도록 해준다. 위대한 모방가인 아이들은 무엇이든 그려보고자 하는 욕구를 갖고 있다. 나는 에밀이 이 욕구에 충실하길 바란다. 모사의 기술을 함양하기 위해서가 아니라 대상을 정확하게 볼 줄 아는 눈과 손의 유연성을 길러주고 싶기 때문이다.

나는 에밀이 자연에서 가르침 받기를 바라며, 사물이 아닌 모델을 두지 않기를 바란다. 나는 그가 사물 그대로를 보기 원하지, 그것을 옮겨 그린 종이를 통해 사물을 보기 원하지 않는다. 집을 그릴 땐 집을 보며 그리고, 나무를 그릴 땐 나무를, 사람을 그릴 땐 사람을 보며 그리길 원한다. 관찰력을 기르고, 잘못된 모방 습관에 빠지지 않도록 하기 위해서이다. 나는 그가 사물의 진정한 형태를 충분히 각인해 이상한 형태로 그림 그리지 않기를 바란다.

이러한 방식이 그림 솜씨를 증진시키는 데 아무런 도움이 되지 않는다는 것을 나는 안다. 하지만 그 대신 그는 더 정확한 눈과 정교한 손을 지니게 됨으로써, 사물 간의 모양이나 비율에 관한 지식, 그리고 멀고 가까운 것에 관한 실상을 더 확실하게 체험할 수 있을 것이다. 즉 사물을 잘 모방하기보다는 사물 그 자체를 잘 분별할 수 있을 것이다. 그것이야말로 내가 원하는 것이다.

다른 때와 마찬가지로, 이때도 나는 에밀과 함께 이 훈련에 동참할 것이다. 처음에는 에밀처럼 서투르게 연필을 잡고 그리면서 그와 보조를 맞추고 그와 더불어 즐거움을 나눌 것이다. 비율에 관계없이 팔과 다리를 그릴 것이다. 그러면서 서서히 발전을 모색할 것이다. 그와 나란히 나아가면서 사물의 외관을 본뜨고 물감을 칠하며 자연을 관찰할 것이다. 이렇게 그린 그림들을 액자에 끼워 순서대로 늘어놓을 것이다.

처음의 작업 결과는 실망스러울 것이나 나중으로 가면서 모사는 더 정확해질 것이다. 나는 가장 조잡한 그림을 선택해 가장 화려한 액자로 장식할 것이다. 그림이 훌륭할수록 액자는 소박한 형태로 바뀌어갈 것이다. 훌륭한 그림은 그림 그 자체로서만 빛나게 할 필요가 있기 때문이다. 이처럼 우리는 서로 소박한 액자에 자신의 그림이 끼워지길 열망할 터인데, 상대방의 그림이 형편없을 경우 화려한 액자에 그것을 가둠으로써 무시하는 재미를 만끽할 것이다.

나는 앞서, 기하학은 아이들이 배우기에 적절한 학문이 아니라고 말한 바 있다. 그러나 그 잘못은 우리 탓이다. 우리가 아이에게 잘못 가르치기 때문이다. 우리는 추론으로써 아이를 가르치지만 아이는 그것을 이해하지 못한다. 그는 단지 보는 기술밖에 없으므로 추론의 방식을 잘 설명해도 발달하는 것은 기억력일 뿐이다. 자, 그럼 어떻게 할까?

우선 각종의 도형을 그려보도록 한 다음, 그것들을 겹쳐서 관찰하도록 해보자. 도형 간의 차이와 비율을 조사해 가다보면 기하학에 대한 기초지식이 쌓일 것이다. 정의니 증명이니 하는 문제들에 연연할 필요도 전혀 없다. 나는 결코 그런 식으로 에밀을 가르치지 않을 것이다. 대신 에밀이 나를 가르치도록 할 것이다. 일종의 유희로써 그가 내게 접근해 오도록 할 것이다. 나는 그가 답을 찾아낼 때까지 인내심 있게 기다리면서 연구하는 척만 할 것이다.

예를 들어 원을 그릴 때, 나는 컴퍼스를 이용하는 대신 연필에 일정한 길이의 실을 매달아 중심축을 잡고 돌릴 것이다. 그래서 여러 개의 동일한 원이 생겼다고 하자. 나는 각 원의 반지름을 비교하기 위해 길이를 잴 것이다. 그러면 에밀은 틀림없이 비웃으면서, 같은 길이의 실로 그린 반지름엔 차이가 있을 수 없다는 것을 내게 가르쳐줄 것이다.

이런 식으로 나는 그의 의욕을 북돋으며 도형의 크기나 모양에 대한 감각을 심어줄 것이다. 사람들은 도형의 정확성에 대해 소홀히 한 채, 그것이 정확하다는 가정하에 증명하는 일에만 집착하는데, 사실 논증은 중요한 것이 아니다. 중요한 것은 선과 곡선을 정확히, 제대로 긋는 일이다. 그리하여 가능하면 가장 동그랗게 원을 그릴 줄 알고 반듯하게 정사각형을 그릴 줄 알아야 한다.

우리는 도형의 성질을 이해하기 위해 지름을 접어 두 개의 반원을 만들어볼 것이며, 정사각형을 대각선으로 접어 이등변삼각형을 만들어볼 것이다. 또 우리는 각자가 그린 도형을 비교해보며 누구의 도형이 더 완벽한지 검토해볼 것이다. 평행사변형과 사다리꼴 등도 만들어 이등분해보고, 그 특징과 차이에 대해 토론해볼 것이다. 실험하기 전에 결과를 예측해볼 것이며 원인에 대해 숙고해볼 것이다.

내 학생에게 있어 기하학은 자와 컴퍼스를 이용하는 기술일 뿐이다. 나는 그가 이러한 기하학을 그림과 혼동하지 않기를 바란다. 그래서 그림을 그릴 때는 자나 컴퍼스를 사용하지 못하게 할 것이다. 그러나 우리는 도형을 야외에 가지고 나가 우리가 그릴 그림에 대해 이야기하면서 보조자료로 활용할 것이다.

놀이를 통해 신체를 단련하도록 하라

나는 가끔 왜 어른들이 테니스나 당구, 활쏘기 같은 놀이를 아이들이 못하게 하는지 의문이 들 때가 있다. 그에 대해 물으면 사람들은 이렇게 대답한다. 그러한 놀이들은 아이들의 수준에서는 감당하기 힘들기 때문이라고. 하지만 나는 그러한 의견에 동의하지 않는다. 아이들이나 어른들이나 옷을 입기는 마찬가지다. 아이의 키가 작고 왜소하다면 그에 맞는 옷을 입히면 되는 일이다. 당구나 테니스 역시 규모를 줄이고 장비를 조절하면 못할 게 없다.

사람들은 일반적으로, 아이들에게 적합한 놀이로 배드민턴을 꼽곤 한다. 덜 위험한데다 체력적으로도 부담이 적다는 이유에서다. 하지만 내 생각은 다르다. 배드민턴이 아이들에게 적합하다는 의견엔 공감하지만, 이유로 들고 있는 두 가지 사항에 대해선 견해를 같이 할 수 없다. 우리는 튼튼해져야 하며 더 강해져야 한다. 덜 위험하다든가 덜 부담스럽다는 것 때문에 이 전제가 흔들려서는 안 된다.

게다가 배드민턴은 결코 약하지도, 가벼운 운동도 아니다. 사람들은 별 위험이 없다고 여기는 놀이를 할 땐 결코 긴장하지 않는데, 배드민턴이 그런 선입견을 갖게 한다. 공이 머리 위에 떨어져도 큰 상처를 입지는 않으니까 말이다. 하지만 머리를 지켜야 할 때만큼 팔을 쓰게 되는 경우는 없다. 또 눈을 지켜야 할 때만큼 눈을 정확히 뜨는 경우도 없다. 공중으로 날아오는 공을 받기 위해선 이쪽저쪽으로 뛰어다녀야 한다는 것도 확실히 만만한 일은 아니다. 방향도 예측하고 판단해야 하며, 받아칠 때는 적절한 힘으로 강하고 민첩하게 대응해야 한다. 이와 같은 놀이야말로 어른보다는 아이에게, 그래서 아이를 어른으로 만드는 데 적합한 놀이이다.

그러기엔 아이의 근육이 너무 연약하지 않느냐고 사람들은 말한다. 일리 있는 지적이다. 하지만 연약한 대신 유연하다. 힘이 약하다고? 그것은 문제가 되지 않는다. 신체 조건에 차이가 있다고 해서 참여할 수조차 없는 것은 아니다. 이 운동은 팔의 힘만으로 하는 것이 아니라 팔 자체로 하는 것이고, 팔이라면 아이들도 갖고 있다. 다만 아이들은 어른처럼 숙련된 손을 갖고 있지는 못하다. 바로 그렇기 때문에 나는 아이들에게 그 숙련을 길러주고 싶다.

연습하지 않으면 어른들도 서툴 수밖에 없고 연습하면 아이들도 능숙할 수 있다. 우리의 신체 기관은 자주 사용해봐야만 그 효용성을 알게 된다. 여기서도 경험이 스승이다. 이러한 스승은 아무리 빨리 만나도 결코 빠른 것이 아니다.

인간으로 태어난 이상, 인간이 할 수 있는 일이라면 무엇이든 다 할 수 있다는 대전제를 받아들이자. 아이들 중엔 어른도 할 수 없는 일을 척척 해치우는 신동도 있다. 다른 아이들이라면 펜을 잡기도 힘겨운 나이에 글을 쓰거나 그림을 그리는 아이도 있고, 바이올린을 켜거나 피아노를 치며 음악적 재기를 뽐내는 아이도 있다. 어른들이 할 수 있는 일은 아이들도 할 수 있는데, 다만 어른들은 그들의 공상만으로 아이들을 평가절하하기 일쑤다.

어떤 사람들은 내가 이중적인 태도로 이 문제에 접근하고 있다고 말할 것이다. 정신의 조기 교육에 대해서는 비판하면서 육체에 대해서는 그렇지 않다고 말이다. 그러나 이 차이는 크다. 정신의 진보는 겉보기의 진보에 불과하지만 육체의 진보는 현실적이기 때문이다. 때때로 보이는 아이들의 재능은 사실 실제적인 것이 아니다. 반면 아이들이 보이는 움직임은 실제적인 것이다.

더욱이 우리가 잊지 말아야 할 것이 하나 있는데, 그것은 아이들이 이 모든 것을 놀이 차원에서 진행하고 있다는 것, 그리고 놀이여야만 한다는 것이다. 이 놀이는 자연이 요구하는 자발적 운동이여야 하며, 놀이의 즐거움을 배가하기 위한 기술이어야 한다.

그러므로 이 놀이에 강제성이 끼어들어서는 안 된다. 하지만 나는 그들의 놀이를 하나의 교육 재료로 활용할 수도 있다. 그렇지 못하더라도, 그들의 놀이를 침해하거나 방해하지는 않을 것이다. 중요한 것은 그들이 그것을 즐긴다는 데 있지 그것을 발전시키는 데 있지 않기 때문이다.

분명하게 말하도록 가르쳐라

시각이나 촉각은 모든 사물에 적용된다. 그 사물이 움직이고 있든 정지해 있든 마찬가지다. 하지만 청각은 공기의 진동에 의한 음향만을 감지하므로 움직이는 물체를 필요로 한다. 그래서 물체가 움직이지 않으면 우리의 청각은 아무 기능도 발휘하지 못한다.

촉각을 시각에 비교해보았듯이 청각을 시각에 비교해보는 일 또한 유익하다. 보이는 것과 들리는 것의 차이를 생각해보자. 저기에서 대포를 쏘고 있다. 포의 불빛을 보았다면 우리는 포탄을 피할 수 있을 것이다. 하지만 폭음만 들었을 때는 너무 늦게 마련이다. 포탄이 이미 근처에 와 있기 때문이다. 천둥과 번개에 대해서도 같은 예를 적용할 수 있다. 그래서 번갯불이 보인 뒤 몇 초 만에 천둥소리가 들리느냐를 따져 거리를 가늠할 수 있다.

이러한 것들을 아이가 직접 경험해 알도록 할 필요가 있다. 그밖에도 아이가 경험할 수 있는 것은 최대한 경험하게 하라. 그러한 경험을 통해, 나머지 것들은 귀납적으로 발견하도록 하라. 그러나 말로 설명하지는 말라. 그럴 바에야 차라리 모르고 있는 편이 낫다.

인간에겐 청각에 상응하는 기관으로 발성 기관이 있는데, 여기서 나오는 목소리엔 세 가지가 있다. 말하는 목소리와 노래하는 목소리, 감동적인 목소리가 그것이다. 이중 마지막의 감동적인 목소리 혹은 강조하는 목소리는 노래와 말을 활기차게 하는 특징이 있다. 아이들도 이 세 가지의 목소리를 가지고 있지만 어른처럼 잘 조합하지는 못한다. 완전한 음악엔 이 세 가지 목소리가 잘 녹아 있다.

그러나 아이들은 그런 음악에 무능하다. 그래서 그들의 노래에는 정념이 없다. 말하는 목소리에도 억양이 없다. 고함을 칠 때도 마찬가지다. 그러므로 아이들에게 극중 인물의 대사를 낭독시켜서는 안 된다. 이해하지 못하고 경험하지 못한 일에 대해 감동적인 목소리를 내게 하지 말라.

아이에게 분명하게 말하도록 가르쳐라. 멋부리지 말고 발음하되 잘 들리도록 충분히 목소리를 내도록 하라. 그러나 너무 큰소리로 말하지는 못하게 하라. 노래할 땐 목소리를 고르고 유연하게 하여 부드럽게 울려퍼지도록 하라. 극적으로 과장하지 못하게 하라. 연극적인 음악은 그 나이의 아이에게 적합하지 않다.

나는 글에 대해 그랬던 것처럼 악보에 대해서도 같은 입장을 취하고 있다. 악보 읽는 법을 가르치려고 서두르지 말라. 악보를 이해하지 못하더라도 들을 수는 있다. 듣는 일 자체를 놀이하듯이 즐기게 하라.

미각을 단순하게 유지시켜라

사람이 살아간다는 것은 끊임없이 에너지를 소비하는 일이다. 그러므로 이 에너지를 지속적으로 보충해주지 않으면 안 된다. 인간은 자연 속에서 먹거리를 구하는데 인종과 풍토, 혹은 문화에 따라 적합한 것이 있고 그렇지 않은 것이 있다. 만일 우리에게 적합한 양식을 경험에 의해 선택해야 한다면, 우리는 굶어죽었거나 독을 먹고 죽었을 것이다.

하지만 자연의 섭리는 자기 보존의 도구로 미각을 이용하도록 해, 입에 맞는 음식이 곧 건강에도 좋은 음식이라는 것을 가르쳐주고 있다. 원시상태에서의 인간을 생각해보아도 가장 맛있는 음식이 건강에도 가장 좋았을 것이라는 것은 의심의 여지가 없다.

창조주는 자연적 필요를 충족시켜줄 뿐만 아니라 우리 자신에 의해 파생된 욕구도 채워준다. 생활 습관이 다른 나라마다 보이는 음식 문화의 차이는 여기에서 비롯된다. 그러나 이 차이로 인해 우리의 체질은 점점 더 자연의 취향을 잃어가게 된다. 이 제2의 본성 때문에 제1의 본성은 묻혀간다.

따라서 가장 단순한 취향이 가장 자연적인 취향이라는 것을 알 수 있다. 단순할수록 빨리 오염되고, 변질되기 때문이다. 그런데 변질돼 습관으로 굳은 이 취향은 관성의 법칙이 그러하듯, 한 가지 방향으로 예민해지고 자극됨으로써 더욱 공고해지게 돼 있다. 그래서 어떤 나라에도 속해 있지 않은 사람은 어떤 나라의 관습에도 잘 적응한다. 하지만 이미 한 나라에 속해 있는 사람은 다른 나라의 국민이 되기 어렵다.

이러한 습성은 대부분의 감각에도 적용되지만 특히 미각에 훨씬 더 잘 적용되는 듯하다. 인간의 미각은 시간이 지날수록 자극적인 음식에 길들여진다. 그러면서 점점 더 강화된다. 처음에 우리는 과일이나 채소처럼 무덤덤한 맛에 익숙해져 있었을 것이다. 고기를 구워 먹을 때도 별다른 조미료 없이, 소금도 치지 않고 먹었을 것이 틀림없다. 술을 처음 먹게 되면 누구나 얼굴을 찡그린다. 그러나 익숙해지면 그것에 빠져들고 욕구는 더욱 강화된다. 결론적으로 말해 입맛이 단순할수록 보편적이어서 세계 어디를 가든 잘 적응한다.

아이의 미각을 단순하게 유지시켜라. 아이의 입맛이 편협한 미각에 물들지 않도록 주의하라. 그것이 건강에 어떤 영향을 미치는지를 여기에서 논하지는 않겠다. 다만 나는 그것이 자연에 가장 잘 부합하는 일이며 어떤 생활 방식에도 잘 적응할 수 있는 미덕이라는 점만 밝혀두겠다.

인간의 여러 감각 중에 미각만큼 우리 자신에게 영향력을 미치는 감각이 있을까? 우리는 우리 주변에 있는 물질보다 우리 신체 내부로 들어오는 물질에 더 관심을 쏟는다. 그래서 미각의 작용은 완전히 육체적이고 실제적이다. 이 감각만은 상상력에 별로 의존하지 않는다. 다른 감각들은 상상에 힘입어 정신적인 것을 섞게 마련이다.

그래서일까? 정서적으로 다정다감하고 정열적이며 여타 감각에 민감한 사람들도 유독 이 미각과 관련해서는 의외로 미온적 태도를 보인다. 미각을 다른 감각의 하위에 두면서 그것에 집착하는 사람들을 경멸하는 경향까지 있다. 어른의 세계에서라면 그것이 온당하지만 아이들을 지도하는 데 있어서만은 꼭 그렇지 않다.

특히 허영의 동기에 비하면 음식을 탐하는 동기는 차라리 바람직하다. 탐식은 자연의 욕망에 의해 생겨나지만 허영은 인간의 변덕과 오류에 의해 좌우되기 때문이다. 아이에게 있어 탐식은 하나의 열정이다. 하지만 이 열정은 다른 열정에 비하면 미미하기 짝이 없어서 경쟁 상대가 나타나는 순간 금세 사그라든다. 내 말을 믿어도 좋다. 아이가 다른 데 정신이 팔려 있으면 먹는 일은 결코 그의 관심을 끌지 못한다. 다만 자라나면서 겪는 수많은 감정들이 탐식의 자리를 꿰차고 허영심을 자극하게 될 뿐이다. 왜냐하면 허영이 다른 모든 열정들을 잠식하고 마침내 그것들을 장악하기 때문이다.

나는 먹는 것에 집착해 사십 먹은 어린아이처럼 사는 사람을 본 적이 있다. 그런 사람에게 있어 탐식은 하나의 경이적인 결점이다. 그의 영혼은 혀 속에 다 있다. 그는 오로지 먹는 일만 생각하며 다른 일은 아무것도 할 줄 모른다. 그런 사람에게는 미련을 두지 말자. 자신을 위해서나 남을 위해서나 그게 더 나을 테니까.

앞날이 창창한 아이가 탐식 때문에 아무것도 못하지 않을까 걱정하는 사람들이 있는데 전혀 그럴 필요가 없다. 당장은 먹는 것만 생각하는 것 같아도 청년기에 들어서면 달라진다. 청년기가 되면 모든 음식이 다 맛있다. 게다가 해야 할 일이 많아지므로 먹는 것에 신경 쓸 여유도 없어진다.

나는 교육한다는 미명하에 맛있는 음식을 미끼로 아이를 억압하는 그러한 행위는 안 했으면 한다. 바위 위에 놓인 과자를 손에 넣은 아이 말인가? 그 아이는 그것을 달음박질에 대한 포상이라고는 절대 생각하지 않는다. 그 아이는 다만 남보다 빨리 달려야 그 과자를 손에 넣을 수 있다는 것을 알고 최선을 다했을 뿐이다.

이는 내가 방금 전에 말했던, 미각의 단순성에 대한 문제와도 상통한다. 나는 아이의 식욕을 채워주기 위해 관능을 자극한 것이 아니라 단지 그 욕구만을 해소하도록 했기 때문이다. 사실 아이의 미각을 세련되게 할 목적이 아니라면 이러한 식욕의 해소는 아주 평범한 음식들을 통해서도 이루어진다. 이때는 식욕만이 반찬이다. 어머니들은 아이의 미각을 너무 자극하지 않으면서도 무디게 하지 않는 기술을 발휘해야 한다. 그러면 아이는 언제 어디서든 잘 적응한다.

육식이 인류 보편의 취향이 아니라는 것은 아이들의 식성을 보아서도 알 수 있다. 어려서부터 육식을 좋아하는 아이는 거의 없다. 아이들은 대부분 유제품이나 과일류의 음식을 선호한다. 그렇지 않다면 자연이 아이들에게 준 그 최초의 취향이 변질됐기 때문이다. 그러므로 아이가 육식을 즐겨 먹지 않도록 주의해야 한다. 건강을 위해서라기보다는 성격을 위해 그래야 한다.

고기를 많이 먹는 사람이 그렇지 않은 사람에 비해 더 무자비하고 사납다는 것은 익히 잘 알려진 일이다. 미개인만 보더라도 그들이 얼마나 잔인한지 알 수 있는데, 그것은 풍속 때문이 아니라 음식 때문이다. 그들은 전쟁하러 갈 때도 사냥을 하듯이 나가고, 인간을 다룰 때도 곰을 다루듯이 한다.

아이에게 산해진미를 먹이려고 하지 말라. 평범하면서도 단순한 음식만 제공하되 양껏 먹고 마음껏 뛰어놀도록 하라. 그래도 과식하지 않으며 소화불량으로 고생하지 않는다. 그러나 아이를 굶주리면 얘기는 다르다. 아이는 먹을 것에 집착하게 되어 먹을 수 있는 한 배가 터지도록 먹을 것이다. 이와 같은 무제한의 식욕은 자연이 우리에게 마련해준 위장의 요구 때문이 아니다. 변덕 때문이다. 농부의 아이들을 보라. 빵과 과일이 사방에 널려 있음에도, 어른들이 그런 것처럼 아이들 역시 소화불량이 무엇인지 모르고 산다.

내 방식대로라면 그런 일이 없겠지만, 그래도 어떤 아이가 과식을 일삼는다면 그 문제를 해결하는 방법은 간단하다. 아이가 좋아하는 놀거리를 주어 마음을 돌려보라. 과식하기는커녕 허기가 져 기진맥진할 때까지 시간 가는 줄 모르고 놀 것이다. 이처럼 확실하고도 쉬운 방법을 세상의 선생들은 왜 모르는 것일까?

상상력의 감각

후각은 미각에 앞선다. 만지기 전에 보듯이, 먹기 전에 우리는 냄새 맡는다. 그래서 어떤 것은 취하고 어떤 것은 버리게 한다. 그러나 이 후각은 그 자체로는 약한 감각이다. 상상력이나 기대 심리에 따라 더 자극 받거나 덜 자극 받는다. 그래서 생활 방식이나 주변 환경에도 자주 영향 받는다. 배고픈 사람에게 향수 같은 냄새는 별로 매혹적이지 않을 것임에 틀림없다.

후각은 상상력의 감각이다. 다른 감각에 비해 더 뇌신경을 자극하며 그렇기 때문에 한동안 활기를 띠게 하다가도 곧바로 피곤하게 한다. 후각이 사랑을 나누는 데 꽤 의미 있는 기여를 한다는 것은 잘 알려져 있다. 그 점에 있어 향수가 차지하는 지위는 독보적이다. 나는 애인의 몸에서 풍기는 향수 냄새에 전혀 미동도 하지 않는, 현명하지만 감각이 둔한 남자를 칭찬해야 할지 안쓰러워해야 할지 잘 모르겠다.

어린 아이들에게 있어 후각이 차지하는 비중은 그다지 크지 않은데, 이는 상상력이나 경험과 관련 있는 것으로 보인다. 정념의 때에 묻지 않은 상상력은 활기를 띠기에 충분치 못하며, 한 감각이 불러일으키는 감정을 다른 감각이 예측할 만큼 경험이 없기 때문이다. 확실히 대부분의 아이들에게 있어 이 감각은 둔해 보이며 미약해 보인다.

그러나 그것이 곧 어른들에 비해 아이들의 감각이 섬세하지 못하다는 것을 증거하는 것은 아니다. 어쩌면 아이들의 감각은 어른들보다 더 예민할 수도 있다. 단지 아이들은 후각을 통해 상상할 수 있는 관념의 영역이 제한돼 있어 어른들처럼 덜 자극받고 있을 뿐이다.

캐나다의 토착민들은 어려서부터 후각을 예민하게 하여, 사냥개를 이용하지 않고도 자신이 직접 사냥에 나선다고 한다. 이처럼 사람도 훈련시킬 수 있다면, 어떤 아이든 그와 같은 수준에 이르게 할 수 있다고 나는 생각한다. 하지만 지금 내가 얘기하려는 것은 미각과의 관계를 이해하자는 취지이므로 후각을 발달시키는 방법에 대해서는 더 이상 언급하지 말자.

후각과 미각의 관계에 있어 자연은 여기에서도 배려를 잃지 않았다. 이 두 개의 기관들을 이웃해 배치함으로써 우리가 무엇을 맛볼 때는 반드시 냄새를 맡도록 해놓았다. 나는 사람들이, 이를테면 아이에게 쓴 약을 먹일 때 그를 속이기 위해 달짝지근한 물질로 그 약을 감싸지 않았으면 한다. 그것은 자연과의 관계를 오도하는 것이다. 약을 둘러싼 두 미각의 불일치가 너무 커 아이에게 혼란을 줄 뿐인 이러한 편법은 불쾌감만 가중시킨다.

달짝지근한 맛이 쓴 맛을 흡수해 일시적으로 아이를 속일 수는 있다. 하지만 이 맛은 곧 상상력에 의해 쓴 맛을 환기시키게 마련이고, 그렇게 되면 이 감미로워 보이는 미약도 혐오감만 줄 뿐이다. 이러한 사려 깊지 못한 부주의는 유쾌한 감각을 희생하여 불쾌한 감각의 총량을 부풀린다.

완전한 아이의 모습

이제까지의 내 생각에 문제가 없다면, 나는 우리의 학생을 감각 기관을 거쳐 이성의 입구에까지 데려온 셈이 된다. 여기서부터 인간을 향한 제1보를 새롭게 내딛을 수 있다. 하지만 그 과정에 들어서기 전에 이제까지의 여정을 잠시 되돌아볼 필요가 있다.

인생의 각 단계에는 그 시기에 맞는 완성과 성숙이라는 것이 있다. 우리는 종종 어떤 인물을 가리켜 '완성된 사람'이라는 말을 하곤 한다. 아이에게도 똑같이 적용해 '완성된 아이'라는 말을 할 수 있다. 이렇게 표현하고 보니 그 느낌이 새롭고 유쾌하기까지 하다.

나는 열두 살 남짓한 아이들을 떠올리면 기분이 좋아진다. 열정과 활기에 차 터질 듯한 생명의 충만함을 즐기고 있는 아이를 상상하는 일은 즐겁다. 나는 이 아이의 미래를 그려본다. 나날이 발전해서, 그 진보의 흔적을 뚜렷이 나타내고 있는 감각과 정신과 육체의 미래를 상상해본다. 상상만으로도 내 피는 뜨거워진다. 그의 활력과 생기가 내 몸 안으로 스며들어오는 듯하다.

그런데 시계가 울리면서 한 사람의 선생이 나타나 그 아이를 잡아끈다. 선생의 얼굴은 근엄하게 굳어져 있다. 그가 아이를 끌고 들어간 방은 책이 가득 들어차 있는 서재이다. 오, 이 많은 책들! 얼마나 우울한 장식품들이란 말인가! 질식한 듯한 표정으로 사방을 둘러보는 저 불쌍한 아이의 눈길이라니.

두려움과 권태에 젖어 몸둘 바를 모르고 있는 너. 거기 서 있지 말고 내게 오라! 나의 사랑스런 학생이여, 그 안에서 무기력하게 방황하지 말고 내게 오라. 그가 온다. 그가 내게 다가올수록 내 마음은 기쁨으로 충만해진다. 그것은 내 학생도 마찬가지다. 우리는 누구도 서로를 지배하거나 구속하지 않는다. 우리는 동료이자 친구이므로 항상 마음이 맞는다.

그의 얼굴은 자신감에 빛나고 있다. 비록 나이 어려 가냘퍼 보이긴 하지만 걸음걸이는 확고하고 활기차다. 자연은 이미 그의 신체에 남성다운 특징을 새겨 놓았다. 속세의 정념에 지배당한 적이 없는 눈은 맑디맑아 슬픔이나 우울함의 잔영이라곤 조금도 없다. 그의 태도는 개방적이면서 자유롭되, 허영에 물들지 않아 건방지지도 않다. 책에 얽매어 있지도 않으므로 고개를 숙이지도 않는다. 부끄러움이나 두려움도 없어 늘 당당하다.

그를 사람들이 모여 있는 곳으로 데리고 가 관찰해보라. 질문하고 시험해보라. 그는 어리광을 피지도 않을 것이며 쓸데없는 얘기로 당신들을 귀찮게 하지도 않을 것이다. 그에게서 당신들이 듣고 싶어 하는 얘기가 나올 것이라고 기대하지 말라. 또 내가 미리 가르쳐준 것을 얘기할 것이라는 기대도 하지 말라. 그 아이는 아무것도 꾸미지 않고 있는 그대로의 자기 생각만을 얘기할 것이다. 그는 사람들의 눈치를 전혀 보지 않을 것이다.

사람들은 종종, 아이에게서 대단한 것이 나오길 기대하곤 한다. 그래서 어쩌다 묘한 말이나 기지에 찬 말이라도 듣게 되면 그 말에 희망을 건다. 그러다가는 종내 듣고야 마는 어리석은 말에 실망감을 감추지 않는다. 내 학생은 그렇지 않을 것이다. 기대감도 주지 않을 것이고 아쉬움도 주지 않을 것이다. 그의 관념은 짧지만 명확하다. 그는 어떠한 지식도 암송하고 있지 않지만 자연의 책은 훨씬 더 잘 읽는다. 그의 재능은 혀끝에 있지 않고 머릿속에 있다. 기억력은 떨어질지 모르지만 판단력만은 출중하다. 달변가도 아니다. 하지만 말하기에 앞서 행동할 줄 안다.

그는 규칙이나 관습이 무엇인지 알지 못한다. 예법에 대해서도 무지하다. 습관에 물들지 않았으므로 과거에 구애받지도 않는다. 형식에 얽매이는 일도 없고 권위에 굴복하는 일도 없다. 그는 자기가 하고 싶은 일을 자기가 생각한 대로 말하고 실천한다. 결코 타인의 기대에 맞춰 자기를 포기하는 일이란 없다.

당신은 그에게서 아이를 발견하겠지만 어른들이 가진 도덕 관념을 발견할 수는 없을 것이다. 아이는 아직 사회인이 아니다. 그런 아이가 왜 도덕적 관념을 갖고 있어야 한단 말인가? 그가 자유에 관해서, 그리고 소유나 계약에 관해서 속속들이 알지 못한다고 해서 무슨 문제가 있단 말인가? 하지만 그는 자기 것이 무엇이고, 자기 것이 아닌 것이 무엇인지는 안다. 그 이상에 대해서는 아무것도 알지 못한다.

의무나 복종에 관해서? 그런 것을 알 리가 없다. 명령에 대해서도 모른다. 당신이 그에게 명령해보라. 그는 당신의 말을 들으려 하지 않을 것이다. 하지만 이렇게 제의해보라. 네가 이것을 해주면 다음엔 내가 저것을 해주겠노라고. 그러면 그는 당장 당신의 말을 따를 것이다. 왜냐하면 그는 자신의 영역을 확대하고 자신의 권리를 신장하는 데 관심이 있을 것이기 때문이다.

그러나 그 이상의 어떤 제안, 즉 명예나 지위와 관련된 어떤 제안을 한다면 아마도 그는 거절하겠지만 간혹 수락할 수도 있을 것이다. 그러나 그가 이러한 자리를 수락하는 동기를 가지게 될 때, 그는 이미 자연으로부터 벗어난 것이 된다. 당신이 허영의 문을 열어놓았기 때문이다.

만일 누군가에게 도움을 청해야 한다면, 그는 제일 먼저 만나는 사람에게 손을 내밀 것이다. 상대가 누구이든 가리지 않을 것이다. 그는 인간이라면 지위 고하를 막론하고 평등하다고 생각할 것이기 때문에 왕이든 하인이든 구애받지 않고 할 얘기를 하며, 부탁할 것을 부탁할 것이다. 하지만 자신의 요구에 부응하는 그 모든 일이 의무로서가 아니라 은혜로서 이루어지는 일임을 그는 알 것이다. 그것이 인간애의 발로라는 것도 알 것이다.

그의 목소리나 태도에서 비굴함이나 오만함 같은 성정을 발견하기란 정말 어려울 것이다. 자신의 요구를 들어주었다고 해서 고마워하지도 않을 것이고 거절했다고 해서 불평하지도 않을 것이다. 대신 은혜를 입었다면 자신이 빚을 졌다고 생각할 것이다. 거절당했다면 서운해하기보다 그럴 수밖에 없는 사정이 있었다고 생각할 것이다.

그를 자유롭게 놔두어라. 그리고 지켜보라. 무슨 행동을 하는지 관찰해보라. 그는 자신이 할 수 있는 일만 할 것이다. 성공하리라는 확신이 있을 때만 행동으로 옮길 것이다. 남에게 모르는 것을 묻기 전에 먼저 조사하고 연구할 것이다. 그는 헛되이 상상하지 않을 것이므로 헛되이 확신하거나 헛되이 낙망하지 않을 것이다. 그렇기 때문에 그는 침착할 것이다.

일을 할 때도 그는 노는 것처럼 할 것이다. 그의 정신은 자유롭고 몸은 생기를 띠고 있어 사람들을 즐겁게 할 것이다. 하찮은 놀이를 할 때도 정신을 최대한 집중할 것이다. 이런 모습이야말로 이 나이 또래의 아이들에게서 볼 수 있는 흔한 광경이 아니겠는가?

그를 다른 아이들과 비교해보고 싶은가? 그를 다른 아이들의 무리 속에 집어넣어보라. 당신은 누가 더 잘 교육받았는지, 누가 더 그 나이의 인간형에 가깝게 다가가 있는지 알 수 있을 것이다. 도시의 아이들 가운데 그 아이보다 더 재주 있는 아이도, 힘 센 아이도 없을 것이다. 시골의 아이들과 비교해도 그의 힘은 결코 뒤지지 않을 것이다. 재주는 오히려 나아서 더 잘 판단하고 추론하며 예측할 것이다.

뛰고 달리는 일 말인가? 물건을 움직이고 크기를 재며 놀이를 생각하는 일 말인가? 자연이 그에 순종하듯, 자연스럽게 그는 모든 아이들을 앞설 것이다. 재능과 경험이 권위와 권리를 대신해 아이들을 이끌도록 할 것이다. 아이들은 그에게 복종하고 있으면서도 복종하고 있다는 사실을 모를 것이다.

이제 그는 아이로서 충분히 성숙했다. 아이로서의 삶을 살면서 그 나이에 맞는 이성과 감성을 획득했다. 그는 자신의 체질과 취향에 맞게 행복하고 자유로웠다. 그러므로 설혹 어떤 운명의 장난이 있어 이 어린 꽃이 꺾인다 하더라도 우리는 슬퍼할 이유가 없다. 우리는 그에게 어떠한 고통도 주지 않았으므로 그를 기억하며 아파하지 않아도 된다. 그 아이는 자신의 어린 시절을 충분히 만끽했다. 그에게 자연이 부여한 어떤 것도 다치지 않고 그는 갔다.

이 시기의 아이를 교육함에 있어서 가장 어려운 점은, 통찰력 있는 선생만이 아이를 가르쳐야 한다는 것이다. 그렇게 해서 길러졌다고 해도 보통사람의 눈에는 그저 개구쟁이로밖에 보이지 않을 것이다.

무릇 대부분의 가정교사들은 학생보다 자신을 먼저 이해하기 마련이다. 그래서 그는 자신이 시간 낭비하고 있지 않다는 것을 증명하고 싶어 하며, 정당하게 돈을 벌고 있다는 것을 과시하고 싶어 한다. 그래서 그는 그런 측면에 유용한 지식부터 아이에게 주입한다. 어떻게 하면 남의 눈에 잘보일 수 있을까를 연구하면서 잡다한 지식들을 아이의 머릿속에 집어넣는다. 그런 다음 그것들을 펼쳐 보이며 과시한다.

나의 에밀에겐 그러한 것이 없다. 남들에게 펼쳐 보일 아무것도 없으므로 그는 자기 자신만을 드러낸다. 겉으로 보이는 이 빈약함은 그러나 그의 진면목이 아니다. 어떤 인간도 한눈에 보아서는 그를 제대로 알 수 없는 법이다. 어린이의 경우엔 특히 더 그렇다. 아이들에게 질문을 던져 무엇인가를 시험한다는 것은 부질없는 짓이다. 아이들은 아무렇게나 대답한다. 다양한 질문을 받다보면 짜증이 나기 때문이다. 설혹 재치 있는 답변을 한다 하더라도 그것이 그 아이의 재주를 증명하는 것일 수는 없다.

당신이 아이를 가르치는 선생이라면, 신중하게 생각하고 판단하라. 아이를 판단하기 전에 스스로를 먼저 판단하라. 그렇게 하려면 우리는 도대체 얼마나 많은 판단력을 지니고 있어야 하는 것인지.

제3부

소년기

열두 살에서 열다섯 살까지

열두 살에서 열다섯 살까지의 시기에 인간의 체력은 비약적으로 증가하는 경향을 보인다. 물론 그렇다고 해도 청년기에 비하면 절대적으로 약하다. 하지만 그의 욕망 또한 발달하지 않았음을 감안하면 그 욕구를 충족해줄 만큼은 강하다. 그래서 어른에 비하면 약하지만 아이로서는 상당히 강하다고 할 수 있다.

　인간이 강하고 약하다는 것은 무슨 뜻일까? 어떨 때 강하고 어떨 때 약할까? 그것은 인간이 지닌 힘과 욕망의 불균형에서 비롯된다. 가진 힘에 비해 욕구가 크면 클수록 유약해진다. 강해지고 싶은가? 그렇다면 욕망을 줄여라. 욕망을 줄이면 자신이 원하는 것 이상의 일을 할 수 있으며 따라서 여분의 힘을 가질 수 있다. 이럴 때 그는 강해진다.

　열두세 살 때 아이의 체력은 욕망보다 빨리 발달한다. 완성을 향해 치닫는 그의 몸은 힘에 차 있어서, 계절이나 대기의 변화에도 별 영향을 받지 않는다. 내면의 열기가 의복을 대신하며 왕성한 식욕은 무엇이든 소화해낸다. 이 시기에 먹는 음식은 무엇이든 맛있다. 졸리면 땅바닥에 누워 자도 아무 탈이 없다. 그의 욕망은 상상력으로 자신을 괴롭히지도 않으며, 그 욕망은 자신의 팔 길이를 넘지도 않는다. 손만 뻗으면 자신의 욕구를 채우고도 남는다.

그러니까 이 시기는 상대적으로 가장 강한 힘을 갖고 있는 시기이다. 이 시기는 인생에서 아주 짧고, 그래서 그만큼 중요하다. 이 시기의 남아도는 힘을 그는 어떻게 사용할까? 무엇을 위해 쓸까? 자기 자신의 미래를 위해 쓸 것이다. 그가 건강한 아이라면 그 힘을 자신의 신체 내부에, 팔과 머리에 저장해둘 것이다. 그러므로 이 시기야말로 공부할 시기이다.

인간의 지능에는 한계가 있다. 알고 싶다고 해서 다 알 수가 없다. 알 수 있다 하더라도 선택해서 알지 않으면 안 된다. 잘못된 명제에는 그 반대 명제가 있기 마련이므로, 진리의 수만큼 오류의 수도 무한하다. 어떤 지식을 받아들일 것인가를 선택하는 일은, 그래서 중요하다. 소수의 현명한 사람만이 그 점에 성공한다. 모든 것을 아는 게 중요한 것이 아니라, 유익한 것만 아는 것이 중요하다.

유익한 지식이라 해도, 아이가 이해하기 까다로운 진리나 인간관계의 경험이 뒷받침돼야만 접근할 수 있는 진리들은 제외해야 한다. 이러한 관점에서 보면 그 영역이 매우 협소해 보이지만, 아이의 정신적 역량을 감안하면 그 영역은 아직도 광대하다.

오, 인간의 오성이 미치지 못하는 어둠이여, 누가 그 어둠의 장막에 손을 대는가. 누가 보잘것없는 지식으로 아이의 주변에 심연을 파는가. 아이를 인도하는 당신이여, 현혹되지 않도록 주의하라.

아이를 오류의 그물에 가두지 않도록 주의하고, 길을 잃지 않도록 주의하라. 길을 잃는 것은 무지 때문이 아니다. 안다고 생각하기 때문에 길을 잃는다.

아이가 기하학에서 진전을 보인다면 그 아이의 지능 역시 발전하고 있다고 볼 수 있을 것이다. 아이는 기하학을 통해 어떤 필연성을 발견한다. 여기서 한 발 더 나아간다면 어떻게 될까? 무엇이 유익하며 옳은지에 대해 구분하려 하지 않을까? 이것이 배우고자 하는 정신 활동을 부추긴다. 이때부터 지적 호기심이 고개를 쳐든다.

인간은 호기심이 많은 동물이다. 호기심은 자연적인 성향에서 생기기도 하고 후천적인 성향에서 생기기도 한다. 같은 지식욕이라고 해도 박식함을 평가받고 싶어 하는 욕망에 근거한 열정이 있는가 하면, 생래적으로 무엇이든 알고자 하는 호기심에 바탕을 둔 열정이 있다. 호기심에 바탕을 둔 이 열정은 선천적인 것이지만 우리들의 정념과 지식에 비례해서만 발전한다.

가령 한 사람의 과학자가 어떤 섬에 유배돼 그곳에서 평생을 살아야만 한다고 상상해보자. 그는 더 이상 물리학의 발전에 자신의 여생을 바치지 않을 것이다. 그는 아마 책 한 권도 읽지 않을지 모른다. 하지만 자신이 살고 있는 그 섬만은 샅샅이 탐험할 것이다. 본능이 우리로 하여금 그러한 지식을 쌓도록 유도하기 때문이다. 우리의 교육 또한 그러한 방식을 따를 필요가 있다.

인류에게 있어서의 섬은 지구이다. 이 섬에서 가장 눈에 잘 띄는 것은 태양이다. 그러므로 우리가 외계의 사물에 눈을 돌리자마자 가장 먼저 보게 되는 것은 지구라는 이 땅과 태양이다. 고대의 미신이나 철학이 대지와 태양의 신성함 위에서 맴돌았던 것도 그 때문이다.

사람들은 내 얘기에 비약이 많다고 할지도 모르겠다. 조금 전까지만 해도 우리가 접촉할 수 있는 주변의 사물들에 대해서만 관심을 기울여 왔으면서 말이다. 그런데 갑자기 우주의 끝으로 치닫고 있다니! 그러나 이러한 도약은 정신의 활력과 관계가 있다. 활력이 미미할 때 우리의 시선은 내부로 집중되지만, 기운이 충만하면 자신의 존재를 확장하고자 하는 욕망 때문에라도 시선을 외부로 향하게 된다. 하지만 이 지적 세계는 너무나 광대해서 우리들의 이해력이 가닿는 공간만큼만 확장될 뿐이다.

사실 이외의 것은 가르치지 말라

먼저 느낌을 관념으로 바꾸는 작업을 해보자. 그러나 감각적 대상에서 정신적 대상으로 갑자기 옮겨가도록 해서는 안 된다. 정신은 항상 감각의 안내를 받아 움직이도록 해야 한다. 그럴 때 '세계' 이외의 책은 없다. 이 세계만이 교재이므로 사실 이외의 것은 가르치지 말라. 책을 읽는 아이는 생각하지 않는다. 그는 단지 읽기만 한다. 그래서 배우지 못하고 단어만 익힌다.

아이로 하여금 항상 자연 현상에 주목하도록 하라. 그러면 자연스럽게 호기심이 생긴다. 그러나 서둘러 호기심을 충족시켜주어서는 안 된다. 그가 지닌 문제는 그 스스로 풀게 하라. 스스로 이해함으로써 배우게 하라. 당신의 권위가 그의 이성 위에 군림하는 순간 그는 더 이상 이치를 따지려 하지 않을 것이다.

당신의 아이에게 지리학을 가르쳐주고 싶은가? 지구의와 지도를 구해주고 싶은가? 그런 상징물로 대체하지 말고 직접 데리고 나가 대상 그 자체를 보여줘라. 새벽의 일출을 보여주고 저녁의 일몰을 보여줘라. 태양의 눈부신 탄생과 몰락, 초목들의 활기와 새들의 지저귐을 직접 느끼도록 해줘라. 자연의 감동이 직접 그의 영혼에 스미도록 하라. 당신이 선생이라면, 절대 말로써 이러한 감동을 전달하려 하지 말라.

어찌 고통 없이 쾌감을 느낄 수가 있겠는가? 황무지를 헤매보지 않고, 사막의 모래에 발바닥을 데어보지 않고 어찌 새벽의 신선한 공기를 맛볼 수 있겠는가? 초원을 걸어보지 않고 어찌 풀의 감촉을 알겠으며, 사랑 없이 어찌 새들의 노랫소리에서 관능적 기쁨을 느낄 수 있겠는가? 아름다움을 모른다면, 어찌 아름다움을 상상하고 아름다운 하루를 시작하겠는가? 아름다움을 쌓아 삶에 감동을 주겠는가?

아이가 이해하지 못하는 말로 가르치려 하지 말라. 묘사하지도 말고 장황하게 설명하지도 말라. 명료하고 단순하며 냉정하게 말하라. 이러한 원칙에 따라 아이 스스로 필요한 것을 구하고, 자신의 힘으로 해결할 수 있는 한 남의 도움을 요청하지 않도록 하라.

그러한 태도가 몸에 배도록 하라. 그는 새로운 사물이나 현상을 접할 때마다 말없이 그것을 관찰하게 될 것이다. 그는 생각에 잠겨 있기에 질문도 하지 않을 것이다. 그러므로 당신은 적절한 시기에 사물을 보여주기만 하면 된다. 그뒤 그가 충분히 호기심을 가졌다 싶을 때 간결한 질문을 던져 해결 방법을 모색하도록 하라.

틀리면 틀린 대로 방치하라

사람들은 학문을 연구함에 있어, 분석적 방법을 쓸 것인가 종합적 방법을 쓸 것인가를 두고 논쟁하곤 한다. 하지만 어느 방법을 쓰든 고집할 필요는 없다. 같은 연구를 할 때도 분석해야 할 경우가 있는가 하면 종합해야 할 경우도 있다. 아이를 가르칠 때 이 두 가지 연구 방법을 혼용해보라. 그래서 분석과 종합이 같은 목적지를 향해 출발한 서로 다른 방식이라는 것을 알게 해보라. 아이는 놀랄 것이다. 그러나 이 놀람은 분명 유쾌한 놀람일 것이다.

가령 지리학과 관련해 이 점을 깨닫게 해보자. 아이에게 지구와 태양의 관계, 그리고 어떻게 해서 지구가 공전하여 계절이 바뀌는지, 지구가 자전하여 낮과 밤이 바뀌는지를 생각하게 한 다음 자기가 발 딛고 있는 지구라는 땅을 연구해보도록 한다. 그것이 곧 지리학의 출발점이 될 것이며 나는 그것을 지도를 통해 익히도록 할 것이다. 아이에게 지도를 보여주는 대신 지도를 직접 그려보도록 해서 말이다.

　먼저 그가 살고 있는 도시와 아버지의 별장이 있는 시골을 축으로 지도를 그려보도록 한다. 이어서 중간에 있는 특정 지점들, 강이라든가 산 등을 그리도록 한다. 그 뒤 거리와 위치에 따라 그 지점들을 첨가하고 배치시킨다. 분명 서툴겠지만 간단한 지도를 완성하게 하라. 당신은 이미 훈련을 통해 습득한 그의 기하학적 지식과 감각이 이 작업을 수행하는 데 큰 도움을 주고 있다는 것을 알고는 놀랄 것이다. 그렇다고는 해도 그의 실력이 썩 좋지는 않을 것이다. 그러므로 당신은 아주 조금쯤 그를 지도해줘야 할 필요가 있을지 모르겠다. 하지만 크게 개입해서는 안 된다. 틀리면 틀린 대로 방치하라. 잘못을 스스로 교정할 때까지 기다려라. 그가 오류의 샛길로 빠지면 빠질수록 더 많이 배우게 될 것이다. 문제는 그가 그린 지도의 정확성에 있는 것이 아니라, 그것을 그릴 수 있는 방법을 터득했느냐에 있기 때문이다.

　교육의 핵심은 많은 지식을 주입하는 데 있는 게 아니라, 그의 두뇌 속에 보다 명료한 관념을 심어주는 데 있음을 잊지 말라. 잘못 알고 있을 바에야 아무것도 아는 것이 없는 편이 낫다. 내가 그의 머릿속에 진리를 넣어주고자 하는 것은, 진리 대신 배울지도 모를 오류로부터 그를 보호해주기 위함이다. 이성이나 판단력은 천천히 다가오지만 편견은 떼를 지어 몰려온다.

　그런데 학문 그 자체만을 추구하는 사람들이 있다. 당신이 만일 그런 사람이라면 당신은 끝도 없는 수렁 속에 빠져 절대 빠져나올

172

수 없을 것이다. 지식에 대한 맹목적인 사랑은 곧잘 그 사람을 오류에 빠지게 한다. 그것은 마치 바닷가에서 예쁜 조개껍질을 줍는 것과 같아서, 이것을 주웠다 저것을 주웠다 하다가 마침내 지쳐 모든 것을 버리고 빈 손으로 돌아가는 사람과 같다.

좀 더 어렸을 때는 시간이 길었지만 지금은 그렇지 않다. 지금의 이 시기는 정념이 몰려올 때이고, 그 정념이 문을 두드리는 순간 당신의 학생은 그 정념 이외의 다른 것에는 주의를 기울이지 않을 것이다. 지혜의 시기가 짧기도 하지만 이 시기엔 그 밖에도 할 일이 많으므로 아이를 박식하게 만들겠다는 무모한 열정을 가져서는 안 된다. 아이에게 학문을 가르치기보다는 학문을 사랑하도록 하라. 학문에 취미 붙이도록 해서 그것이 무르익었을 때 조금씩 그 방법을 알려주는 것이 중요하다.

또한 이 시기는 집중력을 발휘하는 시기이기도 하다. 한 가지 대상에 일관성 있게 정신을 집중할 수 있도록 조금씩 습관을 들여주도록 하라. 그러나 이때도 강제해서는 안 된다. 기쁨과 욕구의 힘으로 주의력이 유지돼야만 한다. 그 일을 함에 있어 아이가 고통스러워한다거나 싫증내는 기미가 보이면 빨리 접도록 하라. 무엇을 배우기에 앞서 중요한 것은, 그가 마음에도 없는 일을 하지 않도록 하는 것이기 때문이다.

질문의 동기를 파악하라

아이가 무엇인가를 물어온다면, 만족할 만한 답변을 해주기 위해 애쓰지 말라. 호기심을 채워주기보다는 호기심을 불러오는 답변을 해주어라. 특히 무엇인가를 배우고자 하는 질문이 아니라 생각나는 대로 하는 질문을 할 때, 당신을 괴롭히려는 의도가 있는 질문이라면 단호히 물리쳐라. 그의 관심은 배움에 있는 것이 아니라 당신을 그의 질문에 복종시키려는 데 있기 때문이다. 그의 발언보다는 그 발언의 동기를 파악하는 데 주력하라. 이 충고는 대단히 중요하다. 아이가 드디어 추론을 시작할 나이가 되었기 때문이다.

하나의 호기심이 다른 호기심을 낳고, 이것의 연쇄 사슬에 의해 아이는 무엇인가를 배우게 된다. 오래 전부터 나는 내 학생과 함께, 비벼 문지른 물체들이 지푸라기를 끌어당긴다는 것을 알고 있었다. 그런데 우연히 우리는 더 신기한 물체 하나를 발견했다. 그것은 굳이 마찰하지 않아도 쇠붙이를 끌어당겼는데, 그 기이한 물체가 때론 다른 물체에 자성을 띠게 한다는 사실도 알았다.

어느 날 우리는 시장에 갔다. 어떤 한 사람이 대야 속 물 위에 밀랍으로 만든 오리를 띄워놓고는 그것을 빵으로 유인하고 있었다. 우리는 몹시 놀랐다. 하지만 우리는 그를 마법사나 요술쟁이라고 생각하지는 않았다. 우리는 그러한 용어를 모른다. 세상에는 불가사의한 일이 많지만, 원인을 모르는 한 우리는 성급히 판단하지 않는다. 우리는 무지에서 빠져나갈 기회가 올 때까지 그 무지 속에서 가만히 기다린다.

집으로 돌아온 우리는 그 오리에 대해 얘기하다가, 그것과 똑같은 것을 만들어보기로 했다. 우리는 자성을 띤 바늘을 구한 다음, 미리 만들어둔 밀랍 오리의 주둥이 쪽으로 조심스레 밀어넣었다. 그리고 밀랍 오리를 물 위에 띄운 채 열쇠고리를 대보았다. 밀랍 오리가 열쇠고리를 따라 움직인다는 것을 알고 우리는 매우 기뻤다. 빵 속에 쇠붙이를 감추는 일은 아주 쉬웠으므로 우리는 곧 사태의 전말을 이해할 수 있었다.

그날 저녁 우리는 준비한 빵을 주머니에 넣고 다시 시장으로 갔다. 여전히 요술쟁이가 사람들의 이목을 끌며 재주를 피우고 있었다. 이 광경을 본 아이는 더 이상 참을 수가 없어, 그런 요술이라면 별로 어려운 일도 아니며, 자기도 충분히 할 수 있노라고 선언했다. 아이의 말은 곧 파문을 일으켜 어서 해보라는 추궁을 받게 됐다. 아이가 앞으로 나섰고 주머니에서 빵을 꺼내 오리의 주둥이 쪽으로 내밀자 오리가 따라왔다. 그 광경을 본 아이가 얼마나 기뻐했는지는 상상하고도 남을 것이다.

구경꾼들이 박수를 치며 환호하자 당황한 요술쟁이도 마침내 그 아이를 포옹하면서 축하의 말을 아끼지 않았다. 그러면서 내일 한 번 다시 와줄 것을 부탁했다. 우쭐해진 내 어린 과학자는 무슨 말인가를 하고 싶어 했지만, 나는 그를 제지하고 집으로 돌아왔다.

칭찬에 고무된 아이는 초조하게 다음 날을 기다렸다. 그는 시간이 어서 빨리 흘러가기를 고대하면서 만나는 사람들마다 초대하기에 바빴다. 인류 전체가 자신의 영광스러운 행사에 동참해주기를 원하는 눈치였다.

마침내 때가 왔다. 시장에는 사람들이 몰려들었고 그는 흥분한 마음을 진정시키느라 호흡을 몰아쉬었다. 먼저 요술쟁이가 익숙한 솜씨로 평상시보다 더 놀라운 요술을 보여 사람들의 주의를 끌었다. 아이의 차례가 왔다. 요술쟁이가 아이를 소개하자 구경꾼들이 박수를 쳤고, 아이는 주머니 속의 빵 조각을 만지작거리며 대야 앞에 섰다.

아이가 밀랍 오리의 주둥이 앞에 빵 조각을 내밀었다. 그런데 이상했다. 어찌된 일인지 오리가 말을 듣지 않았다. 빵 조각을 따라오기는커녕 반대로 도망가는가 하면 엉뚱한 방향으로 몸을 틀어댔다. 여러 번을 시도해보았지만 말을 안 듣기는 마찬가지였다. 구경꾼들이 야유를 퍼부었고 아이는 낙담한 채 뭔가 잘못됐다고, 요술쟁이가 자신을 속이고 있으며 이 오리는 어제의 그 오리가 아니라고 항변했다. 그러면서 누구도 이 오리를 다룰 수는 없다고 되뇌었다.

요술쟁이가 다시 나서 빵을 내밀었다. 그러자 오리는 갑자기 유순해지기라도 한 것처럼 그의 손짓을 따라 움직였다. 가라면 갔고 오라면 왔다. 뿐만 아니라 요술쟁이는 아이가 가져온 빵으로도 그러한 솜씨를 유감없이 발휘했다. 그가 빵을 잘라 그 속에서 바늘을 꺼내들어 우리를 웃음거리로 만들었을 때가 어쩌면 이 행사의 절정이었다. 사람들은 야유했고 환호했으며 우리의 얼굴은, 특히 아이의 얼굴은 참담하게 일그러졌다. 그 뒤로도 요술쟁이는 온갖 재주를 시범 보여 구경꾼들의 시선을 완전히 사로잡았다. 그는 오리가 자신의 말도 알아듣는다며 명령하기도 해서 오리를 자유자재로 움직였다. 우리는 슬그머니 그 자리를 빠져나와 집으로 돌아왔다. 실패의 쓰라림이 아이의 가슴을 까맣게 태웠다.

다음 날 아침 요술쟁이가 우리 집을 찾아와 문을 두드렸고 우리는 그를 맞아들였다. 그는 자신이 찾아온 용건을 설명하고 자신의 불만을 애기했다. 그는 우리가 자신의 고유 영역을 침범해 밥벌이를 방해했다고 힐난했다. 그러면서 자신은 이러한 기술을 연마하는 데 평생을 바친 사람이라는 것과, 이러한 노력이야말로 존중받아야 한다는 것, 그리고 실은 더 멋지고 기막힌 요술도 부릴 줄 알지만 그것을 서둘러 보여주지 않았다는 것, 그러니 경솔하게 자신을 흉내 내서는 안 되며 그것이야말로 어리석은 일이라고 말했다.

"하지만 저는 두 분께 나의 비밀을 털어놓기 위해 왔습니다. 고백하기 위해서지요. 그렇다고 이 기술이 소문 나기를 바라는 것은 아닙니다. 의혹은 푸시되 남용하지는 않았으면 합니다. 물론 제 일에 훼방을 놓아서도 안 되겠지요."

말을 마친 뒤 그는 문제의 도구 하나를 보여주었는데, 그것은 강력한 힘을 지닌 자석이었다. 우리는 놀라 입을 다물지 못했다. 그는 테이블 밑에 아이를 숨겨두고 이 자석을 놀리도록 했던 것이다.

우리는 한편으로 미안하기도 하고 고맙기도 해 그에게 뭔가를 선물하려고 했다. 그러나 그는 한사코 거절하며 말했다.

"저는 두 분의 선물을 받고 싶지 않습니다. 그럴 정도로 마음이 편치는 않으니까요. 두 분의 감사만은 받겠습니다. 그것이야말로 두 분에 대한 저의 보복이 될 테니까요. 모든 일에는 관용이라는 것이 있습니다. 그렇죠? 저는 제 재주에 대해서는 돈을 받습니다만, 제 수업에 대해서는 받지 않습니다."

그러면서 그는 또 내게, 아이는 철이 없어 그랬을 수도 있지만 나는 보호자로서 사태를 방관한 잘못이 크다는 것, 어른의 경험과 권위를 지녔으면서도 아이를 제대로 가르치지 못했다는 것, 이렇게 자란 아이는 필경 커서 나를 탓할 것이라며 강하게 질책했다.

그가 떠난 후 한동안 우리는 아무 말도 할 수 없었다. 부끄러웠다. 내가 너무 안일했다고 나는 자책했다. 사태의 결과를 예측하고 아이에게 주의를 주었어야 함에도 나는 그렇지 못했다. 이제 선생의 엄격함이 친구로서의 호의를 대신할 때가 온 것이 아닌가? 그러한 변화는 필연적으로 오는 것이다. 단계를 밟아 서서히 말이다. 이 모든 것을 미리 미리 예측하고 대비했어야 함에도 나는 그렇지 못했던 것이다.

이 일화에는 생각보다 많은 교훈이 담겨 있다. 허영심에서 비롯된 첫 충동이 얼마나 많은 굴욕을 낳았는지 생각해보라. 젊은 선생이여, 이 첫 충동을 조심해서 관리하고 관찰하라. 이 충동의 결과를 당신이 인정하고 깨달을 수만 있다면 두 번 다시 같은 실수를 반복하진 않으리라.

178

자석이 물체에 미치는 영향에 대해 알았기 때문에, 우리는 만사를 제쳐놓고 보다 정교한 실험을 해보기로 했다. 대야가 들어갈 테이블을 만들고 오리도 더욱 공을 들여 만들었다. 대야에 물을 채우고 오리를 띄워놓은 다음 관찰하는 일에 몰두했다. 자성을 띤 물체는 어디로 향하는가.

마침내 우리는 그 물체가 한쪽 방향으로만 반응한다는 것을 알았다. 오리는 남에서 북을 가리키고 있었다. 우리는 나침반을 발견한 것이다. 어느새 우리는 물리학의 영역에 들어섰다.

아이의 손이 철학자가 되게 하라

지구상에는 다양한 기후가 있으며 극지로 감에 따라 기온은 더 떨어진다. 모든 물체는 더울 때 팽창하고 추울 때 수축한다. 이 작용은 액체 상태에서 더 활발하며 특히 알콜에서 더 예민하게 관찰된다. 이 원리를 이용해 온도계가 발명됐다.

바람이 얼굴을 스친다. 그러니까 공기는 하나의 유체이다. 컵을 뒤집어 물 위에 거꾸로 놓아보라. 공기가 새나가지 않는 한 물은 컵에 차지 않는다. 그러므로 공기에는 저항력이 있다. 그 컵을 더 눌러보라. 물은 차오르지만 완전히 공간을 채우지는 못한다. 그러니까 공기는 압축할 수 있다. 압축한 공기로 가득 채운 공은 다른 어떤 물질을 채웠을 때보다 잘 튄다. 그러므로 공기는 탄성을 갖고 있다. 욕조에 누워 물 안에서 팔을 들어 올려보라. 무게감을 느낄 것이다. 공기 역시 무게를 갖고 있음을 알 수 있다. 공기와 다른 유체들을 균형 상태에 둠으로써 그 무게를 잴 수 있는데 기압계나 풍력계, 공기총, 공기 펌프 등이 그런 원리를 이용한 것이다.

물리학의 모든 법칙이 이런 류의 실험들로부터 발견된다. 하지만 나는 내 학생이 이러한 실험 도구에 싸여 지내기를 원치 않는다. 필요하다면 그 도구를 직접 만들어 쓰길 원한다. 그 도구가 정밀하지 않아도 상관 없다. 도구의 작용에 대해 정확한 관념을 가질 수만 있다면 그것으로 족하다. 나는 무게를 재기 위해 저울을 사용하는 대신 의자에 긴 나무판자를 올려놓고 무게를 측정해 볼 것이다. 나무판자의 양쪽 끝에 물체를 올려놓은 뒤 질량과 판자의 길이가 어떤 지점에서 균형을 이루는지 관찰할 것이다. 나의 어린 물리학자는 이 유사 저울을 보기만 해도 벌써 그것의 기울기를 조종할 줄 안다.

인간은 스스로 터득했을 때 가장 명료한 관념을 갖는다. 그래야 그의 이성이 타인의 권위에 종속되지 않는다. 관념을 실질적으로 확장하거나 어떤 기구를 발명하는 데도 그 점이 훨씬 유리하다. 주는 대로 받아들이기만 하는 정신은 무기력에 빠지기 쉽다. 남의 시중을 받기만 하는 사람의 몸이 빨리 쇠약해지는 것처럼.

다소 시간이 걸리고 수고스러워보이는 이런 방식의 연구가 주는 장점은 또 있다. 끊임없는 신체 활동으로 인해 몸이 숙련될 뿐만 아니라 감각도 유연해진다. 도구에 대한 의존이 우리의 감각을 얼마나 무디게 하는가를 보라. 줄자의 사용으로 눈대중의 감각이 떨어지며 저울의 사용으로 손이 지닌 무게감이 훼손된다. 도구가 정교하면 할수록 우리의 감각 기관은 더 퇴보한다.

하지만 우리가 도구를 만들어 사용하는 데 익숙해지면 우리는 도구가 대신해줬던 그 기능을 보존하면서도 더 명민하게 우리의 감각을 유지할 수 있을 것이다. 그것은 자연 위에 기술을 접목하는 일이며 우리의 기술을 정교하게 가다듬는 일이다. 아이를 서재에 붙잡아두지 말고 목공실에 있게 하라. 그의 손이 철학자가 되게 하라. 그의 영혼이 노동자의 손을 갖도록 하라.

순수하게 이론적인 지식이 아이들에게는 적절치 않다고 나는 이미 말한 바 있다. 그러나 물리학 이론 속으로 깊이 들어가지는 않는다 하더라도, 아이의 어떤 경험이 다른 경험과 손잡게 함으로써 그의 정신 속에 살아 있도록 하라. 필요할 때 그것을 기억해 사용할 수 있도록 질서 있게 배치시켜라. 사실이든 이론이든, 무질서한 상태로 오래 기억하기란 어렵기 때문이다.

자연의 법칙을 탐구할 땐 가장 뚜렷한 자연 현상에 주목하되, 그것을 이론으로서가 아니라 실제 체험을 통해 깨닫게 하라. 나는 산책로에서 돌멩이 하나를 주워 든다. 손바닥을 편다. 돌멩이가 떨어진다. 이 광경을 보고 있던 에밀에게 묻는다. "왜 이 돌멩이가 떨어졌지?"

이 질문에 답변하지 못할 아이란 없을 것이다. 무게가 있기 때문에 떨어졌다, 아이들은 이렇게 말할 것이다. 에밀조차도 예외가 아니다. 무게 때문이라고? 그럼 무게가 있다는 것은 무엇인가? 떨어지는 것이다. 그럼 돌멩이는 떨어지는 것이기 때문에 떨어지는가? 여기서 말문이 막힌다. 이것이 에밀의 첫번째 물리학 수업이다. 이 수업의 성과 여부를 떠나 이러한 시도는 항상 양식(良識)을 가꾸는 공부가 된다.

아이의 지성이 발달해감에 따라 거기에 걸맞는 생각할 거리를 제공해 주어야 한다. 그래서 자기 자신에 대해 숙고하고 보다 나은 생활이 무엇인지 알게 되면, 스스로에게 무엇이 적합한 일이고 적합하지 않은 일인지를 판단할 수 있게 된다. 그로 인해 일과 놀이를 구분하는 안목이 생긴다. 눈앞의 이익을 추종하던 습관에서 벗어나 아이는 이제 자기가 해야 할 일에 대한 관념을 갖게 될 것이다. 그래서 세상엔 반드시 하지 않으면 안 되는 일이 있다는 것을 알게 되면 아이는 그 일에 더 열정적으로 접근할 것이다. 이것이 이른바 선견지명의 효용이다. 여기서 지혜가 생겨난다.

인간은 누구나 행복하기를 원한다. 그렇다면 행복이란 무엇인가? 자연인의 행복이란 단출하다. 심신이 건강하고 최소한의 생활을 해나갈 수 있을 정도의 여유만 있으면 된다. 도덕적 인간의 행복은 다르다. 하지만 여기서 문제 삼는 것은 그런 행복이 아니다. 특히 허영심과 편견의 약물에 중독되지 않은 아이의 흥미를 돋울 수 있는 것은 순수하게 감각적인 대상들뿐이라는 것은 아무리 강조해도 지나치지 않을 것이다.

아이가 그것을 이해할 수 있는 지성을 갖추고 있지 않는 한, 도덕이나 사회적 관습과 관련된 일에 대해 너무 일찍 가르치려 해서는 안 된다. 아이가 전혀 흥미를 갖고 있지 않음에도 그것의 이점이나 당위를 강변하는 것은 어리석은 행동이다.

명령과 강요로 아이를 규율하지 말라. 남의 의견에 순종하는 아이로 만들지 말라. 자신이 좋다고 느끼는 것이 아니면 아무것도 그에게 좋은 것이란 없는 법이다. 당신은 아이의 이해력보다 앞서 가르침으로써 선견지명을 심어준다고 생각할지 모르지만 그것은 오해이다. 그로 인해 아이는 자신의 본성 안에 숨어 있는 그 능력을 활용할 기회조차 갖지 못한다는 것을 당신은 알아야 한다. 그렇게 자란 아이는 남의 말을 쉽게 믿고 잘 속는 인간만 될 뿐이다.

아이에겐 아이로서 알아야 할 유용한 지식이 있다. 그 지식을 잘 가르치는 데 힘써라. 그러면 당신은 그가 자신의 시간을 얼마나 효율적으로 활용하는지 알게 될 것이다. 당신은 왜 그에게 적합한 교육 대신 미래의 어떤 시기에 소용될지도 모를 교육에 그토록 매달리는가? 그러면 상황에 임박해서 부랴부랴 가르쳐야 하느냐고 당신은 반문할 것이다. 그 점에 대해선 나도 잘 모르겠다. 내가 아는 것은 그보다 더 일찍 가르칠 수는 없다는 것이다. 왜냐하면 우리의 진정한 선생은 경험과 감각이며, 인간은 자신에게 적합한 것을 자신이 위치한 관계 안에서만 파악할 수 있기 때문이다.

아이는 스스로 어른이 돼간다는 사실을 알고 있으므로 그 점에 상응하는 관념들을 점차 보강해 나갈 것이다. 그러므로 그 전에 아이의 이해 범위를 넘어서는 관념들을 알게 해서는 안 된다.

우리가 학생에게 '유용하다'라는 말의 관념을 가르치는 순간 우리의 교육은 진일보하게 된다. 이 말이야말로 그의 현재를 진단하고 파악하는 데 가장 확실한, 그리고 가장 인상적인 관념이다. 만일 당신의 아이가 이 말에 시큰둥하다면 그것은 당신의 잘못이다. 당신은 이 말의 관념을 가르치지 않았을 뿐만 아니라 다른 사람이 유용한 것을 대신 해줌으로써 당신의 아이를 바보로 만들었기 때문이다.

'그것은 어디에 유용한가?' 이제부터 이 말이 우리의 관계를 결정한다. 그가 내게 질문할 때 나는 이 말로 반문한다. 그리고 그의 어리석은 질문에 제동을 걸 때도 이 말은 사용된다. 아이가 이 말의 가치에 눈을 뜨는 순간 아이는 소크라테스처럼 된다. 그는 질문이 있어도 이 말의 자문자답을 거친 연후에나 하게 될 것이다.

당신은 이제, 내가 당신에게 얼마나 강력한 도구를 주었는지 알게 될 것이다. 당신의 학생에게 영향을 미칠 수단을 말이다. 이제 당신은 원하기만 하면 그를 침묵 속으로 몰아넣을 수 있고, 또 반대로 당신의 경험과 지식을 유용함의 수레에 실어 나를 수도 있다. 하지만 방심은 금물이다. 당신의 학생 또한 같은 방식으로 역공을 펼 수도 있다. 그는 분명 '그것이 어디에 유용합니까?' 하고 질문해 올 것이다.

이때 당신은 곤경에 빠질 수 있다. 아이의 질문에 설득력 있는 답변을 하지 못하고, 단지 위기만 모면하려는 생각에서 이해도 할 수 없는 관념만을 나열한다면 '유용하지 못한' 그 답변에 아이는 실망할 것이다. 당신을 더 이상 믿지 않을 것이다. 하지만 보라. 학생의 질문을 회피하는 선생이 어디 있을 것이며, 답변이 요령 있게 전달되지 못했다 해서 그 잘못을 인정하는 선생이 어디 있겠는가?

하지만 나는 그와 같은 일이 있을 때, 스스럼없이 그 잘못을 인정해야 한다고 생각한다. 나는 그것을 원칙으로 세우겠다. 그렇게 되면 나의 가르침은 항상 정확한 것으로 인식되어 학생에게 믿음을 줌은 물론, 그렇지 않은 선생들과 비교됨으로써 더 큰 신뢰를 얻을 수 있을 것이다.

여기서 알아야 할 것이 있다. 배우는 것은 학생의 몫이라는 사실이다. 당신은 단지 그가 원하는 답을 찾아낼 수 있도록 조언하고 의욕을 북돋우기만 하면 된다. 당신이 해야 할 질문은 거의 없을 것이지만, 혹여 있더라도 잘 선택해야 한다.

아마 당신보다는 학생이 더 많은 질문을 하게 될 터인데 그때는 자주 '너의 그 질문이 어디에 유용하지?' 하고 반문함으로써 자신을 방어할 수 있다. 유용한 답변이 궁색할 땐 주저없이 '네게 해줄 말이 없다는 것'을 밝히든가, 잘못 생각하고 있었다면 솔직히 그 점을 시인하고 '이 문제는 일단 덮어두자'라고 말하라. 적절한 답변이 궁할 땐 가르침을 포기하는 편이 오히려 낫다. 그렇다고 해서 당신의 학생에게 해가 될 일은 아무것도 없다. 당신이 이와 같은 원칙만 지켜나간다면 대응하기 까다로운 문제도 곧 유용하게 해결할 기회를 맞게 될 것이다.

행동을 통해 이뤄진 교육이 가장 효과적이다

천문학을 공부하는 도중 한 학생이 '그런 것이 다 무슨 소용이죠?' 하고 물었다고 치자. 나는 아이를 가르칠 수 있는 유용한 기회를 얼마나 많이 가진 것일까? 나는 이 질문을 빌미로 여행의 효용성과 그에 따른 견문의 확장, 달력의 이용과 항해술의 유용성에 대해, 그 밖에도 정치나 박물학, 국제법에 이르기까지 무수한 예를 들어가며 설명하고 강의할 수 있을 것이다. 그리하여 한껏 내 자신의 식견과 학문을 뽐낼 수도 있으리라.

그러나 그런 것이 다 무슨 소용 있을까? 아이들은 내 설명에 동원된 관념을 하나도 이해하지 못할 것이다. 그러면서도 내가 화를 낼까 무서워 마치 다 이해하고 있다는 듯 고개를 끄덕이면서, 선생과 제자의 관계를 화목하게 유지함으로써 얻을 수 있는 이득을 취할 것이다. 사람들이 말하는 훌륭한 교육의 실상이라는 것이 이런 것 아니던가?

하지만 에밀은 절대 그렇지 않을 것이다. 자유롭게 자라난 그는 이해하기 어려운 관념에는 일절 귀를 기울이지 않을 것이다. 그는 자기가 하고 싶은 일을 찾아 자리를 뜰지도 모르겠다. 그러면 나는 혼자 장광설을 늘어놓다 멋쩍어 쓴 입맛이라도 다셔야 하리라. 그러니 다른 교육 방법을 찾아야 한다.

나와 에밀은 몽모랑 시의 북쪽에 위치한 숲을 관측하고 있다. 그

때 에밀이 예의 그 질문, '이런 일이 다 무슨 소용이죠?' 하고 묻는
다. 그렇다, 하고 나는 말한다. '네가 옳다. 천천히 생각해보자. 이
런 일이 쓸모 없다고 생각하면 여기서 중단하자. 우리에겐 유익한
놀이가 아직도 많으니까.' 그러면서 우리는 다른 공부에 몰두한다.
그날은 더 이상 지리학에 신경 쓰지 않는다.

다음 날 아침 나는 아침 식사 전에 산책이나 하고 오자고 에밀에
게 제안한다. 좋다고 그가 따라온다. 우리는 흥겹게 숲 속으로 올
라간다. 다리가 튼튼한 에밀은 신이 나 있고 우리는 고원지대를 향
해 간다. 초원을 돌아다니면서 이것저것 신경을 쓰는 동안 우리는
길을 잃는다. 시간은 흘러가고 배는 고프다. 우리는 초조한 마음으
로 길을 찾아 헤매지만 어디를 둘러보아도 초원일 뿐이다. 이런 식
으로 헤매다간 문제 해결이 더 어려울 것 같다.

우리는 잠시 휴식을 취하며 사태를 정리해보기로 한다. 남다르
게 교육을 받았다고 자부하는 에밀도 이제 두려웠는지 눈물을 흘
린다. 실은 우리가 길을 잃은 것은 아니다. 몽모랑 시의 성문 근처
에 있었지만 에밀만은 숲에 가려져 있어 그 성문이 거기 있다는 것
을 알지 못할 뿐이다. 얼마 동안의 침묵이 흐른 후 내가 말한다. 걱
정스런 말투로, 어떻게 하면 이곳을 빠져나갈 수 있는지에 대해서.

에밀 ─ (비통한 눈물을 흘리며) 모르겠어요. 지치고 배고파요. 목
도 마르구요. 이제 꼼짝도 못하겠어요.

장 자크 ─ 나도 마찬가지다 얘야. 너처럼 울어서 밥이 나온다면

나도 울고 싶구나. 하지만 지금은 그럴 때가 아니지. 우선 우리가 어디에 있는지 그것부터 알아야 해. 지금 몇시지? 네 시계 좀 보렴.

에밀─열두시예요. 아, 배고파!

장 자크─열두시란 말이지. 나도 배가 고프구나. 그런데 분명한 것은 우리에겐 먹을 것이 없으니 우리가 길을 찾아 내려가야 한다는 것이지. 열두시라고 했니? 그럼 어제 우리가 몽모랑에서 숲을 관측했을 때와 같은 시각이구나. 이렇게 해보면 어떻겠니. 어제와 달리 오늘은 이 숲에서 몽모랑 시를 관측해 보는 거야.

에밀─네, 좋아요. 그런데 어떻게 하죠? 어제는 숲이 보였지만 여기에선 마을이 보이지 않으니 말예요.

장 자크─그게 문제로구나. 마을은 보이지 않아도 마을의 위치만 알면 좋겠는데. 그럼 찾을 수 있을 테니까.

에밀─정말 그래요!

장 자크─어제 우리는 숲이 어느 쪽에 있다고 말했더라…….

에밀─몽모랑 시 북쪽에 있다고 했어요.

장 자크─그렇다면 몽모랑 시는 어느 쪽에 있지?

에밀─숲의 남쪽요.

장 자크─결국 어느 쪽이 북쪽이고 남쪽인지만 알면 되겠구나. 정오에 어느 쪽이 북쪽인지 알 수 있는 방법을 공부했던가?

에밀─네. 그림자의 방향을 보면 알 수 있어요.

장 자크─그렇구나. 남쪽은?

에밀─어떻게 해야 되죠?

장 자크 – 북쪽의 반대편이 남쪽 아니던가?

에밀 – 그래요. 이제 알겠어요. 여기 그림자를 보니 이쪽이 남쪽이네요. 이쪽으로 가면 몽모랑 시가 나와요.

장 자크 – 맞는 말이다. 숲을 가로질러 저 오솔길로 가보자.

에밀 – (오솔길로 뛰어가던 에밀, 기쁨에 겨워) 어서 오세요. 저기 몽모랑 시가 보여요! 빨리 가서 밥을 먹어요. 천문학도 쓸 때가 있긴 있군요!

에밀의 마지막 문장, '천문학도 쓸 때가 있다'는 말을 그 스스로 했다는 것이 중요하다. 그는 평생 이 교훈을 간직하고 살아갈 것이다. 만일 이러한 과정 없이 말로써만 설명해주었다면 그는 다음날 바로 내 이야기를 잊었을 것이다. 부득이한 경우가 아니라면 교육은 행동을 통해 이루어질 때 가장 효과적이다.

학생을 납득시켜야 한다

아무리 훌륭한 내용도 아이가 이해하지 못하면 의미가 없다. 이해한다 할지라도 그 내용에 관심이 없거나 자신에게 적합한 것이 아니라면 그는 아무 노력도 기울이지 않을 것이다. 그러므로 교육의 핵심은 학생을 납득시켜야 한다는 데 있다. 우리를 움직이게 하는 것은 열정인데, 알지도 못하고 관심도 없는 것에 대해 어떻게 열정을 가질 수 있겠는가?

아이가 이해할 수 없는 것은 보여주지도 말고 가르치지도 말라. 아이는 아직 인간에 대해 모른다. 그를 어른의 상태로 끌어올리려 하지 말고 어른을 아이의 상태로 끌어내려라. 어떻게 하는 것이 장차 유익할 것인지에 대해 생각해야겠지만, 우선 아이가 알아볼 수 있는 유용함이 있다면 그것부터 가르쳐라. 아이가 이치를 따지기 시작했다면 다른 아이들과 비교하지 말라. 가령 달리기 시합을 할 때조차도 경쟁자와 비교해 말하지 말라. 질투심이나 허영심에 의해서만 배우려 하는 아이라면 차라리 배우지 않는 편이 훨씬 낫다.

나는 에밀의 발전에 대해서만 기록하여 어제 이룬 것과 오늘 이룬 것을 비교할 것이다. 어제 달린 거리와 오늘 달린 거리를 비교할 것이고, 어제 건너뛴 도랑과 오늘 건너뛴 도랑을 비교할 것이다. 그렇게 질투심을 불러일으키지 않으면서 격려할 것이다. 아이는 이제 자신을 경쟁 상대로 삼아 노력할 텐데, 반드시 그렇게 돼야 한다.

나는 책을 싫어한다. 그것은 알지도 못하는 것에 관해 말하는 법만 가르친다. 그리스의 신 헤르메스는 학문의 원리들을 기둥에 새겨 대홍수로부터 보호했다고 한다. 그 원리들을 기둥이 아닌 인간의 머리에 새겨놓았다면 그것은 제대로 전승되었을 것이다. 잘 훈련된 두뇌야말로 인간의 지식을 새겨놓기에 가장 확실한 건축물이다. 수많은 책 속의 교훈들을 집대성해 아이의 흥미를 잃지 않게 하면서도 나날이 자극을 주는 그런 책은 없을까? 사람들에게 해를 끼치지 않으면서도 그 어떤 것보다 진실하고 간결하게 묘사된 책이?

있다. 자연 교육에 관한 훌륭한 개론서, 에밀이 읽게 될 최초의 책, 오래도록 그의 서가를 차지하면서 특별한 대접을 받게 될 책, 그리하여 자연과학에 관한 우리 모두의 대화가 그 책의 주석으로 남게 될 책은 있다. 다니엘 디포(Daniel Defoe)의 『로빈슨 크루소』가 그 주인공이다.

외딴 섬에서 누구의 도움도 받지 않고 변변한 도구 하나 없이 생존의 가시밭길을 헤쳐나가는 로빈슨 크루소, 그의 얘기야말로 전 연령층의 사람에게 흥미와 귀감을 주기에 딱 알맞은 책이다. 무인도에 갇힌 상황이 보편적 인간의 상태가 아님을 나는 안다. 에밀의 상황도 아니다. 하지만 그처럼 고립된 상황에 자신을 놓아보는 일은 필요하다. 그때 우리는 편견을 극복할 수 있으며 사물의 진정한 관계에 대해 판단할 수 있게 된다.

나는 에밀이 이 책의 주인공처럼 생각해보고 공상해보길 원한다. 책이 아닌 사물을 통해 느끼고 배웠으면 한다: 스스로 주인공이 돼서 가죽 옷을 걸치고 칼 한 자루만 손에 든 채, 필요할 경우 무엇을 만들고 어떤 조치들을 취해야 할지 검토하고 상상해보았으면 한다. 그래서 마침내는 에밀이, 자신을 그러한 상황에 밀어넣는 꿈과 계획을 세우리라는 것을 믿어 의심치 않는다. 그것이야말로 행복의 조건으로서 자유 이외에는 아무것도 필요로 하지 않는, 그래도 즐거울 수 있는 연령기의 아이가 가져봄직한 공상적 계획이다.

이 계획 속의 아이는 유용함에 대해 얼마나 많은 깨달음을 얻을 것인가? 자신의 섬에서 필요한 것을 만들기 위해 얼마나 열성적으로 공부할 것인가? 그는 유용한 것을 입안하고 실천하는 데 게으르지 않을 것이며, 그 이외의 것에 대해서는 알고 싶어 하지 않을 것이다. 당신이 가르칠 일도 없을 것이다. 이럴 때, 서둘러 그를 섬에 정착시키자. 좀 더 시일이 흐르면 그러고 싶어도 할 수 없을 뿐더러, 더 이상 혼자 살고 싶어 하지도 않을 것이다.

필연적으로, 혼자서도 감당할 수 있는 자연적 기술은 여러 사람의 협조를 필요로 하는 산업적 기술로 이행되기 마련이다. 여기서 분화와 분업이 생겨난다. 혼자 일하면 한 사람분의 양식을 얻는 데 그치지만 백 사람이 함께 일하면 이백 사람분의 양식을 얻는다. 여기서 누군가는 일하지 않아도 된다는 계산이 나온다. 이것이 사회라는 것이다.

당신이 주의할 것은, 아이가 이해하기 어려운 사회적 관계들의 관념을 그의 정신으로부터 격리시켜야 한다는 것이다. 그럼에도 인간은 불가피하게 서로 의존하며 살 수밖에 없다는 것을 가르쳐야 할 시기가 올 텐데, 그때도 도덕적 측면에서 그를 이해시키기보다는 인간을 서로 유용하게 만드는 산업적 기술 쪽으로 주의를 돌리게 하라. 작업장을 보여주고 직접 그 일을 해보게 하라. 그 일에 당신도 동참하라. 그럼으로써 모범을 보여라.

가장 유용한 기술이 가장 적은 소득을 낳는다. 가령 농산물의 생산이 그러한데, 이에 필요한 기술은 가난한 사람이라도 지불할 수 있는 가격 수준에 머물러 있어야 하기 때문이다. 반면 현실적으로는 유용하지 않음에도 높은 가격으로 유통되는 기술이 있다. 소위 말하는 예술가들의 기술이 그 범주에 속한다. 그 사람들은 한가한 부자들을 위해서만 일하기 때문에 임의대로 가격을 매기는 한편, 그 가격이라는 것이 세간의 의견에 의해 결정될 뿐이어서 값이 비쌀수록 그 가치 또한 높게 평가되는 경향이 있다. 이것은 그 물건의 유용성에서 비롯된 것이 아니라 가난한 사람들이 그것을 구입하지 못하게 할 목적으로 그렇게 된 것이다.

당신의 학생이 그러한 편견에 물들지 않도록 조심하라. 당신이 철물점에 들어갈 때보다 금은방에 들어갈 때 더 큰 경의를 표한다면, 당신의 학생이 어떤 생각을 갖게 될까? 가치가 유용성에 비례해 결정되지 않는 것을 볼 때, 그는 기술이나 물건의 참된 가치에 대해 오해하지나 않을까? 그의 머릿속에 그러한 관념이 들어서는 순간 당신의 교육은 종말을 고해야 하리라. 당신의 학생 또한 보통의 아이들처럼 되는대로 자라게 될 것이다.

인간을 알기 위해서는 얼마나 많은 것을 알고 있어야 하는지 당신은 아는가? 그것이야말로 현자의 마지막 연구 과제라고 할 수 있다. 그런데 당신은 종종 그것을 가장 먼저 가르치려고 한다. 아이에게 우리의 관념을 주입하기에 앞서 판단하는 법을 가르쳐라. 당연하다는 듯이 어리석은 일을 받아들이는 아이가 어찌 어리석은 행동을 알겠는가? 아이를 현명한 사람으로 키우고 싶은가? 그럼 먼저 현명함이 무엇인지 알도록 하라. 현명함과 어리석음을 구분할 줄 아는 안목을 키워줘라. 그래야만 어떤 생각이 옳은지 판단할 수 있을 것이다. 그러한 식견 없이 사람들의 생각을 아는 것은 오히려 해가 될 뿐이다.

아이에게 먼저 사물 그 자체를 가르친 후 그것이 우리 눈에 어떻게 보이는지 가르쳐라. 거기에서 진실을 보게 하고 그 진실로 하여금 통속적인 견해를 초월하도록 가르쳐라. 세상 사람들의 의견에 기대어 판단하게 하지 말라. 그 판단이 다시 그의 의견이 되는 한 아이는 절대 어리석음의 상태를 벗어나지 못하게 될 것이다.

나의 에밀은 인간에 대해 알지 못한다. 내가 얘기하지 않았기 때문이다. 얘기한다 해도 그는 너무나 자기 감각에 충실해 있어서 듣지 않았을 것이다. 그는 아직 타인과의 관계를 알지 못하며 따라서 판단하지 못한다. 에밀이 아는 인간으로서의 존재는 오직 자기 자신뿐이며, 그나마도 잘 안다고 하기에는 부족한 점이 너무 많다. 하지만 자신에 관한 한, 판단은 미숙할지언정 정확하다. 남의 입장은 모르지만 자신의 입장은 잘 안다.

에밀은 세상만사를 평가할 때 그것이 자신에게 유용한지, 안전한지, 행복에 어떤 도움이 되는지 등을 잣대 삼아 행한다. 그러므로 그에게는 철이 금보다 더 가치 있으며 유리컵이 다이아몬드보다 더 가치 있다. 보석상보다는 제화공이나 석수장이가 더 존경스럽다. 특히 제빵 기술자는 그에게 있어 아주 중요한 사람이 된다. 금은 세공사나 조각사, 도금업자 등은 쓸데없는 놀이나 일삼는 게으름뱅이로 치부될 것이 분명하다. 그는 시계 수리공조차 존중하지 않을 것이다. 그는 시간을 즐기고 활용하지만 그 가치는 알지 못한다.

사람들은 일반적으로 원재료보다는 그 원재료를 가공한 기술에 더 높은 값을 매긴다. 그것이 옳은지는 모르겠다. 하지만 분명한 것은 효용이 분명한 기술이 가장 가치 있는 것이며, 별도의 기술을 필요로 하지 않는 기술이 가장 존중받는 기술이라는 것이다. 이것만이 기술과 산업을 평가하는 진정한 기준이다. 나머지는 모두 자의적이며 세론에 좌우되는 것이다.

기술 중에 으뜸은 농업이다. 그 다음이 대장간 일이고 목수 일이 그 뒤를 잇는다. 편견에 물들지 않은 아이라면 틀림없이 이처럼 평가할 것이다. 에밀이 그렇다. 그가 로빈슨으로부터 이끌어낸 고찰 가운데 얼마나 많은 것이 활용되는지를 알면 놀랄 것이다. 에밀은 도구에 의존함으로써 일어나는 기술의 진보, 그와 함께 불어나는 도구의 증가를 보면서 이런 생각을 할 것이다. '발명하는 재주는 있지만 참으로 어리석은 사람이다. 이 사람들은 팔과 손가락을 사용하기가 두려운 나머지 도구들을 개발해내며 한 가지 기술을 사용하기 위해 수많은 기술을 동원한다. 그래서 기술에 예속돼 있다.

나와 내 친구 로빈슨은 그렇지 않다. 우리는 우리의 기술을 연마하는 데 최선을 다한다. 우리 자신이 도구이므로 우리는 어디를 가든 모든 것을 다할 수 있다. 그런데 저 사람들이 우리의 섬에 온다면 어떻게 될까? 그들은 아무것도 할 줄 몰라 우리의 견습공으로나 있어야 하리라.'

독자들은 여기서 에밀의 손재주에만 주목하면 안 된다. 그의 감각과 편견에 물들지 않은 통찰력 또한 아울러 보아주기를 바란다. 그는 자신이 보고 들은 모든 것, 자신이 해야 할 일의 모든 것에 대해 알고자 할 것이며 이치를 따질 것이다. 도구를 보면 도구의 최초로 거슬러 오르려 할 것이다. 가설만으로는 어떤 것도 인정하지 않을 것이다. 용수철 만드는 것을 보면 어떻게 해서 철이 채굴되는지 알고자 할 것이며, 상자 조립하는 것을 보면 어떻게 해서 나무가 벌채되는지 알고자 할 것이다. 그는 도구를 쓰면서도, 그 도구가 없을 때를 대비해 어떤 방법을 동원해야 하는지 숙고할 것이다.

그런데 아이를 가르치는 동안 주의해야 될 선생의 자세가 있다. 아이와 함께 하는 공부의 내용이 선생의 취향과 어울리는 것일 때, 그것이 재미있다고 해서 아이를 돌보는 일을 게을리하지 말라는 것이다. 당신과 달리 아이는 전혀 재미없어 할 수도 있으며, 그럼에도 당신의 눈치를 보느라 인내하고 있을 수도 있으니까 말이다. 아이는 몰두할 수 있는 일만 해야 한다. 당신은 당신의 일에 몰두하기보다는 아이에게 몰두해야만 한다. 아이의 생각을 헤아려 통솔해야 하고, 아이가 하고 있는 일이 얼마나 유용한 일인지를 이해시켜 그 일에 즐겁게 몰두하도록 신경 써야 한다.

부분보다는 전체를 보도록 키워라

우리 사회의 모든 부문은 교환에 의지하고 있다. 기술은 상업의 교환에 의지하고 있고 상업은 물건의 교환에, 은행은 어음과 화폐의 교환에 의지하고 있다. 이 모든 시스템은 상호 연관돼 있으며 여기에서 근본 관념들이 생겨난다. 그리고 이 근본 관념들은 나라의 차이에 따라, 교통 수단 및 기술과 지식의 차이에 따라 일반화되면서 확대된다.

교환 없이는 사회가 존재할 수 없듯, 공통된 척도 없이는 교환 또한 있을 수 없다. 그리고 평등 없이는 이 공통된 척도 또한 있을 수 없다. 이처럼 어떤 사회든 최초의 법칙으로서 계약된 평등이 있다. 계약된 이 평등은 자연적 평등과는 달라서 정부와 법을 필요로 한다. 아이에게 있어서의 정치적 지식? 그것은 명확하고 제한적인 것이어야 한다. 아이에겐 어느 정도 관념을 지니고 있는 소유권 말고는 정부 일반에 관해 알게 해서는 안 된다.

사람들 사이에 계약된 평등과 달리, 사물들 사이에 계약된 평등은 화폐를 발명하게 했다. 화폐란 서로 다른 물건의 가치에 대한 비교 기준이기 때문이다. 그런 의미에서 화폐는 한 사회를 결속시키는 매개물이기도 하다. 모든 것이 화폐가 될 수 있는데, 오늘날의 금이나 은 대신 과거에는 가축이나 조개껍질을 화폐로 사용하기도 했다. 철은 스파르타의 화폐였으며 가죽은 스웨덴의 화폐였다.

이러한 화폐의 효용에 대해선 어리석은 사람들도 쉽게 이해한다. 화폐의 발명이 물물 교환의 불편함을 얼마나 극복했는지, 가령 옷감이나 곡물처럼 성질이 달라 비교하기 어려운 두 물건도 화폐라는 공통된 척도를 통해 쉽게 비교할 수 있고 또 교환할 수 있다는 것은 어린아이들도 다 안다. 그러나 그 이상은 나아가지 말자.

화폐 제도가 가져온 부정적 양상들까지 아이에게 설명해줄 필요는 없다. 모든 일에 있어 오용을 지적하기보다는 유용성을 설명해주는 것이 중요하다. 만일 당신이 화폐 제도의 어두운 측면까지 설명해주고 싶어 한다면 당신은 아이를 철학자나 현자로 취급하는 격이 됨은 물론, 그들 자신조차도 잘 모르는 일을 아이에게 이해시키려는 꼴이 된다.

아이로 하여금 유용한 문제에 집중하도록 하되 쓸데없는 것을 관찰하는 데 열정을 낭비하지 않도록 하는 것, 그것이 선생의 기술이다.

에밀과 나는 어느 부유한 집의 만찬에 초대 받아 간 일이 있다. 우리는 연회장으로 들어서면서부터 각종의 향응과 예의바른 시중을 받는다. 이런 분위기에는 사람을 취하게 하고 멍하게 만드는 무엇인가가 있다. 특히 어린아이에게는 더하다. 나는 그 모든 것을 예상하고 에밀을 지켜본다. 식사가 진행되는 동안 하인들이 왔다 갔다 하며 요리가 등장하고 담소가 꽃을 피울 때, 나는 그에게 다가가 귓속말로 이렇게 이야기한다. "이 요리들이 다 어디서 나왔다고 생각하니? 이 요리가 만들어지기까지 얼마나 많은 사람들의 손을 거쳤을 것 같니?" 이 말이 그의 정신을 일깨운다. 그의 머릿속에서 수많은 관념의 폭죽이 터진다. 그는 생각하고 반성하며 걱정한다. 주변에 있던 철학자들이 횡설수설하며 떠드는 동안 그는 홀로 묵상에 잠겨 철학을 하고 있다. 그가 질문하지만 나는 답변하지 않는다. 내가 답변을 미룰수록 그는 초조하다. 그는 먹고 마시는 일도 잊고 한시바삐 나와 이야기할 순간이 오기를 고대한다. 이 얼마나 훌륭한 교육의 소재인가! 건강한 판단력을 지니고 있는 그의 머릿속에서 각종의 상념이 나래를 펼친다. 한때의 사치를 위해 동원됐을 그 수많은 손길과 희생에 대해, 물질의 낭비에 대해.

이러한 관찰로부터 그가 끌어내는 은밀한 결론을 살펴보라. 만일 그가 보통의 아이여서, 화려한 만찬의 중심부에 자신이 서 있다는 판단 아래 스스로를 꽤 중요한 인물로 생각하게 될는지도 모르는 일이다. 그렇다면 당신은 그가 그러한 결론을 내리기에 앞서 그것을 예방하고 방지해야 한다. 아이들이란 물질적인 향유에 의해서만 판단하므로 감각적인 관계를 중시한다는 것을 기억하라. 당신은 아마도, 초라하지만 시장기에 의해 풍성함이 가득한 시골 밥상과 화려하지만 부자연스러운 만찬을 비교함으로써 진정 어느 쪽이 더 아이에게 이익을 주는 밥상인지를 깨닫게 해주어야 할지도 모르겠다. 그럴 경우 당신은 이렇게 말할 수도 있을 것이다.

'자, 두 가지 식사 가운데 어느 쪽이 더 즐거웠는지 말해보렴. 어느 쪽이 더 맛있었고 편했으며 흥겨웠는지 말이야. 어느 쪽이 덜 지루했고 기분 좋았는지, 그 차이를 생각해보렴. 네가 맛있게 먹은 그 검은 빵은 농부가 직접 가꾼 밀을 수확해 만든 것이란다. 포도 주도 거칠어 보이긴 하지만 직접 생산한 포도로 만든 것이지. 식탁보도 직접 짠 실로 만든 것이고 그 밖의 모든 음식이 다 그렇지. 반면 그 만찬에서 너는 얼마나 즐거웠니? 먼 땅의 곡물로 만든 그 음식, 수많은 사람의 손을 거쳐 상 위에 올랐을 그 호화로운 연회에서 너는 어떤 이익을 얻었지? 네가 만일 그 집의 주인이었다 하더라도 너는 그 모든 것이 낯설었을 것이다. 왜냐하면 손님들에게 잘 보이느라 너는 네 즐거움을 희생해야 했기 때문이지. 즐거움은 손님들이 다 가져가고 네겐 걱정만 남았을 것이다.'

이러한 가르침은 매우 훌륭할 수도 있지만 에밀에게는 별로 효과가 없는 말이다. 그는 이러한 말을 잘 이해하지도 못할 뿐더러 타인의 강요에 의해 반성하지도 않을 것이기 때문이다. 그러므로 차라리 이렇게 말하라.

'자, 어디로 가서 식사를 할까? 은식기가 번쩍이고 꽃으로 장식된 식탁이 있으며 너를 꼭두각시처럼 취급해 꿔다 놓은 보릿자루처럼 밥만 먹어야 하는 곳에서? 네 자신도 이해 못할 말을 하도록 시키는 사람들 틈에 끼어서? 아니면 시골의 그 마을, 우리를 환대했으며 그토록 맛있는 크림을 대접하던 그 착한 사람들의 집에서?'

에밀이 어느 쪽을 선택할지는 물어보나 마나다. 그는 수다스럽지도 허영심에 차 있지도 않기 때문이다. 음식은 둘째치고서라도, 무엇보다 그는 불편함을 참지 못한다. 그는 속으로 성대한 만찬을 준비하는 사람들의 수고에 대해 낭비라고 생각할 것이며, 그들이 자신의 즐거움에 대해서는 전혀 배려하지 않았다고 생각할 것이다.

하지만 모든 아이들이 에밀처럼 생각하리라고 보지는 않는다. 어떤 아이들은 다른 선택을 할 것이고, 그렇다면 당신은 그 아이의 수준과 정신을 파악해 다른 방식으로써 그를 교육해야 할지도 모른다. 중요한 것은 그가 알아야 할 모든 대상을 가능한 한 드러내 보임으로써 재능을 계발하고 능력을 발휘하도록 지도해야 한다는 것이다. 그러면서 전체를 볼 줄 아는 눈을 키워주어야 한다. 전체의 질서를 볼 수 있어야 부분도 바르게 볼 수 있다. 부분에 집착하게 되면, 유식할지언정 편견에서 빠져나오기 힘들다. 그런 사람은 올바르게 판단하지 못한다. 우리가 함양하려는 것은 지식이 아니라 판단력이다.

자연성에 맞춰 가르쳐라

이제까지 우리는 여분의 능력을 이용해—가진 능력에 비해 욕망이 적었으므로 남게 된— 우리의 밖을 둘러볼 수 있었다. 우리는 하늘을 살피고 땅을 측정했으며 자연의 법칙을 배웠다. 한마디로 우리는 섬 전체를 둘러본 뒤 다시 우리 자신에게로 돌아왔다. 그러니 남은 과제는 무엇인가? 이제 무엇을 해야 할까?

우리가 가진 것을 활용할 수 있도록 교환하는 일이며, 호기심을 이용해 행복을 증진시키는 일이다. 우리는 다양한 도구를 갖추도록 노력해왔지만 그중 진정으로 필요한 것이 무엇인지를 모른다. 어쩌면 우리에게는 필요 없지만 남들에게는 필요한 것을 갖고 있을지도 모르며 그 반대일 수도 있으리라. 그러므로 우리는 교환의 미덕을 발휘해 서로의 이익을 도모해야 할 때가 온 것 같다.

교환하기 위해서는 서로에게 필요한 것이 무엇인지, 그것부터 알아야 한다. 여기 열 명의 사람이 있고 각자는 열 가지의 물건을 필요로 하고 있다고 가정해보자. 그들 각자가 자신에게 필요한 것을 충족시키려면 어떻게 해야 하는가? 각자가 열 가지 종류의 작업을 해야 할 것이다. 그러나 사람들의 재능과 소질엔 모두 차이가 있다. 어떤 것은 내가 잘 만드는 대신 다른 것은 남이 더 잘 만들 수 있다. 그렇다면 어떻게 해야 할까? 각자가 잘 만들 수 있는 것을 만듦으로써 부족한 것을 공급받고 필요 없는 것을 나눠주면 되지 않을까? 여기서 분업이 발생하고 교환의 필요성이 생겨난다. 이것이 바로 모든 사회 제도를 관통하는 명확한 원리이다.

이 원리에서 일탈하는 순간 그 사람은 생존이 불가능해진다. 교환의 미덕에 의지하지 않는 삶이란 생각할 수 없으며 남들과의 유대를 통하지 않는 삶 또한 마찬가지다. 자연의 제1법칙은 자기 보존에 주의를 기울이는 일이기 때문이다. 이에 대한 관념은, 미미하지만 아이들에게도 있다.

에밀은 자기에게 필요한 도구를 얻기 위해서는 남에게 필요한 도구를 자기도 갖고 있어야 한다는 것을 안다. 당연히 교환의 필요성에 대해서도 잘 인식하고 있다. 에밀이 생명이 무엇인지를 알게 됐을 때, 내가 가장 먼저 주의를 기울인 것은 그 생명을 잘 보존하라는 것이었다. 지금까지 나는 신분이나 지위, 재산에 따라 사람을 구분하지 않았다. 앞으로도 그럴 것이다. 부자라고 해서 가난뱅이보다 위가 더 큰 것도 아니고 소화력이 좋은 것도 아니다. 주인이 노예보다 더 힘이 센 것도, 더 긴 팔을 갖고 있는 것도 아니다. 신분이 높다고 해서 키가 더 큰 것도 아니다. 자연적인 욕구는 누구에게나 똑같으며 그것을 충족하는 수단 역시 똑같다.

인간의 교육을 자연성에 맞추어 실시하라. 그를 특정의 신분에만 맞추어 교육하게 되면 당신은 그를 불행하게 만들 것이다. 운명이 뒤바뀌어 그가 다른 신분으로 전락한다면 그는 어떻게 될 것인가? 거지가 된 귀족이 자신의 혈통적 편견에 사로잡혀 거들먹거린다면 이 얼마나 우습겠는가? 당신은 현재의 사회 질서를 믿고 싶겠지만 그것은 천부의 질서가 아니다. 인간이 만든 모든 질서는 인간에 의해 파괴될 수도 있다. 파괴되지 않고 변형되지 않는 것, 그것은 자연이 새겨놓은 것뿐이다. 자연은 부자나 귀족이나 왕을 만든 적이 없다.

혹시 당신이, 비천한 신분으로 전락한 왕족의 처지가 안타까워 그 잔해에 묻히기를 원한다면 그렇게 하라. 하지만 나는 그를 경멸할 것이다. 그는 왕좌의 자리에 있을 때만 인간이었을 뿐, 이제는 형편없는 존재가 됐다는 것을 알기 때문이다.

그러나 왕위를 잃고도 태연할 수 있는 사람은 왕보다 뛰어난 사람이다. 악인이나 미치광이조차도 오를 수 있는 왕의 자리에서 내려오는 대신, 소수의 사람만이 오를 수 있는 인간의 지위에 올라섰기 때문이다. 그 사람이야말로 인간의 운명을 알고 그것에 맞서는 사람이다. 그가 모든 것을 잃고 가진 것은 그 자신밖에 없다 할지라도 그는 전혀 무의미한 존재가 아니다. 나는 통치자가 아니었으면 어떤 인간이 되었을지 모를 타르퀴니우스*보다 코린트에서 학교 선생이 된 시라쿠사의 왕**이나 로마의 재판소에서 서기로 살다 간 마케도니아의 왕***을 훨씬 더 좋아한다.

인간이 사회의 구성원으로 살아가는 한 그의 모든 재산은 사회의 것이다. 그가 사회에 바칠 수 있는 재산은 그 자신밖에 없다. 따라서 어떤 사람이 부유하다 해도 그는 그 부를 향유할 수 없다. 그 부를 향유할 수 있는 것은 사회의 구성원들뿐이다. 만일 그 스스로 부를 취한다면 그 사람은 남의 것을 훔친 것이 되며, 사회의 구성원들이 취한다면 그가 준 것은 결국 아무것도 없는 것이 된다. 그러므로 어떤 사람이 재산으로서만 지불하고 있는 한 사회에 대한 그 자신의 빚은 그대로 남는다.

'하지만 나는 재산을 사회에 공헌했다'고 당신은 말할지도 모른다. 그렇다면 당신은 아버지의 부채를 갚았다. 그러나 당신은 당신의 빚을 여전히 갚지 않고 있다. 당신은 재산 없이 태어난 사람보

*로마의 마지막 왕. 포악하고 교만해 로마에서 쫓겨났다.
**디오니시오스 2세로 전쟁에 패한 뒤 코린트로 도망, 거기서 만년을 보냈다.
***마케도니아의 마지막 왕인 페르세우스의 아들. 로마에서 패한 뒤 그곳에서 살았다.

다 더 많은 빚을 지고 있는데, 그 이유는 당신이 혜택받은 자로 태어났기 때문이다. 어떤 사람의 공헌도 다른 사람의 부채를 대신할 수는 없다. 각자의 것조차 모두 빌린 것이므로 인간이 탕감할 수 있는 빚은 기껏해봐야 자기 자신에 대해서밖에 없다. 어떤 아버지도 자식의 의무를 대신할 수 없으며 이는 권리에 대해서도 마찬가지다. 즉 무용한 인간으로 살아갈 수 있는 권리를 자식에게 줄 수 있는 아버지란 없다.

그러므로 사회적 인간이라면 누구나 일을 하며 먹고 살아야 한다. 사회의 구성원으로서 살지 않겠다면? 누구에게도 신세지지 않고 사회 밖에서 살아간다면? 그렇다면 그는 제멋대로 살아도 된다. 하지만 이 가정은 의미가 없다. 우리는 필연적으로 사회를 이루고 살게 되어 있으며 남에게 의존해야만 하기 때문이다. 그러므로 신분이나 지위 고하를 막론하고 무위도식하는 자가 있다면 그 사람은 모두 도둑이다.

그런데 인간이 할 수 있는 일 가운데 가장 자연 상태에 가까운 것은 수작업이다. 장인(匠人)이야말로 운명이나 타인의 지배로부터 가장 독립되어 있는 신분이라고 할 수 있다. 장인은 그의 작업에만 종속돼 있을 뿐이어서 농부보다도 훨씬 자유롭다. 농부는 땅에 매여 있는 관계로 농토를 벗어나 살 수 없다. 생존에 위협을 받아도 대책이 없다. 하지만 장인은 그러한 괴롭힘을 당하지 않는다. 그는 위급하면 그 자리를 떠나면 된다.

그럼에도 농업이야말로 가장 고귀한 직업이다. 인류 최초의 직업이며 가장 정직하고 유용한 직업이다. 나는 에밀에게 굳이 농사 일을 권하지는 않는다. 그는 이미 그 일을 알고 있으며 친숙하게 적응하고 있기 때문이다. 하지만 경작할 땅이 없다면 어떻게 할 것 인가? 나는 그에게 장인의 기술을 익히라고 권유한다.

장인의 신분에 대해 당신은 경멸하고 있을지도 모르겠다. 그렇 다면 당신은 잘못 생각하고 있는 것이다. 중요한 것은 신분이 아니 라 생명이다. 학식을 쌓는 것이 아니라 정신에 생명을 불어넣는 일 이다. 그리고 더 중요한 것은, 직업을 갖기 위해서가 아니라 직업 에 대한 편견을 극복하기 위해 그 기술을 배우라는 것이다. 그러니 일하지 않고도 먹고 살 수 있다고 거드름 피우지 말라. 사정이 그 렇다면 명예를 위해 일하도록 하라. 신분을 높이고 싶은가? 그렇다 면 자신을 낮추어라. 운명의 지배를 벗어나고 싶다면 독립심을 길 러라. 먼저 세상의 여론을 지배하는 일부터 시작하라.

내가 당신들에게 요구하는 것은 재능이 아니라 순수하게 삶을 영위할 수 있는 기술, 실제적 기술의 연마이다. 그것은 머리의 기 술이라기보다는 손의 기술이다. 나는 자식의 장래를 위해 지식 교 육에 힘쓰는 몇몇 가정을 보았다. 나름대로 소중한 교육을 하고 있 다고 생각한다. 하지만 그것의 맹점은 더욱 크게 눈에 띈다. 아이 들의 생계를 책임져야 할 그 재능의 연마가 우연에 의존하고 있기 때문이다. 그래서 아무리 훌륭한 재능을 갖고 있다 할지라도 그 재 능을 활용하기에 적절한 환경이 준비돼 있지 않으면 무용지물이 되고 말 수 있다.

술책이나 음모가 판치는 환경에서라면 수단 방법을 가리지 않고 당신의 자리를 지켜야 할 필요가 있을지도 모르겠다. 하지만 당신이 예술가의 길을 걷고자 한다면, 그래서 남들의 인정에 의해 성공이 좌우되는 어떤 기교를 연마하고 있다면 당신은 세상이 지긋지긋해져 성공을 향한 그 수단에 환멸을 느낄 텐데 그와 같은 것들이 무슨 소용 있겠는가? 정치가로서 입신양명의 꿈을 키우고 싶다고? 훌륭한 생각이다. 그렇다면 당신은 오지랖 넓게 사람들의 안면을 익히면서 환심을 사야 할 것이다. 하지만 고관대작이나 궁중의 여인들에게 가까이 가지 못하고 그들의 마음에 드는 처신을 못해 갈팡질팡한다면 당신의 그 공부가 다 무슨 소용 있겠는가?

건축가든 화가든 마찬가지다. 당신이 성공하려면 당신을 둘러싸고 있는 권력 단체들에게 당신을 홍보하고 잘 보여야 한다. 변변한 후원자라도 얻으려면 동분서주해야 한다. 선생 노릇으로 밥벌이를 하는 일도 만만치는 않다. 적절한 학생을 찾아야 하는데, 그러려면 좋은 추천인을 만나야 하며 그 일은 또 다른 기술을 필요로 한다. 하나의 수단은 자꾸만 다른 수단을 필요로 한다. 여기에 순발력 있게 대응하지 못한다면 당신은 역경의 나락으로 떨어질 수도 있다.

역경은 당신을 비굴하게 만들 것이고, 실패는 당신에게 교훈을 주기보다는 천하게 만들 것이다. 어느 때보다도 더 세론의 노리개가 된 당신이 편견을 딛고 운명을 개척할 수 있을까? 당신은 부에만 의존하고 있었는데 이제는 부자들에게까지 의존하고 있지 않은가? 당신의 빈곤이 당신을 노예 상태로 만들지 않겠는가?

그러나 당신이 먹고 살기 위해 지식에 매달리는 대신 당신의 손과 그 손을 사용할 수 있는 일에 구원을 요청한다면 그 모든 어려움은 한꺼번에 해결될 것이다. 난관은 사라지고 어떤 술책도 발붙일 데가 없게 된다. 이 수단으로 영위하는 삶에 방해물이란 없다. 명예나 성공에 얽매이지 않아도 된다. 부자들에게 굽실거릴 필요도 없고 생존을 위해 비굴해지거나 거짓말로 남을 속이지 않아도 된다.

당신은 오로지 가고 싶은 길만 가면 된다. 남의 의견에 귀 기울이지 않아도 생계를 해결할 수 있으므로 얼마든지 정직하고 당당하게 처신할 수 있다. 당신이 부지런하기만 하다면 당신은 한 주일이 가기 전에 다음 주 몫의 빵까지 벌 수 있을 것이다. 이제 시간은 당신 편이다.

농부처럼 일하고 철학자처럼 생각하도록 하라

나는 다시 한번, 에밀이 직업에 필요한 소양을 가꾸기를 원한다. 그래서 어엿한 직업, 자신과 남들 모두에게 유용한 직업을 갖기를 원한다. 나는 그가 시인이 되기보다는 제화공이 되었으면 좋겠다. 도자기에 꽃 그리는 일을 하기보다는 신작로에 포석 까는 일을 했으면 좋겠다.

경찰이나 사형 집행인? 간첩? 그런 직업도 유용하지 않느냐고?

물론 그럴 수 있다. 하지만 유용함만 가지고 그 직업을 논할 수는 없다. 그 직업에 종사하는 사람에게 인간성에 대치되는 소질을 요구하지 않는 직업, 그것만이 유용하고 어엿한 직업이다.

그러나 직업을 선택하는 것은 우리가 아니라 당사자라는 점을 알 필요가 있다. 에밀의 직업은 에밀이 선택할 것이다. 그리고 에밀이라면 틀림없이 위에서 말한 성향에 부합하는 직업만을 선택할 것이다. 왜냐하면 그의 뇌리에 박힌 준칙들이 쓸모없는 일에 대한 경멸감을 자연스럽게 불러 일으켜, 보다 유용한 일을 선택하도록 이끌 것이기 때문이다.

흔히 아이의 재능을 살려줄 수 있는 직업을 갖도록 해줘야 하지 않느냐고 사람들은 말한다. 그런데 이 재능을 판별하는 일에 있어 곧잘 저지르는 실수가 있다. 아이가 우연한 기회에 드러내 보인 어떤 정신이나 재주를 재능의 결과로 오인한다든가, 인간이나 원숭이에게 공통적인 저 모방의 정신에 따라 그려내게 마련인 결과를 두고 오판하는 일 등이 그것이다. 세상엔 재능 없는 장인, 특히 예술가들이 수두룩하다. 다른 사람들이 하니까, 혹은 그 일이 존경스러워 보인다는 이유만으로 맹목적인 열정을 기울인 탓이다.

나는 자기 주인이 그림 그리는 것을 보고 화가의 길을 걷기로 결심한 어느 하인을 알고 있다. 그는 소질이 없음에도 불구하고 참으로 열심히 그렸다. 틈만 나면 붓과 연필을 들고 사생하길 그치지 않았다. 그 열정이 안타까워 주인이 그를 돕지 않을 수 없을 정도였다. 마침내 그는 자신의 붓으로 먹고 살 수는 있게까지 되었다.

인내심과 성실함이 그를 밀어올리기는 했지만 그 이상의 진전은 없었다.

어떤 일을 좋아하는 것과 어떤 일을 잘하는 것 사이에는 큰 차이가 있다. 소질을 뛰어넘는 의욕이 주위 사람들을 피곤하게 한다. 한 사람의 재능을 정확히 파악하기란 참으로 어려우며, 아이의 경우에는 더욱 그렇다. 그러므로 선생이라면 아이의 취미와 재능을 확인하기 위해 세심히 관찰해야 한다.

손으로 하는 일에 관한 한 에밀은 무엇이든 할 준비가 돼 있다. 당신은 그가 무슨 일을 하기 원하는가? 그는 농사일이나 장인이 필요로 하는 도구들에 친숙하다. 삽이나 괭이는 물론이고 망치나 대패, 줄 등의 사용법에도 훤하다. 단지 전문가처럼 숙달된 솜씨를 발휘하지는 못하지만 그것은 시간이 해결해 줄 것이다.

남자에겐 그 성에 어울리는 직업을 갖도록 하고, 젊은이에겐 그 나이에 어울리는 직업을 갖도록 하라. 집 안에 틀어박혀 하는 일이나 신체를 나약하게 만드는 직업은 그가 좋아하지도 않을 뿐만 아니라 적합하지도 않다. 젊은이는 재단사가 되려 하지 않는다. 여성적인 일을 남성이 하려면 특별한 재주가 필요하다. 바늘과 검을 같은 손으로 다룰 수는 없다. 나는 일부러 내시를 만드는 동양인들을 볼 때마다 한심하다는 생각이 든다. 세상엔 자연이 만들어놓은 내시들이 많다는 것을 그들은 모른단 말인가? 마음만 먹으면 그러한 남자들은 얼마든지 구할 수 있다. 겁 많으며 유약한 남자, 자연의 실수를 증거해주는 그러한 남자들을 택해 내시를 만들면 된다.

나는 내 학생이 힘들거나 위험한 직업을 갖는다 해도 만류할 생각이 전혀 없다. 그러나 불건전한 직업을 택한다면 못하게 막겠다. 힘들거나 위험한 직업은 체력과 용기를 길러주므로 남성들에게 적합하다. 반면 의상이나 장신구를 취급하는 일은 여성들에게 더 적당한 직업이다. 그럼에도 이탈리아에서는 상점에 여종업원이 없다. 투박한 손으로 부인들에게 여성용품을 파는 광경을 보는 일은 우울하다.

젊은이들이여, 그대의 일에 남성적인 흔적을 남겨라. 건장한 팔로 도끼와 톱을 다룰 수 있도록 배우고, 대들보를 깎아라. 지붕 위에 올라가 용마루를 놓는 법과 버팀목에 이음목을 고정시키는 법을 배워라.

허리에 가죽치마를 두르고 손도끼를 휘두르는 일이 부끄러운가? 그 일이 남루하다고 생각되는가? 그렇다면 당신은 세론의 노예가 된 것이다. 당신의 아들이 그러한 일을 한다고 해서 낯을 붉히고 수치스러워 한다면 당신은 분명 편견에 사로잡힌 사람이다. 하지만 아이의 판단에 악영향만 끼치지 않는다면 그 정도쯤의 편견은 양보하기로 하자. 어떤 직업이 유익한지를 알기 위해 모든 일을 다 겪어볼 필요는 없다. 자기가 하기에 수준이 낮다는 판단만 들지 않으면 그것으로 충분하다. 직업을 선택할 때 기호와 매력, 적합성 등을 감안하는 것은 중요하다.

금속을 다루는 일은 유익하다. 어쩌면 모든 일 중에서 가장 유익할지도 모르겠다. 하지만 나는 당신의 아들을 열쇠공이나 대장장이로 만들지는 않을 것이다. 석공이나 제화공으로도 만들지 않을 것이다. 직업을 선택할 때는 그 일의 청결함까지도 고려해야 한다. 그것은 감각에 관한 문제일 뿐 결코 편견이 아니다. 나는 일하는 사람의 기능에 의지함 없이 시종일관 같은 작업만 되풀이하는 그런 직업은 싫다. 실을 짜거나 돌을 자르는 일 등에 사려깊은 젊은 이를 종사시켜 무슨 소용이 있겠는가? 그것은 기계를 다루는 또 하나의 기계에 불과할 따름이다.

모든 점을 고려해볼 때 내 학생에게 가장 적합한 직업은 목공인 것 같다. 그 일은 청결하고 유용하며 집에서도 할 수 있다. 신체를 충분히 움직일 수 있고, 장인의 솜씨가 요구되므로 작품엔 우아함과 취미도 곁들일 수 있다.

우연하게도 당신의 학생이 학문적 취향을 갖고 있어 그에 적합한 직업을 택해야 한다면 나는 그것을 말리지 않겠다. 수학에 관련된 기구들이나 망원경 따위를 만드는 법을 배우게 하라.

에밀이 직업 훈련을 받을 때에는 나도 같이 배울 것이다. 그래야만 에밀이 제대로 배울 것이기 때문이다. 그렇게 해서 우리 두 사람은 견습공이 된다. 취미삼아 적당히 하는 견습공이 아니라 진짜 견습공이다. 왜 그러면 안 되는가? 러시아의 표트르 대제가 그랬다. 그는 공사장에서는 목수가 되었고 병영에서는 북치는 병사가 되었다.

하지만 유감스럽게도, 우리의 시간을 작업장에만 쏟아부을 수가 없다. 우리는 목공의 견습생이기만 한 게 아니라 인간을 배우는 견습생이기도 한 까닭이다. 이래저래 목공일을 배우는 일은 힘들고 더딜 수밖에 없다. 그러니 어떻게 할까? 과외선생이라도 둬서 매일 한 시간씩 대패질이라도 할까? 터무니없다. 그렇게 하다간 견습생이 아니라 제자가 되고 말 것이다.

우리의 목적은 단지 목공 기술을 배우는 데만 있는 게 아니라 목수의 지위로까지 우리를 높이는 데 있다. 그래서 내 생각엔, 매주 한두 번쯤 장인의 집으로 가 그와 함께 생활하면서 일을 배우는 게 좋을 것 같다. 그와 같이 자고 먹으며 그보다 한발 앞서 일을 시작하고, 작업이 끝나면 집으로 돌아와 딱딱한 침상에 몸을 뉘인다. 그렇게 하면 다른 일을 소홀히 하지 않으면서도 원하는 일을 배울 수 있을 것이다.

일을 할 때는 겸손하게 처신하자. 허영심을 버려야 한다는 의지가 또 다른 허영심을 낳지 않도록 주의하자. 편견을 극복했다고 으스대는 일은 그 편견에 굴복하는 일이다. 일설에 의하면, 오스만 제국의 황제는 관례에 따라 손수 작업을 해야 했다. 그리고 그 성과물들을 귀족들에게 나누어주었다. 귀족들은 황제의 손을 거친 작품이므로 당연히 걸작이 될 수밖에 없다고 믿었다. 그래서 군주의 이 작품에 고가의 대금을 치렀다. 나는 강자가 약자를 괴롭힌 것처럼 보이는 이러한 행위가 잘못됐다고 말하는 것이 아니다. 오히려 이것은 하나의 선행이다. 백성들로부터 착취한 것을 자신과 분배하도록 귀족들을 압박함으로써, 이 황제는 그만큼 직접 착취하지 않아도 되었기 때문이다. 이것은 전제주의에 필요한 하나의 완충장치일 수도 있다.

내가 지적하고 싶은 폐해는 황제의 작품에 그만한 가치가 있다고 믿는 맹신이다. 작품은 작품 자체로서만 평가되어야 한다. 대가의 작품이라는 사실이 그 작품의 질을 결정하도록 허용해서는 안 된다. 작품이 좋으면 단지 '잘 만들었다'고만 말해야지 누가 만든 작품인가를 확인하지 말라. 만일 당신의 칭찬에 고무돼 '그것은 제가 만들었어요' 하고 뽐내는 학생이 있다면 이렇게 말하라. "누가 만들었느냐가 중요한 것이 아니다. 이 작품이 여기에 있고, 그 작품이 잘 만들어졌다는 사실만이 중요하다." 그가 장인이라는 호칭으로서가 아니라, 작품으로서 장인임을 드러나게 하라.

당신의 아이가 게으름에 빠지지 않도록 주의하라. 농부처럼 일하고 철학자처럼 생각하도록 훈련시켜라. 훌륭한 교육은 육체가 정신의, 정신이 육체의 피로를 풀어주도록 조율함으로써 서로를 휴식에 들게 하는 데 있다.

아이에게 너무 앞선 지식을 가르치지 말라. 지식이 깨달음을 끌고 가게 하지 말고, 깨달음이 지식을 끌고 가게 하라. 에밀은 자신이 배운 준칙에 의해 어느 날 내게 질문할 것이다. "선생님은 부자이십니다. 제게 그렇게 말씀하셨으니까요. 부자도 사람인 바에야 사회를 위해 뭔가 해야 할 의무가 있겠지요. 선생님은 사회를 위해 무엇을 하고 계신가요?" 훌륭한 가정교사라면 이 질문에 어떻게 대답해야 할까? 나는 모르겠다. '지금 나는 너를 돌봐주고 있지 않느냐'고 말하면 어리석기 짝이 없는 답이 되리라. 차라리 이렇게 말해야겠다. "친애하는 에밀, 너는 참 좋은 질문을 했다. 하지만 지금 당장 그 질문에 답하기는 곤란하구나. 언젠가 만족할 만한 답이 준비되면 그때 가서 말할 것을 약속하마. 그때까지는 내가 가진 것을 가난한 사람들과 나눌 것이며, 쓸모없는 인간이 되지 않기 위해 책상이든 의자든 일주일에 한 개씩 만들도록 노력하겠다." 목공 일과 그 일을 할 수 있는 작업장 덕분에 나는 곤경에서 빠져나온 셈이다.

정확하게 판단하도록 가르쳐라

이제 우리는 다시 되돌아왔다. 우리의 아이는 점점 아이를 벗어나려고 한다. 지금 그는 아이에서 인간으로 건너가고 있다. 생각하는 존재로 거듭 나고 있는 것이다. 이제 우리의 숙제는 그를 따뜻하고 감수성이 넘치는 존재로 만드는 것이다. 감성에 의해 이성을 완성하도록 하는 일이다. 그에 앞서 우리의 여정을 되돌아보도록 하자.

우리의 학생은 처음에 감각만 지니고 있었지만 이제 관념도 지니게 되었다. 느끼는 것에 그치지 않고 판단까지 한다. 다양한 감각을 비교해 얻은 판단으로부터 혼합 감각 혹은 복합 감각이 생겨나는데 나는 그것을 관념이라고 부른다.

이 관념이 어떻게 형성되느냐에 따라 인간의 정신이 분류된다.

현실적인 관계에 기초해 형성된 관념은 견실한 정신이다. 표면적인 관계에 만족하는 관념은 피상적인 정신이다. 있는 그대로의 관계를 파악하는 관념은 바른 정신이며, 현실성 없이 상상적인 관계를 만들어내는 관념은 미친 정신이다. 그리고 비교하지 않는 관념은 우매하다.

복합 감각에서와 마찬가지로, 단순한 감각에도 판단은 있다. 이 감각적 판단은 대단히 수동적이어서 현재의 느낌만을 확인한다. 반면 지각이나 관념의 판단은 능동적이다. 그것은 감각 기관만으로는 결정할 수 없는 관계들을 비교하여 밝힌다. 이것이 두 판단이 지닌 차이점이다. 하지만 이 차이는 크다. 자연은 절대 우리를 속이지 않으며 우리를 속이는 것은 항상 우리 자신이다.

나는 여덟 살 먹은 아이가 얼은 치즈를 먹으면서 뜨겁다고 진저리치는 것을 본 적이 있다. 그 아이는 불의 열기보다 더 센 감각을 알지 못하므로 차가움마저도 뜨겁다고 판단한다. 뜨거움이나 차가움을 경험한 사람은 이 두 가지를 혼동하지 않는다. 따라서 그를 속이는 것은 감각이 아니라 언제나 판단이다. 이 판단의 오류를 수정하기 위해 우리는 경험을 필요로 한다.

당신의 학생에게 달이 떠 있는 밤하늘을 지켜보게 해보라. 그 학생은 구름 사이로 달이 가고 있다고 생각할 것이다. 움직이는 배 위에서 해안을 보게 해보라. 그는 육지가 지나가고 있다고 여길 것이다. 물 속에 반쯤 잠긴 막대기를 보게 해보라. 그는 그 막대기가 꺾여 있다고 생각할 것이다. 하지만 꺾여 있는 것처럼 보이는 것과 실제로 꺾인 것과의 차이는 아주 크다. 만일 그가 자신의 감각에 속아 '정말 부러진 막대기'라고 판단한다면 그는 틀린 것이다. 왜 그런가? 그 판단은 능동적인 조사 과정을 거치지 않고 단지 귀납적으로만 내려진 것이기 때문이다. 즉 하나의 감각 기관을 통한 판단이 다른 감각 기관에 의해서도 확인될 것이라고 단정했기 때문이다.

우리는 판단하지 않는 한 결코 틀리지 않을 것이다. 우리는 지식에 의해서보다 무지에 의해 더 행복해질 것이다. 지식인이 더 많은 사실을 알고 있다고? 누가 그것을 부정하겠는가? 그렇다면 지식인이 더 진실에 가까운가? 그렇지 않다. 그는 알면 알수록 진실로부터 더 멀어져가기 때문에 하나의 진실을 알았다고 판단하는 순간 더 많은 오류를 끌어모으게 된다.

판단하지 말라. 그러면 절대 틀릴 일이 없을 것이다. 그것이 자연의 가르침이다. 아무것도 알지 못하는 사람은 아무것에도 관심을 기울이지 않는다. 미개인에게 있어 멋진 기계의 움직임이 무슨 소용 있겠는가?

그러나 불행하게도 이 말은 더 이상 통하지 않는다. 우리가 모든 사물에 의존하게 된 이후로 우리에게는 모든 것이 중요하다. 우리의 호기심은 우리의 필요와 더불어 필연적으로 확장돼 간다. 자연은 필요에 의해 도구들을 선택하고 규제하도록 했다. 자연 상태에서 사는 자연인과 사회를 이루며 사는 자연인은 다르다. 에밀 역시 미개인이긴 하지만 그는 광야가 아닌 사회 속에 살도록 운명지워진 자연인이다. 그는 자신의 환경에 필요한 것들을 구할 수 있어야 하며 사람들과 어울려 살 줄 알아야 한다. 그러므로 그는 싫더라도 판단해야 한다. 그에게 정확히 판단하는 법을 가르쳐줘야 할 의무가 여기에 있다.

정확히 판단하기 위한 최선의 방법은 우리의 경험을 단순화하는 것이며, 경험하지 않고도 오류에 빠져들지 않도록 하는 일이다. 그래서 다른 감각 기관의 도움 없이 그 자체의 감각 기관만으로 문제를 검증하고 해결하는 것인데, 이는 물론 쉽지 않다. 여기엔 상당한 주의와 인내가 필요하다. 가령 꺾여 있는 것처럼 보이는 물 속의 막대기가 실제로는 그렇지 않다는 것을 보여주기 위해 어떻게 해야 할까? 그것을 입증한답시고 물 속의 막대기를 꺼내 보여주는 것으로 문제를 해결하려 한다면, 당신은 그의 착각을 교정해줄 수는 있겠지만 가르친 것은 아무것도 없게 된다. 당신은 사실을 확인시켜주기는 했으되 진리를 가르쳐주지는 못했다. 진리의 내용보다 더 중요한 것은 그 진리에 접근하는 방식이다. 나의 에밀을 보라.

에밀이라면 물 속의 막대기에 대해 섣불리 판단하지 않을 것이다. 그는 명백한 근거에 의해서만 판단할 터인데, 사물의 외관에만 의지해 하는 판단이 얼마나 우리를 속이는지 알기 때문이다. 결국 우리는 이 문제에 대해 신중히 접근할 것이다. 그래서 우리는 하나씩 차근차근 조사해보기로 한다.

먼저 우리는 막대기 주위를 한 바퀴 돌아본다. 꺾인 것처럼 보이는 부분도 우리를 따라 돈다는 것을 안다. 우리의 시선이 물체를 움직일 리는 없으므로, 우리를 따라 도는 것처럼 보이는 것은 우리의 눈 때문이다.

우리는 막대기를 위에서 수직으로 내려다본다. 막대기는 더 이상 꺾인 것처럼 보이지 않는다. 설마 우리의 눈이 막대기를 곧게 펴지는 않았을 것이다.

우리는 물을 휘저어본다. 물결에 따라 막대기가 흔들린다. 이 정도의 물결만으로 흔들릴 만큼 막대기가 약한 것인가?

통 속의 물을 퍼내본다. 물이 줄어듦에 따라 막대기가 곧게 드러난다. 이제 우리는 진실을 확인하게 되었고 막대기가 꺾여 보이는 것이 굴절 현상 때문이었음도 밝혀낸다. 그러므로 눈이 우리를 속인 것이 아니다. 눈에 보이는 오류를 바로잡기 위해 우리는 그 눈만을 필요로 했기 때문이다.

그런데 아이가 좀 아둔해서, 시각에 의지한 이 실험만으로는 이해하지 못한다고 하자. 그럴 땐 촉각의 도움을 받아야 하리라. 막대기를 끄집어내는 대신 그 자리에 두고 만져보게 하라. 물 속의 막대기에서 꺾인 각을 전혀 못 느낄 것이다. 그러므로 막대기는 꺾인 것이 아니다.

그것은 판단이 아니라 추론이라고? 맞는 말이다. 정신이 관념에 이르는 순간 모든 판단은 추론이 된다. 모든 감각적 의식은 하나의 명제이며 판단이다. 그러므로 한 감각을 다른 감각에 비교하는 순간 우리는 추론하는 것이다. 이 판단과 추론은 같은 기술에서 나오는 것이다.

나는 에밀이 이 굴절 현상을 통해 광학을 배우기 바라지만 그는 결코 그렇지 못할 것이다. 그는 현미경이나 망원경이 무엇인지도 모른다. 당신의 박학한 학생들 눈엔 그런 에밀이 무지하기 짝이 없어 보일 것이다. 무리가 아니다. 나는 그가 도구를 이용하기 전에 그것에 필요한 것들을 스스로 만들어보게 할 터인데, 그 방법은 당연히 진전을 느리게 할 것이다.

하지만 이것이 이 시기에 있어서 내 교육 방법의 핵심이다. 당신은 내가 너무 그의 정신을 혹사시킨다고 말하려는가? 그렇지 않다. 나는 그에게 알도록 가르치기보다는 모르도록 가르치기 때문이다. 나는 그에게 느리지만 꾸준히 걸어가야 할 학문의 길을 보여주고 있을 뿐이다.

그는 남의 이성이 아닌 자신의 이성만을 활용한다. 의견에 휘둘리지 않기 위해서는 어떤 권위에도 얽매이지 않아야 하며, 우리들이 빠지는 오류의 대부분은 그 원인이 자신에게 있다기보다는 타인에게 있기 때문이다. 이러한 과정을 통해, 노동이 신체에 그러하듯 건강하고 활기찬 정신이 생겨난다. 신체와 정신은 동시에 움직인다. 각자는 감당할 만큼만 가진다. 기억 속에 너무 많은 것을 담아두면 그 자신의 것을 분별하기 힘들어진다.

에밀이 가진 지식은 미미하지만 확실한 자기의 것이다. 그는 지니고 있는 지식의 양에서가 아니라 그 지식을 확보하는 능력에서 개방적이며 영리하다. 지식을 받아들이기보다는 지식이 왜 필요한지를 따져보게 하고 필요할 때 그것을 획득하는 방법을 가르쳐주었기 때문이다. 이러한 방법은 진전을 느리게 하지만 결코 헛되지 않다.

에밀은 자연에 관한 감각적 지식만 가지고 있어 역사가 무엇인지조차 모른다. 형이상학이나 윤리학에 관해서는 더더욱 젬병이다. 그는 인간과 사물의 근본적인 관계만 알 뿐 관념을 일반화하거나 추상화할 줄도 모른다. 사물들 간의 성질은 알지만 성질 자체에 대해 추론하지 않는다. 그는 기하학을 통해 추상적인 공간을 이해하고 대수학을 통해 추상적인 양을 이해한다.

그는 자신과의 관계 속에서만 사물을 평가한다. 거기에 관습이나 유행이 끼어들 틈은 없다. 그는 끈기 있고 근면하며 용기 있다. 그는 쓸데없이 상상력을 부풀려 과장하지 않는다. 고통도 잘 참는다. 필연의 법칙을 받아들이는 데 익숙한 그의 정신은 죽음조차 잘 받아들일 것이다.

에밀은 자기 자신에 관한 한 모든 미덕을 지니고 있다. 그가 갖추어야 할 것은 사회적 미덕일 터인데, 그 미덕을 요구하는 관계만 알면 그의 정신은 언제든 그것을 받아들일 준비가 돼 있다.

그는 남에게 의지하지 않는다. 남이 자신을 생각해주길 원하지도 않는다. 아무에게도 신세진 것이 없다고 생각하므로 자기 자신만 믿고 따른다. 그에겐 과실도 없고 악습도 없다. 있다면 인간으로서 불가피한 것들뿐이다. 한마디로 그는 건강한 육체와 정신, 그 시기의 자연성에 어울리는 상태를 유지하고 있다.

제4부

청년기
열다섯 살에서 스무 살까지

우리의 인생은 짧다. 물리적인 시간이 짧다는 것이 아니라 참다운 인생을 맛보기에는 그 시간이 너무 짧다. 우리는 두 번 태어난다. 한 번은 인간이라는 종으로서 태어나고 한 번은 남자 혹은 여자라는 자신의 성으로서 태어난다. 하지만 이 성적인 구별은 사춘기에 이르기 전까지는 명확하지 않다. 그때까지 그들 모두는 그냥 '아이'일 뿐이다.

사춘기를 거치면서 아이들은 정념에 눈을 뜨기 시작한다. 격렬한 기질의 변화와 함께 영혼의 동요가 찾아온다. 그는 이제 유순하지 않다. 열병에 걸린 사자처럼 날뛰어서 다루기조차 힘들 때가 많다.

기질의 변화는 외모에도 영향을 끼쳐 그를 어른도 아니고 아이도 아닌 어중간한 상태로 만든다. 목소리에 변성이 오고 가느다랗던 솜털은 굵어지기 시작한다. 발육의 변화가 영혼을 뒤흔들기라도 하듯 그의 눈빛은 전에 없던 생기로 반짝인다. 하지만 이 생기는 시시각각으로 흔들리고, 까닭 없는 불안에 사로잡혀 눈물을 내

비치기도 한다. 어쩌다 이성의 손이 그의 몸을 스치기라도 하면 팽팽한 기타 줄을 건드리기라도 한 것처럼 그의 영혼이 떨린다.

바야흐로 그는 두번째 탄생을 맞이하게 된 것이다. 지금까지의 그는 어린아이에 불과했지만 이제부터 그는 새로운 인생, 새로운 성에 눈을 뜨게 되었다. 정념이 그를 에워싸기 시작한다.

정념, 그것이야말로 자기 보존의 수단이다. 그것을 없앨 수는 없다. 그것을 없애려 하는 것은 자연의 순리를 거역하는 것이며 신의 의지를 배반하는 것이다. 그런데 인간의 본성 안에 깃든 이 정념이 모두 자연의 것이기만 한 것일까? 그런 추론에 문제는 없을까?

정념의 원천이 자연에 있음은 사실이다. 하지만 이 정념이 흘러오는 동안 다른 흐름들이 가세해 큰 강물을 이루게 되었다. 이 강물에서 최초의 물을 찾아내기란 매우 어렵다. 자연적인 정념은 소량에 불과하다. 그것은 우리를 보존케 하며 자유롭게 한다. 우리를 파멸에 이르게 하고 억압하는 모든 정념은 다른 하천에서 온 것이다. 자연은 결코 그러한 가미를 하지 않았다.

우리들이 지닌 정념의 원천은 자기를 사랑하는 마음, 즉 자기애이다. 이것은 모든 것에 앞서는 선천적인 것이다. 그 외의 모든 정념은 이것의 변형물에 지나지 않으며 그러므로 외부적인 원인을 가지고 있다. 이 변형물이 우리를 해롭게 하고 우리로 하여금 자연에 역행하게 한다.

자기애는 선한 것이며 자연의 질서에 부합하는 것이다. 인간은 모두 자기 보존에 최선을 다해 주의를 기울인다. 그래서 우리에게 도움을 주는 것을 선호하고 해가 되는 것을 배척한다. 사람이든 사물이든 마찬가지다.

아이가 갖는 최초의 감정은 자기 자신을 사랑하는 일이다. 그리고 이 첫번째 감정에서 두번째 감정, 즉 자신을 돌봐주는 사람을 사랑하는 마음이 나온다. 이 사랑이 의존을 낳고 이 의존이 확대돼감에 따라 타인을 의식하는 마음이 생겨난다. 이때부터 아이는 편애나 질투 같은 감정에 사로잡히게 된다. 이것이 이기심의 씨앗이다.

자기애와 달리 이기심은 늘 자기 자신을 남들과 비교한다. 남들보다 더 자신을 아껴줄 것을 요구하는 이 감정은 만족할 줄을 모른다. 그런 연유로 미워하고 화를 잘 내는 정념은 이기심으로부터 오고, 온화하고 애정이 넘치는 정념은 자기애로부터 온다.

세상은 혼자 살게 돼 있지 않으므로, 우리는 비교의 위험으로부터 자유롭지 않다. 남들의 평가에 현혹되기도 한다. 인간 관계가 복잡해져감에 따라 이러한 위험은 더욱 증가한다. 어떻게 하면 그러한 위험으로부터 벗어날 수 있는지에 대한 연구는 그래서 필요하다.

인간을 육체적인 존재로서만 이해할 때는 사물과의 관계를 통해 연구해야 한다. 어린 시절의 삶이 그렇다. 그러나 정신적인 존재로서 이해할 때는 인간과의 관계를 통해 연구해야 한다. 이것은 일생을 통해 해야 하는 일이기도 하다.

인간이 반려자를 필요로 하게 되는 순간 그는 이미 고립된 존재가 아니다. 그는 다른 성을 원한다. 다른 성을 원하는 그의 마음은 고독하지 않다. 거기까지는 자연적인 감정이다.

하지만 어떤 대상을 원하는가? 그래서 자신의 기호에 따라 대상을 선택하는 순간, 지식이나 편견의 힘에 영향을 받는다. 우리가 그러한 편견 없이, 상대방의 장점이나 아름다움에 대해 별다른 관념을 갖고 있지 않다면, 모든 남자는 모든 여자를 똑같이 볼 것이다. 그의 눈엔 모든 여자가 참하게 보일 것이기 때문에 제일 먼저 만난 여자에게 마음이 끌릴 것이다. 하지만 편견에 의해 대상을 선택하는 순간, 사랑은 자연의 산물이라기보다는 그것의 억제나 규제로 흐른다. 사랑에 빠진 어떤 사람이 한 상대방에게만 집착하는 것은 그 때문이다.

자, 여기 사랑에 빠진 사람이 있다. 그는 상대방으로부터 선택받고 싶어 한다. 그러기 위해서는 상대방의 눈에 사랑스럽게 보여야 하며, 그 누구보다도 더 사랑스럽게 보여야 한다. 그것은 이미 전쟁이어서 우위를 점하기 위한 싸움, 동료들과의 경쟁 의식이나 질투심 같은 감정에 휩싸이게 한다. 외로움과 분노가, 때론 아쉬움과 쓸쓸함이 그의 마음을 지치게 한다. 이 마음을 누군가에게 털어놓고 싶다. 그에겐 이제 친구가 필요하다. 타인의 판단에 자신을 맡김으로써 위안받고 싶은 욕구가 그를 이끌어간다.

이 관념을 확대해보라. 그러면 우리가 자연적인 것이라고 믿고 있었던 자기애가 그 순수함을 벗어나, 어떻게 위대한 인물에게서는 오만이 되고 평범한 인물에게서는 허영이 되는지 알게 될 것이다. 이런 종류의 정념은 결코 아이에게서는 발견되지 않는다. 아이에게서 그러한 정념이 발견되었다면 그것은 어른들의 책임이다. 어른들이 아이의 마음에 그 씨앗을 심어주었기 때문이다. 하지만 사춘기를 지나면서부터는 다르다. 어른들의 의지와 상관없이 그의 마음에선 이미 이 정념이 싹트고 있다.

숨길 수 없다면 떳떳하게 드러내라

자연의 가르침은 더디지만 인간의 가르침은 빠르다. 그래서 미개한 국민에게서보다는 개화된 국민에게서 아이들이 더 빨리 조숙해진다.

예절 교육을 통해 도덕성을 강화하려는 시도가 아이들을 보다 빨리 성에 눈뜨게 한다. 세련된 언어와 정중한 예의범절로 무장된 장막은 아이들의 호기심을 더 키울 뿐이다. 그래서 도회지의 청소년들은 더 빨리 체력이 소진되며 시든다.

행복한 무지가 아이의 순수성을 얼마나 더 연장시키는지 알기 위해서는 거칠고 소박한 사람들 속에서 살게 해볼 필요가 있다. 남녀가 평화로이 만나 가식 없는 태도로 천진난만하게 노는 광경을 보는 것은 즐거운 일이다. 그렇게 해서 이루어진 인연의 결실은 그 순결한 몸만큼이나 서로에게 귀중한 것이다.

만일 성을 의식하는 시기를 교육의 힘으로 조절할 수 있다면 가능한 한 그 시기를 늦춰야 한다고 생각한다. 늦출수록 젊은이의 체력과 힘은 더 튼튼해지고 강해진다. 성에 대한 호기심의 문제? 일찍 설명하는 것이 좋은지, 적당한 거짓말로 넘어가는 것이 좋은지에 대한 문제? 나는 이도저도 하지 말아야 한다고 생각한다.

우선 이 호기심은 이쪽에서 먼저 유발하지 않으면 생기지 않으므로 실마리를 제공해주지 말아야 한다. 질문해 왔을 때, 아무래도 좋다고 생각되면 거짓말을 하면서까지 대답해주기보다는 그를 침묵하게 하는 편이 더 낫다. 회피하기가 마땅치 않다면, 그래서 대답해주어야겠다고 마음먹었다면 솔직하게 대응하라. 난처한 표정을 짓는다거나 해서 그를 혼란스럽게 하지 말라. 아이의 호기심을 자극하느니 차라리 만족시켜라. 그편이 훨씬 덜 위험하다.

침묵으로 가르칠 자신이 없다면 말로 하되, 정확히 표현하고 단호하게 처신하라. 거짓으로 대응해서는 절대 안 된다. 그것이 거짓으로 판명 나는 순간 당신이 이룬 모든 교육적 성과는 물거품이 되고 말 것이다. 숨길 수 없다면 드러내는 것이 현명하다.

나는 세련되게 말하거나 에둘러 말하는 것도 별로 좋지 않다고 생각한다. 조심스럽거나 완곡한 표현은 자칫 떳떳하지 못하다는 느낌을 주어 오해를 살 수도 있다. 솔직한 사람의 표현은 거칠지언정 단순하다. 피해야 할 것은 거친 표현이 아니라, 언제나 음란한 관념이다.

수치심은 인간에게 자연적인 것이긴 하나 본래부터 지니고 있던 것은 아니다. 수치심은 악을 알면서 생기는 감정이다. 그런데 어떻게 하여 아이에게 그런 감정이 생기는 것일까? 수치심과 정숙함에 대한 교육이 역설적으로 그것을 알게 한다. 이 앎이 화재의 진원지이다. 얼굴을 붉히는 사람이라면 누구나 죄인이다. 순수한 사람은 결코 부끄러워하지 않는다.

아이의 욕망은 어른과 다르지만, 부도덕한 상황에 빠질 가능성은 항상 열려 있다. 그렇기 때문에 어른은 절제로써 반성하고, 아이는 청결로써 가르쳐야 한다. 아이에게 순수함을 잃지 않도록 하는 가장 좋은 방법은 어른들이 솔선수범해서 그 순수성을 존중하고 사랑하는 일이다. 그렇지 않을 경우 어른들이 보이는 모든 조심성은 조만간 위선으로 드러난다. 숨기려고 애쓰는 것이야말로 가르치는 것이다. 말투를 고상하게 포장한다고 해서 이 위험성이 줄지 않는다. 그러한 표현은 아이들이 가져서는 안될 지식을 예상케 함으로써 은밀함에 대한 의혹만 증폭시킨다.

아이가 위험한 호기심을 갖지 않도록 하라. 아이의 단순함에 걸맞게 꾸밈없이, 솔직하고 간결하게 말하라. 한 점 의혹 없이 말하고 있다는 인상을 주는 것이 중요하다. 투박할지언정 불쾌한 관념을 결합시킴으로써 상상력의 불씨를 조기에 진화하도록 하라.

아이들은 곧잘 '아이가 어떻게 만들어지는지' 알고 싶어 한다. 이러한 질문을 받게 되면 어머니들은 침묵에 빠지거나 '그것은 어른들의 비밀'이라는 식으로 회피해 간다. 어떤 식이든 상관없는 질문에 대해 침묵으로 일관함으로써 아이를 가르쳐왔다면, 이때의 침묵 역시 효과적일 것이다. 그러나 '어른들만의 비밀'이라는 식으로 무시하는 태도를 취하는 것은 결코 바람직하지 않다. 아이들은 그 비밀이 무엇인지 알아내기 위해 안절부절못할 것이며 머지 않아 그것을 알아내고야 말 것이기 때문이다.

나는 이와 같은 질문에 매우 인상적으로 대응한 한 어머니를 알고 있다. 며칠 전 오줌에 섞여 담석이 빠져나오는 바람에 요도가 찢겼던 그녀의 아들이 이 같은 질문을 하자 어머니는 이렇게 말했다. "얘야, 여자들도 아기를 오줌을 통해 흘려보내는데, 그게 너무 고통스러워 때로는 죽기도 한단다." 혹시 눈살을 찌푸릴지도 모르겠다. 하지만 이 투박한 답변만큼 지혜로운 설명이 있을까? 쓸데없는 신비감을 물리쳐 상상력의 창을 닫게 함으로써 호기심을 억제하고 있지 않은가? 이 답변에 설레는 욕망의 뒤척임 같은 것이 끼어들 여지는 없어 보인다. 단순한 표현에 깃든 고통의 이미지가 아이의 마음을 출산의 원인이 아니라 출산의 결과 쪽으로 돌려놓는다. 과연 이 어머니는 조금도 속이지 않고 할 얘기를 다했다.

모든 존재는 관계를 통해 변화한다

방탕함에 물들지 않고 자란 아이, 자신의 나이에 어울리도록 교육 받으며 자란 아이는 외롭다. 그 아이는 자기 친구를 개처럼 좋아하고 여동생을 시계처럼 사랑한다. 자기 아닌 인간은 모두 남이며 그들의 행위는 그의 관심을 끌지 않는다. 그는 자신의 일이 아닌 한 아무것에도 주의를 기울이지 않는다. 그것은 오류라기보다는 자연에 대한 무지이다. 이제 자연이 그를 깨우쳐줄 때가 온다. 이 시기야말로 그가 자연으로부터 오는 그 교훈을 위험 없이 받아들일 수 있는 때이며, 내가 그것을 알게 했다. 이것이 내 교육의 원리이다. 세부적인 규칙은 나의 주제가 아니다.

생겨나는 정념에 질서와 규칙을 주고 싶은가? 정념을 정돈하고 싶은가? 그 정념이 자리잡아 갈 수 있도록 충분한 시간을 주어라. 자연이 그 역할을 맡을 것이다. 당신의 학생이 고독하다면 말이다.

하지만 주위 사람들이 그를 그렇게 놔두지 않을 것이다. 그의 상상력에 불을 붙이고 편견의 세론으로 끌어당긴다. 그러므로 당신은 반대 방향으로 그를 밀어야 한다. 감정으로 상상을 결박하고 이성으로 세론을 제압해야 한다. 정념을 지닌 모든 존재는 관계를 통해 변화한다. 이때 악덕에 빠지지 않으려면 그 관계에 따라 질서를, 감정에 질서를 부여해야 한다. 자연의 과정에 의탁하라.

자연의 과정은 점진적이고 단계적이다. 신중하게 교육 받은 젊은이라면, 인간은 홀로 살아가도록 만들어지지 않았다는 것을 깨달을 시기가 온다. 그리고 인간애에 눈을 뜬다. 하지만 이때 갖는 최초의 감정은 사랑이 아니라 우정이다. 성의 차이에 집착하기 앞서 인류라는 공동의 종이 있다는 것을 의식한다. 순수성이 깊이를 더하고 감수성이 인간애를 북돋운다. 노력이 결실을 맺을 때가 온 것이다.

하지만 일찍 타락하여 방탕한 생활에 빠진 청년에게 있어 이 시기는 하나의 비극이다. 그는 참을 줄도 모르고 복수심만 가득하다.

난폭한 기질이 그의 전 상상력을 한곳으로만 몰아간다. 그는 동정도 연민도 없다. 자신의 쾌락을 위해서라면 전 우주까지도 희생시킬 마음의 준비가 되어 있다.

순박하게 자라난 청년은 자연스럽게 길들여진 감정에 충실하다. 어질고 너그러우며 동정심이 많아 친구를 만나면 생기가 돌고 불쌍한 사람을 보면 측은하게 여긴다. 예민한 그의 감수성은 질풍노도의 불꽃을 드러내기도 한다. 하지만 그의 선한 마음은 잔잔한 호수와 같아서 자신이 저지른 사소한 잘못에도 금방 반응을 일으킨다. 후회와 부끄러움에 가슴 아파하고, 온 힘을 다해 속죄하려 한다. 상대가 잘못했을 때는 간단한 말 한마디로도 그의 분노를 잠재울 수 있다. 그는 남을 용서할 때도 속죄할 때의 선한 마음으로 그것을 받아들인다.

청년기는 복수나 증오의 시기가 아니다. 연민과 관용의 시기이다. 스무 살이 될 때까지 그 순수함을 유지하고 있는 청년이라면 반드시 그렇다. 이 말이 의심스럽다면, 그는 학교 교육의 타락한 분위기밖에 모르는 사람이다. 오로지 경쟁심만 부추기는 그러한 학교.

인간의 허약함이 인간을 사회적 존재로 만든다. 우리의 비참함이 우리를 인간애에 경도되게 한다. 결핍이 애착을 낳고, 타인에 대한 필요가 협력을 낳는다. 그러므로 인간이란 절대적으로 행복할 수가 없다. 신만은 그럴 수가 있을 것이다. 우리는 좀 더 상대적으로 행복할 뿐이다. 만일 어떤 사람이 '자기 홀로'라는 절대 공간에 살면서 만족해한다면 그가 향유하는 것은 무엇일까? 고독과 비참함만이 있을 것이다. 부족하지 않고는 사랑할 수 없으며, 사랑하지 않고는 행복할 수도 없다.

우리가 인간애를 갖는 것은 즐거움의 감정 때문이 아니라 고통의 감정 때문이다. 고통에 빠진 사람을 보며 동정하지 않는 사람이 누가 있겠는가? 가능하면 그를 도와주고 싶은 것이 인간의 본성이다. 하지만 자신보다 행복해 보이는 사람에 대해서는 질투심을 느끼며 그로 인해 고통스럽기까지 하다. 동정심의 경우는 차라리 기쁨에 가까운 쾌감을 준다. 일시적으로 고통을 겪고 있는 사람의 입장에 서보긴 하지만 궁극적으로 자신은 고통스럽지 않기 때문이다.

젊은이의 마음을 선량하게 가꾸고 싶은가? 그렇다면 그의 마음이 질투심에 사로잡히지 않도록 하라. 사치와 화려함의 세계를 맛보게 하지 말라. 귀족 사회의 겉멋든 세태 속으로 그를 끌고 들어가지 말라. 인간에 대해 알기 전에 그러한 세상을 보여주는 것은 결코 바람직하지 않다.

인간은 모두 평등하게 태어났다. 왕으로도 태어나지 않았으며 귀족으로도 태어나지 않았고 부자로도 태어나지 않았다. 벌거숭이로 태어나 벌거숭이로 돌아간다는 것, 그것이 진정한 인간의 실체이자 운명이다. 그러므로 우리가 인간의 본성에 대해 연구해야 한다면 여기에서부터 출발해야 하리라.

아이가 열여섯 살에 이르게 되면 고통이 무엇인지 알게 된다. 만일 당신의 아이가 그렇지 못하다면, 당신은 일찍부터 감정을 속이는 법을 가르쳤다고밖에 볼 수 없다. 그래서 그는 자신이 위장하는지도 모르고 위장한다. 하지만 나의 에밀은 다르다. 그는 자기 감정에 솔직하다. 느낌 없이 표현하지 않는다. 죽음에 대해서도 마찬가지다. 그는 죽음이 무엇인지 알지 못하기 때문에 누군가 죽어도 눈물을 흘리지 않는다. 자기 자신의 문제가 아닌 한 관심조차 보이지 않는다. 이러한 그의 무관심은 결코 위선이 아니다.

에밀은 감성적인 존재에 대해 별로 생각해보지 않았기 때문에 괴로움이 무엇이고 죽음이 무엇인지에 대해서는 아주 늦게 알 것이다. 그리고 그때 그는 누구보다 마음 아파할 것이다. 피를 보면 고개를 돌릴 것이고, 죽어가는 동물을 보면 마음이 무너져내릴 것이다. 만일 그가 야만의 상태로 자라났다면 그런 감정을 느낄 수 없었을 것이다.

이렇게 하여 자연의 질서에 따라 인간의 마음을 움직이는 상대적 감정, 즉 동정심이나 연민이 생겨난다. 아이의 감수성을 예민하게 다듬고 동정심 많게 하기 위해서는 이 세상에 자기와 같은 존재가 있다는 것을 알려야 한다. 그래서 그 존재가 자기처럼 괴로워하고 있다는 것을 아는 한편, 그 대상과 일체가 될 수 있게 해야 한다. 우리의 마음이 상대의 마음을 취하지 않고서야 어찌 연민을 느낄 수가 있겠는가? 우리가 다른 존재로 인해 괴롭다면, 그것은 우리 안에서가 아니라 그의 안에서이다.

나이 들어서의 얼굴은 자신의 책임이다

고통에 대한 감정을 지속시키는 것은 기억이다. 그리고 그것을 증폭시키는 것은 상상이다. 이런 연유로 사람들은 짐승의 고통에 대해 더 냉담하다. 짐수레를 끄는 말에 대해 동정심을 갖는 사람은 없다. 우리는 그 말이 건초를 먹으면서 매 맞은 일을 회상하거나 앞으로 닥칠 노역을 걱정할 것이라고 믿지 않기 때문이다. 죽음을 앞둔 동물에 대해 동정심을 품지 않는 것도 그 때문이다.

이러한 원리는, 정도의 차이는 있지만 인간 사회에도 적용된다. 부자들은 가난한 사람을 핍박해 놓고도 그들이 그 고통을 의식하지 못할 정도로 어리석다고 가정함으로써 위안을 얻는다.

사려 깊은 사람에게 차별이란 있을 수 없다. 하층민이든 귀족이든 똑같은 정념과 감정을 가지고 있으며, 똑같이 느낀다. 차이가 있다면 그들의 어조만 다를 뿐이다. 그렇지 않고 이 양자 사이에 본질적인 차이가 있다고 주장한다면, 그 점을 은폐하고 있는 음흉한 사람들만 더 불리해진다. 민중은 있는 그대로의 모습을 내보이기에 거칠고 투박하다. 하지만 상류층의 사람들은 끊임없이 가장하지 않으면 안 된다. 그렇지 않으면 곧 혐오감이 드러날 것이기 때문이다.

신분에 관계없이, 사람에게 주어진 행복이나 고통의 양은 동일하다고 주장하는 사람들이 있다. 참으로 어처구니없는 얘기다. 다

같이 행복하고 다 같이 불행하다면 누가 누구를 동정하겠는가? 왜 그래야 하는가? 그냥 있는 그대로 살게 놔두어라. 학대 받는 자는 학대 받게 놔두고 죽어가는 자는 죽게 놔두며 굶는 사람은 굶게 놔두어라. 부자들에게도 고통이 있다고? 그들의 쾌락이야말로 덧없는 것 아니냐고? 조잡한 궤변이다. 가진 자들의 고통은 가진 상황에서 오는 것이 아니라 가진 그것을 남용하는 데서 오는 것이다. 따라서 그의 불행은 동정받을 만한 가치가 없다. 그 불행은 전적으로 그의 탓이다.

하지만 없는 자들의 고통은 그 상황에서, 그들을 짓누르는 가혹한 운명으로부터 온다. 어떤 지혜나 덕망도 육체의 굶주림이나 피로를 해소시켜주지는 못한다. 설사 그에게 분별력이 있다 한들 상황이 바뀌지는 않는다. 주인이 그의 다리를 부러뜨릴 것이라는 것을 알았다고 해서 노예*의 상황이 나아졌겠는가? 고통을 의식하지 못할 정도로 어리석다고? 전혀 그렇지 않다. 그는 당면한 고통 이외에도 다가올 고통을 예상하며 더 아파한다.

그러니 당신의 종족인 인류를 존중하라. 인류의 주류가 민중임을 알고 그들을 사랑하라. 당신의 학생으로 하여금 한 계층에만 속해 있게 하지 말고 전 계층에 있게 하라. 인류에 대해 경멸이 아니라 연민을 가지고 대하도록 가르쳐라.

*제정 로마시대의 노예 출신 스토아 철학자 에픽테토스를 말한다. 노예 신분이었던 그는 주인이 자신의 발을 비틀자 주인에게, '제 발이 부러지겠습니다' 고 말했다가 발이 부러지자 조용히, '그것 보십시오. 제가 부러진다고 하지 않았습니까' 하고 말했다 한다.

사람에 따라서는 좀 더 냉혹한 기질을 타고난 사람들도 있다. 그런 사람들은 웬만한 비극이 아니고서는 결코 슬퍼하지 않는다. 공정하고 바른 인간은 될 수 있을지언정 너그러움이나 동정심 따위와는 거리가 먼 인간들이다. 하지만 젊은이들 가운데 그런 사람은 없다. 특히 에밀처럼 교육 받고 정신적 상처 없이 자라난 젊은이들이라면 더욱 그렇다. 그들이 보이는 표면적인 무감각은 오로지 무지의 소산일 뿐이다. 그러나 이 무감각도 때가 되면 연민이라는 옷을 갈아입게 된다. 인간과 인류에 대한 관념이 그가 지닌 감정의 진솔함과 더불어 함께 움직이기 때문이다.

그런데 왜 난 여기서 이런 얘기를 하는 것일까? 왜 이 우울한 광장에 에밀을 불러낸 것일까? 행복만을 약속하겠노라 선언해 놓고서 그 결심을 내가 잊고 있다고 비난하는 목소리가 들리는 것 같다. 하지만 오해 마시라. 나는 에밀에게 행복하게 해주겠다고 약속했지, 행복한 것처럼 보이게 해주겠다고 약속한 적이 없다.

가령 여기 기초 교육을 마치고 정반대되는 두 문을 통해 사회로 입문하는 두 젊은이가 있다고 치자. 한 사람은 단기간에 올림포스 산의 정상에 올라 가장 화려한 사교계로 진출한다. 그는 돈 많은 귀족들과 어울리며 예쁜 여자들에 둘러싸여 가는 곳마다 환대를 받는다. 나날이 새롭고 즐겁다. 그는 호기심에 가득 차 모든 것을 탐닉하며 이곳저곳을 기웃거린다. 당신은 그가 부럽다. 당신은 그가 자신의 삶에 만족하고 있다고 생각한다. 하지만 나는 그가 괴로워하고 있다고 생각한다.

그가 느끼는 즐거움은 대부분 일시적인 것들이기 십상이다. 그가 궁궐을 거닐고 있는가? 그의 모습을 자세히 보라. 궁궐의 주인과 자신의 아버지를 비교하며 신세를 한탄하는 그가 보이지 않는가? 비교할 때마다 허영심이 불을 질러 그를 고통스럽게 한다. 자신보다 훌륭한 옷차림을 한 젊은이를 보며 괴로워하고 상대적으로 더 낮은 자신의 신분에 대해 불평한다. 마침내 남을 의식하는 눈이 지나쳐 스스로 돋보이려는 의지가 그를 고립시킨다. 잘난 체하며 오만해 보이는 그의 태도에 대해 조롱하고 멸시하지 않을 사람이 누가 있겠는가? 단 한 명의 모욕이 열 사람의 갈채를 휘젓고 들어와 그의 가슴에 꽂힌다.

좀 더 훌륭한 조건을 갖춘 청년이라고 해도 상황이 바뀌지 않는다. 좀 더 예쁘고 좀 더 돈 많은 여자가 그를 따라다닌다고 해도 마찬가지다. 그의 욕망이 충족되는 순간 쾌락 역시 고갈돼 권태만 남는다. 무엇을 하든 그는 금방 싫증을 느끼고 새로운 대상을 찾아나선다. 그의 몸을 움직이는 것은 허영심이며 이 허영심이 그를 좀먹는다. 그의 마음을 어지럽히는 온갖 정념들 때문에 그는 괴로워하며 아무리 먹어도 공복감을 느끼는 그의 욕망은 그를 더욱 못살게 굴 뿐이다. 이것이 당신의 학생이다. 이제 내 학생을 보자.

에밀은 아무리 우울한 상황에 맞닥뜨려도 자신을 돌아봄으로써 넉넉해질 수 있다. 그는 주변의 불행을 많이 보아왔기에, 그리고 자신은 그 표적이 되지 않았기에 행복하다고 느낀다. 그는 남들의 고통에 연민을 느끼고 불행을 나누어 가진다. 그 나눔은 자발적이기에 즐겁고 흔쾌하다. 그의 힘은 충만돼 있어 남들을 도우면서도 활력을 잃지 않는다. 남의 불행에 동정하려면 그것을 알아야 하지만 반드시 그것을 느껴야 하는 것은 아니다. 사람들은 괴로움에 대한 경험 때문에 남에 대해 동정할 수 있다. 그러나 자신이 괴로운 처지에서는 자기만을 동정한다. 그러므로 모든 사람이 괴로움에도 동정을 베푼다면 어떻겠는가? 자기에게 쓰고 남은 감정의 여유분을 떼내어 동정으로 베풀었다고 볼 수 있지 않겠는가? 그때 그 감정은 유쾌하다. 왜냐하면 그 감정에 의해 자신이 선택받았다는 것을 알게 해주기 때문이다. 반대로 냉혹한 사람은 항상 불행하다. 그에겐 남에게 베풀 어떤 감정적 여유도 없기 때문이다.

우리는 겉모습만 보고 행복을 판단하며 엉뚱한 곳에서 그것을 찾는다. 쾌활함이란 종종 모호한 행복감의 표시일 뿐이다. 그런 사람일수록 집에서는 우울하고 잔소리가 많다. 진정으로 만족하고 있는 사람은 그렇게 들뜬 감정을 보이지 않는다. 행복한 사람은, 이를테면 평온하다. 그는 자신의 행복을 가슴으로 껴안고 산다. 절제된 기쁨으로 자신을 관리한다. 반면 떠들썩한 즐거움이나 안달하는 욕망, 변덕스런 호기심의 뒤엔 항상 권태가 있다. 그래서 자기 자신으로 돌아갈 때 늘 불편하다. 그의 주관심사는 자신의 정체성을 향해 있지 않고 오로지 남들에게 자신이 어떻게 보이는가 하는 데만 있다. 앞서 말한 젊은이가 그런 경우이다. 반면 에밀의 얼굴에서는 평정심, 진정한 마음의 평화를 보여주는 순진한 모습만을 떠올리게 된다.

인간의 얼굴은 단지 자연의 책임이 아니다. 습관화된 감정의 누적된 결과이다. 그 결과가 인간의 얼굴에 지속적인 영향을 미친다. 그러니까 나이 들어서의 얼굴은 그 자신의 책임이라고 말할 수 있다.

쾌락의 유혹에 빠지지 않도록 주의하라

아이들의 감정은 아주 단순해서, 기쁨이나 고통 같은 양극단의 정서만을 가진다. 이 양극단을 오가는 감정의 교차로 인해 아이들의 얼굴은 정형화된 인상을 남기지 않는다. 하지만 어떤 시기에 이르러 감수성이 예민해지면 지우기 어려운 인상이 남게 돼 세월의 흐름과 함께 얼굴에 각인된다.

나의 에밀은 가식적이지도 않으며 관례적인 예절을 흉내 내지도 않으므로 자칫 무뚝뚝해보일 수도 있을 것이다. 하지만 그는 누구보다도 사랑할 줄 아는 사람이 될 것이라는 점만은 장담할 수 있다. 그리고 나는 자신밖에 사랑할 줄 모르는 사람은 스스로를 아무리 잘 위장하더라도 타인에 대한 애정 속에서 행복감을 얻는 사람만큼 그들로부터 인정받지 못하리라는 것을 안다.

그러므로 젊은이의 마음을 자극하기보다는 억제하도록 하라. 그럼으로써 쓸데없는 정념에 물들어 쾌락의 유혹에 빠지지 않도록 주의하라. 여기서 다시 도시가 아닌 농촌으로, 그의 어린 시절 거주지였던 시골로 데리고 갈 필요가 생긴다. 시골의 단순함은 그 나이 때의 정념이 초래하기 쉬운 도발을 막아줄 것이다. 설령 그 아이에게 예술적인 취향이 있어 그를 도시로 이끈다 하더라도 그것을 자제시켜라. 교제의 범위와 일과 놀거리를 선택해주어라. 절제되지 않은 정념의 폐해는 언제나 크다. 유혹 없이 감동하도록 하고 감각 기관의 선동 없이 감수성을 가꾸도록 정숙한 환경을 만들어주어라.

그렇다고 해서 당신의 학생을 간병인이나 수도사로 키우라는 것은 아니다. 고통 받는 대상을 끊임없이 보여주어 그의 시선을 괴롭히고 그의 마음을 냉혹함에 젖게 할 필요는 없다. 인간의 불행이나 비참함을 몰라서도 안 되지만 너무 자주 보여줌으로써 그것에 익숙하게 하지 말라. 익숙함은 상상력을 고갈시킨다.

그런데 우리가 타인의 불행을 느끼는 것은 이 상상력을 통해서이다. 사제나 의사의 표정을 보라. 그들의 얼굴은 늘상 굳어 있다. 죽음이나 고통스러운 장면을 너무 많이 보아 그 방면의 상상력이 고갈됐기 때문이다. 그러므로 적절한 때를 선택해, 당신의 학생으로 하여금 이웃의 불행을 목도하게 하라. 그리고 한 달 정도의 숙고할 기간을 주어 동정심을 갖게 하고 사태를 성찰하도록 이끌어라. 판단은 언제나 성찰을 통해 얻어지며 그것은 대상 그 자체에서보다는 그 대상을 바라보는 관점에서 생겨난다는 것을 유념하라.

그가 지식을 쌓아감에 따라 그와 연관된 관념을 잘 선택하라. 마찬가지로 그에게 욕망의 불꽃이 타오를 때는 그것을 억제하기에 적절한 광경을 선택하라. 용기와 품행이 뛰어났던 한 노병이 자신의 청년시절 애기를 내게 해준 적이 있다.

독실한 신앙을 가진 그의 아버지는 아들이 성에 눈을 뜨고 그 방면에 탐닉하는 기미를 보이자 그것을 억제하기 위해 온갖 수단과 방법을 가리지 않았다. 하지만 아들의 욕구를 억제하는 데 실패하자 마지막으로 그는 아들을 매독 환자들을 치료하는 병원으로 보냈다. 아버지의 강압에 의해 병실로 들어선 순간 그는 눈앞의 추악한 광경에 그만 기가 질려버리고 말았다. 아버지가 아들에게 말했다. "이 방탕한 아이야, 그 천한 욕망에 끌려 다녀보거라. 너도 곧 이 병실에 갇혀 치욕적으로 삶을 마감하게 되고 말 테니." 아들은 이때의 치욕을 결코 잊지 못했다. 자신의 직업상 젊은 한때를 병영에서 보내야 했던 그는 당시의 충격으로 인해 동료들의 방탕함을 좇기보다는 조롱을 감수하는 쪽을 택했다. 그는 내게 말했다. "저도 남자였는데 왜 유혹이 없었겠습니까. 하지만 그때 이후로 저는 공포심 없이 창녀를 볼 수가 없었습니다." 그러니 선생이여, 말을 너무 앞세워 과도한 충격 요법으로 아이를 몰아세우지 말라. 때와 장소를 잘 선택해 보여줄 수 있는 것만을 보여줘라.

어린 시절에 깃들 수 있는 악에 과잉반응하는 것은 좋지 않다. 그러한 악을 치유할 수 있는 시기는 자연스레 도래한다. 아이의 교육을 서두르지 말라. 훌륭한 교육의 중요한 원칙 가운데 하나는 모든 것을 가능한 한 늦추라는 것이다. 느려도 좋으니 확실하게 발전하도록 해서, 어른이 되기 전에 청년으로서 해야 할 일을 하나도 남기지 않도록 하라.

교육에 반드시 필요한 청년의 열정

정신과 신체의 조화로운 발달을 도모해야 한다는 것, 그것이 중요하다. 그래서 어느 한쪽의 부족함이나 넘침이 다른 한쪽의 발달을 저해하게 해서는 안 된다. 덩치만 크다고 해서 용기가 출중한 것도 아니며 두뇌가 약삭빠르게 회전한다고 해서 재능이 꽃 피는 것도 아니다.

선생들은 흔히, 젊은 시절의 불 같은 열정 때문에 그 시기의 아이들은 다루기 힘들다고 토로한다. 일리 있는 말이다. 하지만 그것은 선생들의 잘못이 더 크다. 아이들의 감각 기관을 통해 흘러나오는 불 같은 열정은 그것 자체로 자연스러운 것이다. 과도하게 통제하지만 않으면 타락할 이유가 없다. 도대체 선생들은 자신의 현학적인 설교가 아이들에게 통하리라고 생각하는가? 그로 인해 인간의 욕망이 추방될 것이라고 믿는 것인가? 이해시키지도 못하면서 명령과 규율로 아이의 마음을 통제하려 한다면, 아이는 그 선생의 변덕과 증오 외에 무엇을 볼 수 있겠는가? 자연히 반항하는 마음이 들지 않겠는가? 나는 억제시켜야 할 악덕을 오히려 자극하는 그 같은 행위로 인한 권위의 유지가 도대체 왜 필요한지 모르겠다. 그것은 마치 날뛰는 말을 진정시키기 위해 말을 절벽으로 뛰어내리게 하는 것과 같은 짓이다.

청년의 열정이야말로 교육에 장애가 되는 것이 아니라 그 교육을 수행하기 위해 없어서는 안될 재산이다. 청년이 당신만큼 강해졌을 때 그 청년의 마음을 당신이 잡고 있게 하는 것도 바로 이것이다. 청년을 움직이게 하는 것은 애정이라는 고삐이다. 당신은 이 고삐를 통해 그의 마음을 움직인다. 한때 자유로웠지만, 이제 그는 복종한다. 사랑이 없을 때는 오로지 그 자신의 필요에 의해서만 움직인다. 그러나 사랑을 갖게 되면 그 인연의 끈에 속박된다. 청년의 감수성이 사랑 쪽으로 이끌리는 것이다.

하지만 그렇다고 해서 처음부터 그가 모든 인간을 포용할 수 있는 것은 아니다. 인류애를 갖는다는 일이 그리 간단한 것은 아니다.

감수성은 우선 자신과 유사한 처지에 있는 사람들에게로 향할 것이다. 자신과 닮았으며 자신과 관계 맺고 있는 사람, 사고방식이나 행동거지가 비슷한 사람, 고통과 즐거움을 함께 나눌 수 있는 사람들에게 한층 더 쏠릴 것이다. 그것이 개인적 본성이고 관념이다. 하지만 이 관념이 곧 인류라는 추상적 관념으로 일반화되지는 않는다. 그렇게 되기 위해서는 자신의 본성을 다양하게 육성한 후, 즉 그 자신의 감정과 타인의 감정을 성찰한 연후에야 비로소 가능하다.

애정에 눈을 뜸으로써 그는 타인의 애정도 느낄 수 있게 된다. 애정의 표시에, 혹은 그러한 징조에 주의를 기울임은 물론이다. 그 순간 당신은 그에 대해 얼마나 큰 영향력을 가지게 되었는가? 당신으로 인해 그가 부쩍 성장했다는 것을 깨닫게 될 때, 또는 자기 또래의 다른 청년들과 비교해 더 나은 가정교사를 가졌다고 깨닫게 될 때 말이다.

하지만 이때 당신은 주의해야 한다. 섣불리 당신이 그 점에 대해 지적하면서 그 보답으로 복종을 요구하는 순간 청년은 깨달음 대신 당신에게 속았다고 생각할지 모르기 때문이다. 당신이 아무리 그것은 그 자신을 위한 요구라고 강변해도 소용이 없다. 어쨌든 당신은 요구하고 있기 때문이며, 그러는 한 당신은 거래를 시도하고 있는 사기꾼이라는 혐의에서 벗어나기 힘들기 때문이다. 만일 당신이 당당하게 물건을 팔고 있는 처지라면 나는 가격을 흥정할 수 있다. 하지만 공짜로 주는 척하면서 뒤로는 대가를 요구한다면, 그것은 기만이며 사기라고 할 수 있지 않겠는가? 당신이 당신의 학생에게 베풀고 싶다면 아무런 대가 없이, 적어도 그런 내색 없이 그일을 할 수 있어야 한다.

은혜를 베푼 사람은 그 일을 잊을 수 있을지언정, 은혜를 입은 사람은 결코 그 은혜를 잊지 않는다. 당신이 낚시꾼의 마음으로 선행을 베푼 것이 아니라면 그는 당신을 생각하며 언제나 감동한다. 그리고 뜻밖의 기회를 통해 그 은혜를 갚을 때가 온다면 그는 기꺼이 당신을 돕고 감사를 표할 것이다. 아주 즐거운 마음으로 말이다. "이제 제 차례가 왔습니다." 이것이야말로 진정한 자연의 목소리이다.

그러므로 이제 당신은 그의 책임을 문제 삼는 대신 의무만을 지적해야 한다. 그를 유순하게 만들고 싶다면 그에게 완전한 자유를 주어라. 그가 당신을 찾도록 스스로를 감추어라. 그의 이익에 관해서만 거론함으로써 은혜에 대한 고귀한 감정을 싹트게 하라. 고용된 가정교사의 열의가 아닌 친구로서의 우정으로 그를 대하도록 해 강한 유대감을 결성하라. 우정의 목소리만큼 울림이 큰 것도 없다. 친구지간에도 잘못 얘기할 수는 있지만 결코 속이지는 않는다. 친구의 조언에 저항하는 경우도 있지만 그것을 무시하는 경우는 없다. 자, 이제 우리는 마침내 도덕적인 질서 속으로 들어오게 되었다.

인간과 사회에 대해 보여주어라

에밀의 시야는 좀 더 넓어졌다. 그는 이제 주변과 이웃에 눈길을 돌린다. 그때 그의 마음을 자극하는 최초의 감정은 남들과 자기 자신을 비교하면서 느끼게 되는 일종의 우월 의식이다. 자기애가 이기심으로 바뀌는 시점이 이때이며 그와 더불어 모든 정념이 생겨나기 시작하는 시점도 이때이다. 하지만 그는 아직 정념들에 대해 분별할 능력이 없다. 그러므로 인간의 지위가 어떠해야 하는지에 대해서도, 그리고 그 지위에 오르려면 어떤 장애들을 극복해야 하는지에 대해서도 알지 못한다.

그것을 알기 위해서는 인간과 사회에 대해 보여줄 필요가 있다. 인간과 사회는 같이 연구해야 한다. 인간은 사회에 의해, 그리고 사회는 인간에 의해 연구되어야 한다. 그러므로 정치와 윤리는 한 쌍이다. 이 둘을 분리해 연구하고자 하는 사람들은 그 어느 쪽도 제대로 이해할 수 없을 것이다. 우선 원시적인 관점에서만 보더라도, 인간의 정념이 발달할수록 그 관계가 복잡하고 긴밀해진다는 것을 알 수 있다. 그런 면에서 인간을 보다 자유롭고 독립적이게 하는 것은 마음의 절제이다. 아무것도 원하지 않는 사람은 아무 것에도 얽매어 있지 않기 때문이다. 하지만 이 욕망의 비움을 사람들은 곧잘 육체적인 욕구와 혼동한다. 그럼으로써 그 욕구를 사회 형성의 기초 원리로 삼는 바람에, 결과를 원인으로 착각해 모든 추론에서 오류를 범한다.

자연의 상태에는 누구도 침해할 수 없는 사실상의 평등이 있다. 이 상태에서 인간은 서로를 지배하거나 종속될 만큼 특별한 차이를 보이지 않는다. 하지만 사회 상태에는 망상적이고 헛된 권리에 의한 평등이 있다. 왜냐하면 평등을 유지한다는 명목으로 자행되는 수단 자체가 그 평등을 파괴하기 때문이며, 강자에게 부여된 공공의 권력은 약자를 억압하고 자연이 확립해 놓은 균형을 파괴하기 때문이다.

이 최초의 모순으로부터 문명사회의 모든 착오가 생겨난다. 소수를 위해 다수는 희생되며 개인의 이익을 위해 공공의 이익 또한 희생된다. 정의니 충성이니 하는 허울 좋은 용어들은 곧잘 폭력이

나 부정의 무기로 악용된다. 만인을 위해 봉사한다는 특권 계층의 사람들은 실상 자신만을 위해 봉사할 따름이다. 그러므로 정의와 이성이라는 명분 하에 바쳐지는 특권 계층의 사람들에 대한 존경 또한 재고되지 않으면 안 된다.

인간은 누구나 자기 운명의 주인이다. 그러므로 자신의 지위나 신분이 야기할 행복에 대해서도 심도 있는 관찰을 하지 않으면 안 된다. 이것이 지금부터 해야 할 우리의 연구과제이다. 하지만 이 연구를 올바로 진행하기 위해서는 무엇보다 먼저 인간의 마음을 아는 일이 급선무다.

당신의 학생에게 가면을 쓴 인간의 모습을 보여주어서는 안 된다. 언제든 인간을 묘사할 때는 진정하게, 있는 그대로의 모습을 그려 보여야 한다. 그가 인간을 미워하도록 하기 위해서가 아니라 그 인간을 동정하고 그러한 인간이 되지 않도록 하기 위해서이다. 내 생각으로는 이것만이 같은 인간에 대해 가질 수 있는 가장 알맞은 감정이다.

그러기 위해서는 이제까지 해왔던 것과는 반대의 방식으로 이 문제를 고찰할 필요가 있다. 즉 청년을 가르침에 있어 그 자신의 경험을 통해서가 아닌 다른 사람의 경험을 통해 학습하도록 할 필요가 있다. 피타고라스는 이 세계를 올림픽 경기장에 비유한 바 있다. 어떤 사람들은 이 경기장에서 장사를 하며 이익을 챙기고 어떤 사람들은 자기의 일신을 내던져 영광을 추구한다. 그리고 어떤 사람들은 그 경기를 보면서 만족한다. 이들 가운데 마지막 사람들이 가장 최상이다.

나는 청년과 어울릴 사람들을 잘 선택해주고 싶다. 그래서 그가 사람에 대해 호의적이기를 원하며 세상에 대해서는 냉철하게 거리를 두고 생각하기를 원한다. 천성적으로 인간은 선한 존재라는 느낌으로 이웃들을 대하게 하고 싶다. 하지만 사회가 인간을 타락시키고 왜곡시킨다는 것 또한 보여주고 싶다. 그리하여 사람들의 편견 속에 모든 악의 뿌리가 기생하고 있음을 알게 하고 싶다. 개인은 존중하되 군중은 경멸하게 할 것이다. 대개의 사람들이 비슷한 가면을 쓰고 살아간다는 것을 알게 하겠지만, 그 가면보다 더 아름다운 얼굴도 이 세상에는 있다는 것을 알리고 싶다.

하지만 고백하자면, 이 방법을 실행하기란 쉬운 일이 아니다. 그가 너무 일찍 관찰자적 시각을 갖다보면 타인에 대해 비판적으로 접근하게 되어 빈정대거나 비방하길 좋아하고, 단정적인 자세로 모든 것을 판단할 수도 있기 때문이다. 그렇게 되면 그는 좋은 것도 좋지 않게 보며 냉소적이 되어 악에 대해서마저도 무덤덤해질 수 있다. 이 무덤덤한 상태가 어떤 사악함을 교훈적 입장에서 바라보게 하기보다는, 세상이 어차피 그런 식이라면 뭘 해도 소용없을 것이라는 식의 자기 회피 수단으로 이용될 수도 있다는 것을 알아야 한다.

그렇다고 당신이 그를 가르친답시고, 선은 이렇고 후는 이렇다는 식으로 인간의 본성과 악덕의 관계에 대해 이해시키려 한다면, 그는 이제 감각적인 대상에서 지적인 대상으로 일거에 돌변하게 되어 당신은 그가 전혀 이해할 수도 없는 형이상학의 세계로 그를 끌고 가는 셈이 된다. 이는 지금까지 당신이 그토록 기피하고자 했던 교훈을 주입하는 결과를 낳고 말 것이다. 즉 그 자신의 경험과 이성으로 문제를 해결하는 대신 당신의 권위와 경험으로 그 문제를 해결하도록 할 것이다.

역사를 통해 가르쳐라

그러니 어떻게 할 것인가? 이 문제를 적절히 해결하기 위해 나는 그에게 동시대의 인물이 아닌 다른 시대의 인물, 다른 환경의 인물을 예로 들어 그에게 보여줄 것을 제안한다. 이제 그는 역사를 배워야 할 시기가 온 것이다. 역사를 통해 그는 스스로 행동하지 않으면서도 인간의 움직임과 마음을 들여다볼 수 있을 것이다. 그리하여 그들의 말과 행동이 어떻게 다른지, 어떻게 가면이 벗겨지고 진실이 드러나는지 알 수 있을 것이며 그로 인해 별다른 철학 교육 없이도 인간을 보다 잘 이해하게 될 것이다.

여기에서의 난점은 역사가의 관점이 공정함과는 거리가 멀어서, 항상 역사의 결함만을 묘사한다는 데 있다. 그래서 역사가들은 인간의 좋은 측면보다는 좋지 않은 측면에 주목하게 되고 혁명이나 커다란 사건 같은 이슈에만 초점을 맞추게 마련이다. 역사가는 평온한 국민을 기술하지 않는다. 역사가는 쇠퇴해가는 국민들에 관해서만 기술하기 때문에 역사는 모든 것이 끝나는 곳에서 시작한다. 그러나 우리에게 필요한 것은 번영하고 있는 국민의 역사이다. 그러한 국민은 행복하고 슬기롭다. 하지만 그러한 국민들에 대해 사람들은 별로 할 말을 가지고 있지 못한 듯하다. 선한 사람들이나 그들의 행동은 곧바로 잊혀질 뿐이며 역사의 페이지를 장식하는 것은 언제나 악인들의 처세뿐이다. 이것이 역사가 철학과 마찬가지로, 왜 그들은 끊임없이 인류에 대해 중상하고 있는가에 대한 답이다.

게다가 역사는 역사가의 관점에 따라 변형되므로 편견의 색채를 띠고 있다는 점을 알아야 한다. 그들의 무지나 오류가 사실을 늘리거나 축소시킴으로써 실제를 왜곡하는 일은 그 얼마나 많은가? 동일한 대상도 관점에 따라 다르게 보이게 마련이다. 그때 우리는 어느 것이 사실인지에 대해 어떻게 결론 내릴 수 있을 것인가? 바라보기에 따라 더 많거나 적기도 한 나무들, 왼쪽에 있을 수도 있고 오른쪽에 있을 수도 있는 바위들, 혹은 바람에 의해 치솟는 먼지의 소용돌이 때문에 얼마나 많은 전투의 결과가 바뀌었을 것인가? 그런데도 역사가는 마치 스스로 전장에 있었던 사람처럼 그 전투의 승패에 대해 확신을 갖고 기술한다. 어떤 사실의 원인을 알지 못한 채 결과를 논한다면 사실이라고 주장하는 그것의 정당성을 무엇으로 담보할 수 있단 말인가? 그러한 역사에서 어떤 교훈을 이끌어낼 수 있단 말인가?

당신은 『클레오파트라』나 『카산드라』* 같은 책들을 읽어본 적

252

이 있는가? 소설적 상상력을 동원해 맛깔 나게 이야기를 풀어나간 이 소설과 역사 사이에 어떤 차이점이 있는지 나는 알지 못한다. 하지만 좋든 나쁘든 이 소설엔 어떤 도덕적인 목적이 깔려 있지만 역사서에는 그런 것조차 끼어들 여지가 없다. 나는 역사가 이런 식의 상상력에 기댈 뿐이라면, 그래서 내 학생이 그러한 모습만 봐야 한다면 차라리 내 손으로 직접 그것을 그려 보여주고 싶다.

무엇보다 경계해야 할 것은 역사가의 판단이다. 당신의 학생이 역사가의 판단에 기대게 하지 말고 스스로 판단하게 하라. 그렇지 않으면 그는 항상 남의 눈으로만 볼 뿐이다.

처음에 보여줄 역사서로서 가장 적합한 것은 판단이 개입되지 않은, 오로지 서술만 돼 있는 책이 무난하다. 나는 살루스티우스**도 폴리비오스***도 권하고 싶지 않다. 타키투스****는 괜찮지만 노인에게 적합한 책이어서 젊은이들에겐 어울리지 않는다. 경험 없는 젊은이는 어떤 준칙에 얽매여서도 안 되며 일반화된 시각으로 접근해서도 안 된다. 그의 교육은 오로지 개별화된 사례에 의해서만 이루어져야 한다. 그런 면에서 가장 좋은 것은 투키디데스*이다.

*프랑스의 역사 소설가 라 칼프르네드의 작품.
**기원전 86~34년 경의 로마의 역사가. 『카틸리나의 음모』와 『로마사』가 있다.
***기원전 201~120년 경의 그리스의 역사가. 40권 짜리의 역사서 『역사』가 있다.
****55~115년 경의 로마의 역사가. 『게르마니아』 『연대기』 『역사』 등이 있다.

투키디데스는 판단 없이 사실만을 그려놓아 독자 스스로 그 역사를 보고 생각하게 한다. 그는 사건과 독자 사이에 끼어들기는커녕 뒤로 숨는다. 하지만 유감스럽게도 그는 전쟁만을 서술해서 교훈적이지 못한 세상사만 볼 수 있을 뿐이다. 『일만인의 퇴각』[**]과 『카이사르의 전기』[***] 역시 비슷한 책이다. 헤로도토스는 솔직하고 재미있으며 즐겁다. 하지만 너무 세부적인 이야기들로 가득 차 있어 젊은이의 취향에는 맞지 않을 수도 있다. 그럼에도 그는 훌륭한 역사가이다.

역사 기술은 장소나 연대 등 특정한 사실 위주로 기록돼 있어 단계적이고 서서히 나타나게 마련인 원인들을 알 수 없다는 단점이 있다. 가령 사람들은, 승패가 가려진 전투에서 역사 변혁의 단서를 찾지만 사실 그 변혁의 기운은 전쟁 이전에 싹 트고 있었다고 봐야 할 것이다. 전쟁은 단지 그 기운의 필연적 결과였을 뿐이다. 그런데도 역사가들은 그 점에 대해 파고 들 줄을 모른다.

역사는 종종 과대포장된다는 점도 지적해두어야겠다. 역사는 특정한 시점의 인간을 포착하기 때문에 그 등장인물의 모습을 덧칠하고 때로는 극화시키기까지 한다. 역사서만 봐서는 그 인물의 사적인 면모를 우리는 전혀 짐작조차 할 수 없다. 집에서 무엇을 하고 지내는지, 가족 관계는 어떠하며 교우 관계는 어떻게 이루어지

---

*기원전 460~400년 경의 그리스의 역사가. 『펠로폰네소스 전쟁사』가 있다.
**크세노폰의 페르시아 원정기를 말한다.
***카이사르의 『갈리아 전기』와 『내란기』를 말한다.

는지 전혀 알 수가 없다. 우리는 단지 공인으로서의 겉모습만 볼 수 있을 뿐이다.

인간의 마음을 제대로 알고 연구하기 위해서는 개인적인 삶을 다룬 전기물을 읽어보라고 권하고 싶다. 그러한 책에서 주인공은 관찰자(작가)의 눈을 피하기가 어렵다. 아니 피하면 피할수록 그의 진면목은 더 잘 드러난다. 그 점에 관해 몽테뉴는 이렇게 말했다. "전기 작가는 사건보다는 그 사건의 의도에, 외부에서 일어나는 일 보다는 내면에서 일어나는 일에 더 흥미를 지니기 때문에 내 취향에 더 맞는다. 내가 플루타르코스를 좋아하는 것도 그 때문이다."

플루타르코스는 위인들의 세부적인 모습을 묘사하는 데 뛰어나다. 그는 사소한 것까지도 놓치지 않는다. 일화를 선택하는 재주도 발군이어서 한 마디 말이나 하나의 미소, 가벼운 몸짓만으로도 영웅들의 면모를 드러낸다. 인물의 특징이나 성격은 위대한 행위를 통해 드러나는 것이 아니다. 본성은 하찮은 일들 속에서 오히려 더 잘 드러난다. 공개적이거나 공식적인 것들은 지나치게 일반적이거나 부자연스럽게 과장돼 있다. 대부분의 역사가들이 그러한 오류에 빠진다.

지난 세기의 위대한 인물 가운데 하나였던 튀렌*의 성품을 단적으로 납득시키기에 알맞은 다음과 같은 일화를 참고하는 것도 우리의 주제를 이해하는 데 도움이 될 것이다. 무더운 어느 여름날

*1611~1675년. 프랑스의 군인. 저서로 『회고록』이 있다.

튀렌 자작은 그의 거실 창가에 앉아 있었다. 그런데 그의 옷차림만 보고 자신과 친하게 지내는 요리사인 줄로 착각한 하인은, 살금살금 그의 등 뒤로 다가와 그의 엉덩이를 후려쳤다. 돌연한 봉변에 놀란 주인이 몸을 돌렸고, 순간 그가 자신의 주인임을 알아본 하인은 자신의 실수를 깨닫고 몸을 떨기 시작했다. 그는 사색이 된 얼굴로 주인 앞에 무릎을 꿇었다. "죄송합니다, 어르신. 저는 그만 조르주인 줄 알고…" 그러자 엉덩이를 문지르며 튀렌이 말했다. "조르주였다 해도 그렇지. 너무 세게 때리지 않았느냐!"

당신들이라면 감히 이렇게 대응하지 못했을 것이다. 이 얼마나 품위 있는 태도인가. 사람들은 별로 쓸모도 없는 일에 위엄을 지킨답시고 자기 스스로를 경멸받게 하곤 한다. 그러니 이 얘기를 읽은 선량한 젊은이여! 튀렌이 보여준 온유한 마음을 살펴 자연을 사랑하고 세론을 멀리 할 일이다.

어려서부터 책 더미에 파묻혀 기계적인 독서에 익숙해진 사람들은 같은 전기물을 읽더라도 감응이 덜할 것이 분명하다. 그들은 이미 그러한 서적에 대해 수많은 정념과 편견을 가지고 있어 자신을 기준으로 남을 판단하는 데 익숙해 있기 때문이다.

하지만 나의 준칙에 따라 교육 받은 젊은이, 18년 간을 공정한 판단력과 건전한 마음을 유지하도록 훈육 받은 나의 에밀이라면 어떻겠는가? 세상이라는 무대가 개막할 때 그 광경을 지켜보는 에밀의 시선, 무대 뒤편에서 배우들이 의상을 갖추고 관객들의 눈을 속이기 위해 도르래와 로프를 조작하고 있는 모습을 지켜보는 그의 눈길을 상상해보라. 최초의 놀라움에 이어 인간에 대한 부끄러움과 경멸의 감정이 그의 가슴을 치지 않겠는가? 그는 인간들의 이러한 놀음에 분개하고 슬퍼할 것이다.

학생의 타고난 소질에다 적절한 독서 지도만 곁들일 수 있다면, 그리고 그를 통해 성찰할 기회를 부여하기만 한다면 확실히 그러한 노력은 실천 철학의 한 과정이 될 것이다. 어떠한 영웅도 이러한 자기 반성의 계기 없이 행복해질 수 없다는 것을 역사가 증명해준다. 아우구스투스는 위대한 황제로 알려져 있지만 정작 그 자신의 삶은 지리멸렬했다. 그는 모든 적을 정복했음에도 끊임없이 공허했다. 온갖 종류의 고통이 그의 주변에서 생겨나고 친하다고 믿었던 친구들이 그를 배반하는데 그 모든 정복이 무슨 소용이란 말인가?

에밀은 새로운 공부를 하는 이 기간 동안 결코 겉멋 든 존재들을 통해 자신을 인식하지는 않을 것이다. 그는 정념에 눈먼 자들의 말로가 어떤지 알고 있을 것이기 때문에 그러한 환상의 늪에 빠지지 않을 것이다. 보통의 사람들이라면 자신의 지위를 위대하다고 알려진 역사적 인물 쪽으로 끌어올리려고 부심할 테지만 에밀이라면 그렇지 않을 것이다. 만일 에밀이 단 한번이라도 자기 자신보다 다른 타인이 되기를 원해 그 타인이 되고자 한다면 그 타인이 누구이건, 소크라테스이건 카토이건 나의 교육은 실패이다. 자신을 낯선 존재로 만들고자 하는 사람은 스스로를 망각하게 될 것이기 때문이다.

아는 것에 대해서만 판단 하도록 하라

인간을 잘 아는 자들이 누구인가? 철학자들인가? 아니다. 철학자들은 그들의 편견을 통해 인간을 볼 뿐이다. 차라리 미개인이 더 건전하다. 철학자들은 자신의 악덕을 느끼면서 그 악덕에 분개한다. 그러니까 분개하는 방식조차 선하지 못하다. 하지만 미개인들은 우리를 향해 냉정하게 이렇게 얘기한다. '당신들은 모두 미친 사람' 이라고. 맞는 말이다. 누구든 악을 위해 악을 저지르지는 않기 때문이다. 나의 에밀은 이러한 미개인이다. 그는 자신이 아는 것에 대해서만 판단한다.

우리로 하여금 타인의 정념에 자극받게 하는 것은 바로 우리의 정념이다. 악한 사람들을 증오하게 하는 것은 바로 우리의 이해 관계 때문이다. 그 악한 자들과 우리가 관계없다면, 우리는 그들을 증오하기보다는 동정할 것이다. 그들은 우리가 아는 것보다 더 많이 그들 자신을 해친다. 그들의 마음이 스스로를 얼마나 많이 벌주고 있는지 알 수만 있다면 우리는 좀 더 편하게 그들의 악덕을 용서할 수 있을 것이다.

인간을 잘 관찰하려면 어떻게 해야 하는가? 어떤 마음을 가져야 하는가? 우선 인간에 대해 커다란 관심을 가져야 하고 공평무사하게 판단할 수 있는 눈을 가져야 하며 모든 정념을 이해할 수 있을 만큼 민감하면서도 그것에 함몰되지 않을 만큼 냉정해야 한다. 우리의 인생에서 이와 같은 연구를 행할 최적의 시기가 있다면 그것은 바로 내가 에밀을 위해 선택한 이 시기이다. 이 시기가 좀 더 이르거나 늦었다면, 에밀에게 사람들은 낯설었거나 아니면 그들과 비슷한 과정을 밟아갔을 것이다.

에밀은 지금 세상 여론이나 편견에 전혀 동요되지 않고 있다. 그는 인간에게 관심을 가지고 있으며 공정한 마음으로 자신의 동료들을 판단한다. 그의 판단이 제대로 이루어지고 있다면 그는 분명 누구와도 자신의 자리를 바꾸려고 하지 않을 것이다. 그에게 있어 다른 사람들이 추구하고자 하는 목표나 이상은 헛것으로 보일 것이 틀림없다. 왜냐하면 그것들이 모두 편견에 사로잡힌 결과라는 것을 그가 알 것이기 때문이다. 그는 할 수 있는 것만 하고자 하기 때문에 그가 원하는 것은 모두 그의 능력 안에 있다. 그러할진대 그가 누구에게 의존하겠는가?

그는 기운차고 건강하며 절제할 줄 안다. 욕망도 크지 않아 만족시킬 수단을 갖고 있다. 절대적 자유 속에 길러진 그에게 가장 고통스러운 것이 있다면 그것은 예속이다. 그래서 그는 노예들에 둘러싸인 왕조차도 측은하게 생각한다. 남들의 평가에 얽매여 사는 위선적인 철학자들이나 사치에 빠져 허우적대는 부자들에 대해서도 마찬가지 마음을 갖고 있다. 그는 스스로를 존중할 줄 알며 자부심에 가득 차 있다. 그렇다고 이기심에 물들어 있다는 것은 아니다. 만일 그렇다면 그는 얻는 것이 거의 없을 것이다. 이기심은 유용한 삶의 방편이지만 언제나 위험하다. 그것은 좋은 일을 하는 경우에 있어서조차도 나쁜 일을 통해 하게 만든다.

위대한 사람들은 자신의 탁월함에 대해 명징한 의식을 갖고 있다. 그들은 자신의 장점 속에서도 단점을 보기를 게을리하지 않는다. 잘난 척하기보다 부끄러워하며 오만하기보다 겸손하다. 그들은 자신의 재주가 출중함에도 언제나 사려가 깊어 그것을 자랑하지 않는다. 에밀이 그런 유형의 사람이라는 뜻이 아니다.

에밀은 평범하다. 탁월한 재능도 없지만 그렇다고 아둔한 것도 아니다. 나는 교육이 무엇인지, 인간에 대해 어떤 역할을 할 수 있는지 보여주기 위해 평범한 인물을 택했다. 드문 경우를 본보기 삼아 일반적인 규칙을 설파할 수는 없는 일이다. 그러므로 에밀의 느낌과 판단을 나는 존중한다. 그러나 그 느낌과 판단이 다른 사람의 그것보다 더 훌륭한 재능에서 연유한 것이라고 그가 생각한다면, 그것은 잘못 됐다. 그렇다면 나는 그 생각을 바로잡아줄 것이다.

허영심을 제외한다면, 미친 사람이 아닌 한 어리석음을 교정하는 것은 어려운 일이 아니다. 허영심도 경험이라는 교사에 의해 치유할 수 있다. 그러나 그것을 치유하기 위해 허울 좋은 추론에 기대지 말고 그 스스로 그것을 느끼도록 하라. 그렇지 않으면 그는 결코 깨닫지 못할 것이다.

그가 스스로 느끼고 깨달을 수만 있다면, 나는 그가 어떠한 곤경에 처하더라도 내버려둘 것이다. 노름꾼의 꾐에 빠져 돈을 잃고 마침내는 조롱거리로 전락하더라도 모른 척할 것이다. 그리고는 그에게 준 교훈에 대해 그들에게 감사할 것이다. 단 하나 성심을 다해 그를 보호해야 할 것이 있다면 그가 화류계의 함정에 빠지지 않도록 하는 것인데, 그렇더라도 그가 당할 모든 위험과 모욕을 나는 함께 겪으며 침묵으로써 내 마음을 전달할 것이다. 그렇게 지속적으로 신경을 쓰다보면, 그는 자신 때문에 겪는 선생의 고통을 보면서 커다란 인상을 받을 것이 분명하다.

관용과 용서를 통해 가르쳐라

여기서 나는 다시 선생의 잘못된 처신에 대해 고언을 하지 않을 수가 없다. 학생을 어린애 취급한다든가, 자신의 권위를 세우기 위해 모든 면에서 자신과 학생을 구분하는 행동을 하지 않도록 조심하라. 그런 식으로 학생의 용기를 꺾지 말라. 대신 그의 영혼을 고무시키는 데 온힘을 다 쏟아라. 당신과 당신의 학생은 동등한 인간일 뿐이라는 것을 알고 그렇게 실행하라. 그래야만 그의 수준이 당신처럼 향상될 것이다. 그럼에도 학생이 당신의 수준에 못 미친다면, 거리낌없이 당신이 내려가라. 당신의 명예는 당신에게 있는 것이 아니라 당신의 제자에게 있음을 명심하라.

학생이 혹시 당신을 속이거나 무시하지 않을까 걱정하지 말라. 당신이 진솔하게 그를 대하고, 적절한 시기를 택해 학생이 마주칠지도 모를 위험에 대해 경고하기만 한다면 그럴 가능성은 거의 없다. 충고할 때도 당신의 의견을 명령하듯이 말해서는 안 된다. 아주 극단적인 상황이 아니라면 말이다.

인간은 누구나 실수를 한다. 그러므로 그가 실수했더라도 질책하여 그의 자존심에 상처를 주는 행위를 절대 하지 말라. 반감을 불러일으키는 훈계는 백해무익하다. 과거에 잘못을 지적해준 적이 있음에도 그 잘못을 되풀이했다 해서 '내가 전에 분명히 말한 적이 있을 텐데!' 하는 식의 어조로 그를 나무라지 말라. 그의 기억을 상기시키는 가장 좋은 방법은, 당신이 그것을 잊어버린 척하는 것이다. 아울러 그 학생이 당신의 말을 망각한 것에 대해 수치스러워한다면 친절을 다해 그 수치심조차 없애주도록 하라. 당신의 그런 관용적인 태도를 보면서 그는 당신에게 무한한 신뢰와 애정을 느낄 것이다.

위로나 격려의 힘은 예상외로 크다. 비난해야 마땅할 것 같은 잘못에도 관용과 용서로 그를 대한다면 그 교육의 효과는 깊고도 넓다.

사는 법에 대해 가르쳐라

이 연령대의 젊은이가 세상사에 개입할 수 있는 일이 있다면 그것은 무엇일까? 그의 흥미는 쾌락의 울타리에 갇혀 있다고 봐야 하지 않을까? 그래서 그가 자신의 마음대로 할 수 있는 것은 아직 자기 자신밖에 없다. 그것은 마음대로 할 수 있는 일이 거의 없다는 것과 마찬가지다.

그런데도 사람들은 이 혈기 왕성한 젊은이를 가르친답시고 오로지 사변적인 공부에만 매달리게 한다. 참으로 자연에 어긋나는 교육이며 이성적이지도 못한 교육이다. 행동하는 법에 대해서는 하나도 가르치지 않으면서 그처럼 쓸데없는 교육에만 힘을 쏟는 것은 대체 어떤 철학이란 말인가? 사람들은 사회인이 되도록 가르치는 것이라고 주장한다. 마치 우리의 일생을 별 쓸모도 없는 주제들에 관해 토론이나 하면서 보내야 하는 것처럼 말이다. 거기엔 사는 법에 대한 가르침이 빠져 있다.

하지만 나는 에밀에게 사는 법을 가르쳤다. 스스로 살아가는 법과 빵을 해결하는 법을 가르쳤다. 그럼에도 아직 충분하지 못하다. 그는 사람들과 어울려 살아가는 법을 배워야 하고 정확히 계획을 세워 자신의 의지로 성공할 수단을 가져야 한다.

인간은 미덕을 실천함으로써 인류애를 갖고 선행을 통해 선한 마음을 기른다. 당신의 학생이 선행에 전념하도록 하고 항상 가난한 사람의 입장에서 그를 이해하도록 하라. 그들을 도움으로써 그의 인생이 고귀해진다는 것을 알게 하라.

에밀이 평화를 사랑한다는 것을 나는 알고 있다. 그는 사람들뿐만 아니라 동물들끼리도 싸우는 것을 좋아하지 않는다. 개든 고양이든 싸움을 부추기는 일은 절대 하지 않는다. 이기심과 오만함을 멀리 하며 남의 불행 속에서 쾌락을 느끼지 않도록 교육한 결과다. 그는 남이 고통스러우면 자신도 고통스럽다. 그의 적극적인 선행은 그렇지 못한 사람이 늦게 얻거나 전혀 얻을 수 없는 지식을 갖게 만든다.

동료 간에 불화가 생기면 화해시키려 노력할 것이고 고통에 신음하는 사람을 보면 그 고통의 원인을 알기 위해 나설 것이다. 그리하여 누군가 압제에 시달리고 있다면 그 원인의 규명과 함께 문제를 해결하는 수단에 대해서도 관심을 기울일 것이 분명하다. 그런데 그의 이러한 성향은 타인에 대한 배려와 지식의 기초 위에서 통제하고 조종하는 역할을 통해 이루어질 것이며, 그러한 정신을 함양하는 데 열정을 쏟음으로써 더욱 강해질 것이다.

이기심의 영역을 확장하도록 하라

여기서 나는 또 한번 반복해야겠다. 말이 아닌 행동으로써 청년을 가르치라는 것, 그리고 경험으로 가르칠 수 있는 것을 책을 통해 배우지 않도록 하라는 것이다. 교실에 학생을 앉혀 놓고 공연한 말로 그를 설득할 수 있다고 믿는다면, 당신은 참으로 어리석거나 게으른 사람이다. 수사학에 관한 모든 교육은 그것을 정확히 이해하고 적절히 활용할 줄 모르는 사람에게는 단지 말장난에 불과할 따름이다. 한니발이 알프스 산맥을 넘기 위해 어떻게 했는지 알게 하는 것이 대체 무슨 소용이란 말인가? 그보다는 학생이 휴가를 얻어내려면 선생에게 어떻게 해야 하는지를 가르치는 것이 훨씬 더 유용하다. 그렇게 하면 그는 당신의 규칙에 훨씬 더 주목할 것이다.

만일 청년에게 수사학을 가르치고 싶다면, 그의 의도를 효율적으로 관철하기 위한 방향에서 타인들과 어떻게 어울려야 할지를 살펴봐야겠지만, 나의 에밀은 말솜씨와 관련해 그리 좋은 상황에 있지 못하다. 거의 육체적인 필요에만 관심이 한정돼 있기 때문에 타인이 그를 필요로 하는 만큼 그는 타인을 필요로 하지 않는다. 그만큼 그는 타인의 도움이 절박하지 않으므로, 언어 구사에도 별다른 꾸밈이 없다. 경구도 인용할 줄 모르며 상징 어법에도 서툴다. 아직 관념을 일반화하는 것을 배우지 않은데다 자기 감정에 휩쓸리지도 않기 때문이다.

혹시 그가 냉정하거나 무감각한 기질의 소유자라서 그런가? 아니다. 그의 나이와 품성과 취향이 그것을 허락하지 않기 때문이다. 열정이 충만한 청년기엔 체내에 비축된 정기가 그의 마음에 열기를 가져와 말이나 행동에 침윤되기 마련이다. 그래서 그의 말엔 억양이 있고 때때로 격하기도 하다. 그는 솔직하게 말하며 마음의 움직임까지도 전달한다. 그런 의미에서 그야말로 웅변가이다. 그는 자신의 의사를 전달하기 위해 자신이 느낀 것만을 표현하면 되기 때문이다.

그런 식으로 선행을 실천에 옮기고, 성공이나 실패로부터 원인을 규명해 성찰해간다면, 청년의 정신 속에서 발달하지 않을 지식이란 거의 없을 것이다. 학교에서 얻는 것 이외에 더 큰 지식, 더 유용한 지혜를 얻을 것이라고 나는 생각한다. 인간에 대해 애정을 지니고 다른 사람의 행동이나 취미 등 속에 신중한 마음으로 살피며 하나 하나 자기 것으로 갈무리해갈 그에게 어찌 올바른 가치관이 정립되지 않을 것인가?

자기 자신만 아는 사람들, 자기의 일 이외에는 관심이 없는 사람들은 만물에 대해 공정한 판단을 하지 못한다. 이해 관계에 따라 자신의 관점에서만 선악을 규정하므로 늘 편견에 가득 차 있으며, 조금이라도 자신에게 해가 되는 일이 생기면 당장 지구가 멸망하기라도 할 것처럼 호들갑을 떤다.

이기심의 영역을 넓혀 다른 존재에게까지 확대해보라. 그러면 그 이기심도 미덕으로 변할 것이다. 마음속에 미덕의 뿌리가 없는 사람은 없다. 이익을 개인 안에 가두지 말고 일반화시켜라. 그럴수록 그것은 더 공정해지며 아름다워진다. 그것이 바로 인간에 대한 사랑 아니겠는가? 나는 에밀이 진실로 그러한 사랑을 갖기를 원한다.

그의 배려로 인해 타인이 행복해진다면, 그는 한층 더 현명하고 품위 있는 인간이 될 것이다. 그럴수록 무엇이 옳고 그른지, 아름답고 추한지에 대해 제대로 판단할 수 있을 것이다. 그것이다. 현명한 사람은 늘 최대 다수의 행복에 기여하기를 원한다. 그 행복이 어떤 개인에게 돌아가든 그것은 그리 중요한 것이 아니다. 우리 모두는 인류의 일원일 뿐 개인의 일원이 아니기 때문이다.

자연적인 정신의 발달은 결코 퇴행하지 않는다

이 글을 쓰면서 나는 독자들이 내 견해에 전적으로 동의하지는 않을 것임을 안다. 내가 훈육하고 있는 청년은 특수한 존재이며 환상에 가까운 존재라고 여길 것이다. 그러나 에밀은 당신들의 방법과는 전혀 다르게 키워졌다는 것을 망각하면 안 된다. 그는 당신들이 상상하는 그런 존재가 아니다. 그는 다르다. 아니 달라야 한다. 그는 인간의 인간이 아니라 자연의 인간이다. 그러므로 세속적인 시각으로 보면 그는 확실히 이상하게 보일 것이다.

나는 애초에 같은 입장에서, 즉 동일하게 태어났다는 입장에서 출발했다. 하지만 앞으로 나아갈수록 우리는 멀어질 수밖에 없었다. 나는 자연을 기르는 쪽으로 노력했지만 당신은 자연을 타락시켰다. 우리의 간극은 멀어져 점점 더 공통점을 잃어갔다. 내 학생이 여섯 살 때에는 당신의 학생과 비슷했지만 지금은 더 이상 닮은 점이 없다. 이러한 추세는 앞으로도 계속될 것이다. 경험의 양은 비슷할 테지만 그 질은 너무나 달라 당신은 당신의 학생으로부터 발견할 수 없는 숭고한 감정을 내 학생이 지니고 있는 것을 보고 놀랄 것이다. 그러나 당신의 학생은 이미 철학자이며 신학자라는 점을 상기하라. 에밀은 철학이나 신학에 대해 아무 것도 모르지만 말이다.

하지만 나는 알고 있다. 나는 내 교육의 방식에 대해 오랫동안 사고해왔으며 그 길이 전혀 잘못되지 않았음을. 그리하여 나는 믿는다. 나는 내 방식의 효율성을 믿는다. 지식의 체계화 대신 사물에 대한 관찰을 우선 순위에 둠으로써 편견이나 고정관념 없이 한 인간을 교육할 수 있다는 것을. 가장 바람직한 방향으로 그를 이끌 수 있다는 것을. 그 점을 이해하기 위해선 내 학생과 당신의 학생 중 누가 더 스승을 닮아가는지 관찰해보면 알 수 있다.

인간은 사고를 쉽게 시작하지는 않지만, 한번 하기 시작하면 결코 그 작용을 멈추지 않는다. 그리고 일단 성찰하기 시작하면 오성 또한 끊임없이 움직인다. 그러므로 사람들은 인간의 정신에 대해 이렇게 생각할 수 있다. 나는 지나치게 사고하거나 거의 사고하지 않는데, 인간의 정신이 갖고 있지 못한 능력을 정신에 부여한 뒤 진작 극복했어야 할 관념의 범주 안에 너무 오랫동안 정신을 가두고 있다고.

하지만 자연의 인간을 길러내기를 원한다고 해서 그를 미개인으로 만들어 숲 속으로 쫓아내서는 안 된다. 중요한 것은 사회적 통념에 끌려다니지 말아야 한다는 것, 그리고 스스로 보고 느낀 것 외에 어떠한 권위에 의해서도 지배당하지 말아야 한다는 것이다. 그러한 상태를 유지할 수만 있다면 그는 일상에서 마주치게 되는 수많은 대상들로부터 다양한 관념을 획득할 것이 분명하다. 자연적인 정신의 발달은 결코 퇴행하지 않는다. 숲 속에서라면 아둔한 채 머물러 있었을 인간도 사회에서라면 보고 듣는 일만 한다 하더라도 지각 있는 인간이 될 수 있다. 못할 짓을 본다 하더라도 그것에 가담하는 잘못만 범하지 않는다면 언제나 배울 것은 있다.

우리의 능력이 감각적인 사물에 한정돼 있어 고도의 철학적 추상이나 지적 관념을 한순간에 포착할 수 없다는 것 또한 고려해야 하리라. 그러려면 단숨에 도약할 수 있는 초월적인 능력이 있어야 하나 그러한 일은 어른들조차 가능하지 않으며 따라서 점진적으로 접근할 수 있는 토대가 있어야 하는데, 나는 사람들이 그 토대를 어떻게 만들 것인지 좀처럼 감을 잡을 수가 없다.

이 세계의 모든 것을 주관하는 절대자를 우리는 알지 못한다. 그 것은 만져지지도 않거니와 보이지도 않는다. 작품은 있는데 그것을 만든 존재는 보이지 않는다. 하물며 그가 어떤 존재인지를 생각하기 시작하는 순간 우리의 정신은 더욱 혼란스럽게 된다. 로크는 먼저 정신을 연구한 다음에 육체를 연구해야 한다고 했지만 이는 편견과 오류에 찬 방식일 뿐이다. 정신에 대한 관념을 올바르게 지니기 위해서는 육체에 대한 연구를 먼저 해야 한다. 그것이 순서이며 이를 거꾸로 하는 것은 유물론을 주창하는 데 이용될 뿐이다.

인식의 최초 도구는 감각 기관이기 때문에, 우리가 관념을 가지는 것은 감각적 대상을 통해서이다. 정신이라는 말은 철학적 추론을 해보지 않은 사람들에게는 무의미한 말이다. 정신이란 보통 사람들이나 아이들에겐 한낱 물질적 대상일 뿐이다.

애초에 인간은 모든 존재에 생명을 부여하는 방식으로 대상을 규정했다. 원시시대에는 어떠한 것도 죽지 않았다. 별이나 바람 혹은 나무나 산, 강까지도 영혼이 깃들어 있다고 믿었다. 다신교는 그들의 최초의 종교였으며 우상 숭배는 최초의 예배 의식이었다. 그러다 개념을 일반화하면서 단 하나의 관념 아래 체계를 세워 유일신에 의미를 부여했고 그것을 인정할 수 있었다. 그러므로 신을 믿는 아이라면 누구나 우상 숭배자이며, 적어도 신과 인간이 같다는 신인동형론자가 된다. 그리고 이렇게 해서 우리의 상상력이 신을 보게 되면, 이제 오성으로써 신을 이해하기란 더욱 어려워진다. 이것이 로크가 주장한 순서의 오류이다.

이렇듯 실체라는 추상적 관념에 이른 뒤의 우리를 생각해보라. 우리의 육체에 대한 정신의 관념과, 모든 존재에 대한 신의 작용이라는 관념 사이의 거리를 생각해보라. 창조나 소멸, 영혼, 전능 같은 관념, 보통 사람들이라면 거의 아무도 이해하지 못할 관념이 하물며 감각 기관의 작용에만 젖어 있는 아이의 입장에서 얼마나 모호하게 받아들여지겠가를.

자연의 이성에 따라 선택해야 할 종교

무한이나 영원성이 아무리 크게 입을 벌리고 있다 해도 아이는 별로 괘념치 않는다. 아이에겐 아이의 오성이 수용할 수 있는 거리와 넓이와 깊이만 있을 뿐이다. 혹시 놀랄지 모르지만, 나는 아직 내 학생에게 종교에 관한 얘기를 해준 적이 없다. 열다섯 살 때 그는 자기가 영혼을 지니고 있다는 것을 몰랐고 열여덟 살이 됐다 해

270

도 아직 그것을 배울 시기는 아닐 것이다. 너무 일찍 배우면 당연히 이해도 못하겠지만, 득보다 실이 크다.

아이들에게 교리문답을 가르치는 현학자보다 더 어리석은 사람이 있을까? 사람들은 내게 기독교의 교리가 신비스럽다는 것을 이유로, 아이가 그것을 이해할 수 있기를 기다려 가르친다는 것은 생전에는 가르치지 않겠다는 것이라고 말할지 모르겠다. 하지만 그렇다면, 그것은 거짓말을 가르치는 결과밖에 안 된다. 이해하지 못하는 가르침이 무슨 소용 있겠는가?

구원 받기 위해서는 신을 믿어야 한다는 교리는 인간의 이성에 치명타를 가하는 헛된 가르침의 근본이다. 말 그대로, 영원히 구원받는 길이 있다면 성실하게 그 길을 가야 마땅하다. 그러나 그 방식이 몇몇 구절을 되풀이하는 것으로 충분한 것이라면, 천국엔 아이들뿐만 아니라 찌르레기나 까치까지도 우글거려야 마땅할 것이다. 우리가 무엇인가를 믿는다는 것은 그 믿음의 가능성을 전제로 한다. 기독교도임을 자칭하는 아이는 무엇을 믿는가? 자기가 이해하는 것을 믿는다. 그러나 그는 사람들의 얘기를 거의 이해하지 못하기 때문에 다른 사람이 다른 장소에서 다른 말로 말해주면 그 상황을 흔쾌히 받아들인다. 어른이든 아이든, 이러한 측면에서 모든 신앙은 지리적인 일이다. 그래서 누구는 기독교도가 되고 누구는 이슬람교도가 되며 누구는 불교도가 된다.

우리는 철없는 나이에 죽은 아이들은 누구나 구원받을 것이라고 생각한다. 영세를 받은 아이들이라면 비록 신에 대한 이런저런 말을 듣지 못했다 하더라도 역시 구원받을 것이라고 생각한다. 그러므로 인간의 정신이 신을 인정하기 위해 필요한 작용을 할 수 없을 때는, 그것이 어린아이이든 미친 사람이든 구원받을 수 있다는 얘기가 된다. 그런데 당신은 일곱 살이 되면 그런 능력이 있다고 주장하는 셈이고 나는 열다섯 살이 돼도 그런 능력이 없다고 주장하는 것과 같다.

같은 원리로 논의를 진전시켜보면 나이나 국적과 상관없이, 의도적으로 신을 믿지 않은 것이 아니라면, 그 역시 구원의 대상에서 배제될 이유가 없어진다. 무지했든 철이 없었든 마찬가지다. 그러므로 신의 법정에서는 진리에 대해 마음을 닫고 있는 사람들 말고는 아무도 벌을 받아서는 안 된다.

진리를 이해할 수 없는 사람에게 진리를 가르치려는 일은 하지 말아야 한다. 그것은 진리 대신 오류만 낳게 할 뿐이다. 신에 대해 왜곡된 인상을 가질 바에야 모르게 하는 편이 더 낫지 않겠는가?

그런 점에서 나의 에밀은 하등 걱정할 필요가 없을 것이다. 그는 자신의 이해력을 벗어나는 문제에 대해서는 관심을 보이지 않기 때문이다. 그는 자신이 모르는 문제가 발생해도 전혀 당황하거나 의기소침해하지 않을 것이다. 만일 그가 어떤 문제들을 염려하기 시작한다면, 그것은 제기된 문제 때문이 아니라 자연적으로 이루어진 지식의 진보가 그 방면으로 탐구하도록 그를 유도하기 때문이다.

인간의 정신은 나이를 먹음에 따라 자연적으로 성숙하지만, 사회에는 정념의 발달을 가속화하는 필연적 원인이 있으므로 그 정념을 규제할 수 있는 지식 역시 함께 발달하지 않으면 자연의 질서에서 벗어나게 될 것이며 균형 역시 깨지게 될 것이다. 정념의 발달에 맞춰 지식의 발달을 이끌어라. 그 어느 것이 다른 하나를 앞서거나 뒤처지지 않도록 하라. 하지만 이 문제를 말끔하게 해결하기란 얼마나 어려운가? 그 어려움은 사물들 속에 있다기보다는 그것을 해결하려고 하지 않는 사람들의 소심함 속에 있는 만큼 더 크다. 그 문제를 제기하는 일부터 시작하자.

아이는 아버지의 종교에 따라 길러지게 마련이다. 그리하여 그 종교만이 최선이며 올바르다는 사상이 주입된다. 종교의 문제에 관한 한 언제나 세론이 승리한다. 그렇다면 세론에 흔들리지 말 것을 주문하고 권위에 예속되기를 거부하라고 가르치는 우리로선 그를 어떤 종교 속에서 키워야 한단 말인가? 자연의 인간이 숨쉴 종파란 무엇이란 말인가? 답은 간단하다. 우리는 에밀을 어떤 종파에도 소속되지 않도록 할 것이다. 그로 하여금 그 자신의 이성에 따라 종파를 선택하도록 할 것이다.

완전한 자유에서 평온한 명상가로

나의 에밀과 당신의 학생은 너무나도 달라서 공통적인 것이 거의 없을 정도다. 어쩌면 아주 반대여서, 당신의 아이가 어려서부터 지켜왔던 규칙을 에밀은 청년기나 돼서야 지키기 시작한다. 모두가 청년으로 자란 지금 당신의 학생은 규칙을 귀찮아하고 혐오한다. 그는 당신의 규칙에서 속박만 느끼기 때문에 그런저런 굴레에서 벗어날 때에야 비로소 청년이 됐다고 생각한다.

에밀은 반대이다. 그는 어려서부터 자유롭게 키워졌기 때문에 속박이라는 것을 모르며, 규칙이 정해진 지금 그 이성의 명령에 복종하는 것을 영광으로 생각한다. 이미 성숙한 그의 육체는 더 이상 관리하지 않아도 되지만 반쯤 발달된 그의 정신은 이제 막 비상하려고 한다.

에밀은 야생마처럼 완전한 자유 속에서 성장했으므로 이제는 평온한 명상가로 변신할 것이 틀림없다. 그는 이제 나의 안내를 받을 완벽한 준비가 돼 있다. 내가 제시하는 성찰의 주제들에 대해 그는 호기심과 열정을 갖고 접근한다. 하지만 당신의 학생은 어떤가? 끝도 없는 훈계와 교리문답에 지친 청년은 그 모든 주제들에 대해 환멸과 혐오, 권태만을 느낄 것이다. 그런데 이제 늦었다. 어떠한 수단으로도 그를 통제할 수 없으므로 그는 쾌락만을 좇기 시작한다.

이것이 바로 이성의 발달을 위해 서둘러 교육시키지 않음으로써 이중으로 시간을 벌게 한 나의 방식이다. 그렇다고 내가 그의 발달을 더디게 했는가? 그렇지 않다. 나는 그의 상상력과 열정에 균형을 잡아주었을 뿐이다.

마침내 자연의 순리가 말을 하기 시작한다. 그도 자신의 종을 보존하고 번식하며 살아가야 할 인간이기에 면모를 일신해야 한다.

그에 대한 당신의 태도 또한 마찬가지다. 그는 아직 당신의 학생일지 모르지만 당신과 같은 사회의 구성원이며 친구이다. 그러니 당신도 이제 그의 욕망을 존중해야 한다. 그 점에 관해 당신이 그를 통제하려 한다면 그것은 어리석은 짓이다. 당신은 자연의 대리인이지 적이 아니다.

그럼 어떻게 해야 하는가? 그의 폭군이 되거나 아첨꾼이 될까? 아마도 가장 무난한 방법은 그를 일찍 결혼시키는 것이리라. 그러나 그것이 최선인지는 모르겠다. 그 점에 관해서는 나중에 얘기하겠다. 무엇보다 가장 바람직하기로는 적령기에 결혼해야 한다는 것인데, 그 시기는 너무 일찍 찾아온다. 우리가 그들을 조숙하게 키웠기 때문이다. 따라서 그들이 성숙할 때까지 시기를 늦출 필요가 있다.

적어도 스무 살 때까지는 욕망을 절제시키고 순결을 유지하도록 하는 것이 좋다. 게르만 인들은 실제로 이 원칙을 잘 지켜서 이 연령대에 이르기 전에 순결을 잃은 사람은 불명예스럽게 살아야 했다. 건강한 아이를 많이 낳으려면 순결하게 젊은 시절을 보내야 한다는 지적이 있는데 옳은 지적이다. 하지만 우리는 이 시기를 훨씬 더 연장할 수 있다. 몽테뉴의 아버지는 서른세 살에 결혼했음에도, 아들의 『수상록』을 참고하자면, 육십이 넘어서까지도 매우 정정했던 것으로 알려져 있다. 그러나 이러한 의견은 그 시대의 풍속과 편견에 근거할 때가 많으므로 맹신할 것까지는 없으리라 본다.

확실한 것은 에밀의 경우이다. 그는 나의 배려에 의해 스무 살

때까지는 순결을 유지할 것임이 틀림없다. 그러나 그것도 잠깐일 것이다. 내가 어떻게 하든, 그는 자연의 힘에 이끌려 나로부터 벗어날 기회를 맞이하게 될 것이다. 그리고는 본능의 충동에 따라 행동할 것이다. 그때 내가 해야 할 일은 별로 많지 않다. 나는 단지 그를 지켜보며, 스스로의 행동에 책임을 지도록 주의를 환기시키고, 그를 둘러싸고 있는 위험들을 가능한 숨김 없이 보여주는 일뿐이다. 나는 이제까지 그의 무지를 이유로 그를 제어했지만 앞으로는 그의 지식에 의해 그를 제어할 필요가 있다.

성인을 지도할 때는 아이와는 반대로 해야 한다는 것을 명심하라. 성에 관한 비밀들? 주저하지 말고 가르쳐라. 결국 알아야 할 것들을 타인에게서 배우게 하지 말고 당신에게서 배우게 하라. 본능이 발달하고 있는 기미가 보이면 조금이라도 시간을 낭비할 필요가 없다. 서둘러라. 그렇지 않으면 그는 선생의 의지와 무관하게 모든 것을 알아버리고 말 것이다.

하지만 설교에도 때와 방식이 있다. 적당히 대화만 나누면 된다고 생각하면 오산이다. 지금 젊은이의 관능이 오성을 누르며 타오르고 있는데 어떤 지혜의 말이 그의 귀에 들어갈 수 있을지 생각해 보라. 비록 이성적인 귀가 열려 있다고는 하나 이치를 따져 설교하지 말라. 먼저 그가 당신의 얘기를 들을 수 있도록 만들어야 한다. 대부분의 얘기가 무익하게 결론 나는 것은 학생의 과오 때문이 아니라 선생의 과오 때문이다. 현학자나 선생은 비슷한 얘기를 한다. 하지만 현학자는 아무 때나 얘기하는 반면 선생은 그것의 효과를 확신할 때만 얘기한다.

몽유병 환자가 갑자기 자리에서 일어나 절벽 밑으로 떨어질 수 있는 것처럼, 나의 에밀 역시 무지의 잠을 자다가 그러한 위험에 처할 수 있다. 그를 우선 절벽에서 멀리 떼어놓도록 하자. 그 다음에 멀리서 조금씩 그 절벽을 보여주자. 관능의 물길을 다른 곳으로 돌리는 훈련을 통해 그 목적을 달성할 수 있다. 유혹에 빠지기 쉬운 상상력을 노동이나 운동을 통해 흘려보내도록 하자. 신체가 피로하면 관능은 타오르지 않는다.

신속한 예방법은 그를 유혹의 대상으로부터 격리시켜 놓는 것이다. 그러나 도시 밖으로 멀리 데리고 나간다고 해서 그 효과를 장담할 수 있을까? 사막에 갖다놓는다 해도 머릿속에 떠오르는 영상까지 막지는 못할 것이다. 그의 주의를 자신으로부터 전환시켜놓지 않는 한 어느 곳에 그를 놓아두어도 상황은 마찬가지일 것이다.

에밀은 목공이라는 하나의 직업을 익혔다. 그리고 농사 일에도 일가견이 있다. 그러나 이러한 일은 이 경우에 효과를 거두기가 어렵다. 이러한 일들은 그에게 워낙 익숙해서 전념할 기회를 안 준다. 손과 머리가 따로 놀기 십상이다. 그보다는 뭔가 흥미를 느끼고 몰입할 수 있는 일이 필요하다.

사냥이 아마 그 대안이 될 것이다. 사냥을 죄의식 없이 즐길 수 있을 때가 있다면 지금이 바로 그때가 아닐까 싶다. 에밀은 또 이 일을 잘 해내기 위한 여러 가지 조건을 갖추고 있다. 그는 사지가 튼튼하고 강인하며 인내력도 있다. 이 일이 이 시기의 그에게 유의

미한 취미가 될 것이 확실하다.

사냥은 신체뿐만 아니라 마음까지 단련시킨다는 이점이 있다. 피의 잔인성에도 의연하게 대처할 수 있게 해준다. 사랑하는 남녀가 바라보는 숲과 사냥꾼의 숲은 다르다. 연인의 감미로운 휴식처인 숲이 사냥꾼에게는 동물이 풀을 뜯고 있는 장소, 그 동물을 사냥하기 위해 대기하는 장소일 뿐이다. 연인에겐 새들의 지저귐과 낭만이 가득한 장소가 숲이지만 사냥꾼에겐 먹이를 쫓는 사냥개들의 울부짖음이 가득한 장소가 숲이다. 같은 장소도 목적에 따라 다르게 보인다. 그것이 자연이며, 그에 따른 즐거움의 선택 만큼 다양한 생각을 하게 하는 것이 자연이다.

그로 하여금 좋아하는 일을 하도록 시켜보라. 그 일에 빠져 나머지 일은 다 잊을 것이다. 하지만 나는 에밀이 짐승이나 죽이며 무자비한 열정으로 젊음을 허비하기를 원하지 않는다. 언젠가 내가 원할 때, 위험한 열정에 대한 내 얘기를 경청하고 그가 자제할 수 있다면 그것으로 충분하다.

진부한 설교 대신 상상력을 일깨워라

살다보면 절대로 잊혀지지 않는 시기가 있다. 에밀에게 있어서는 지금이 그 시기이다. 이 시기의 삶이 그의 미래에 지대한 영향을 끼칠 것이 분명하다. 그러므로 이 시기가 잊혀지지 않도록 그에

278

게 확실히 각인시키자. 우리 시대의 잘못 가운데 하나는 인간이 너무 정신에만 신경을 써 이성을 남용한다는 것이다. 상상에 호소하는 몸짓과 표정 언어를 소홀히 함으로써 사람들은 가장 강력한 언어를 잃어버렸다.

말의 인상은 약하다. 사람들은 귀보다 눈을 통해 더 마음에 호소할 수 있다는 것을 간과하고 있다. 모든 것을 이성에 의지하려고 함으로써 교훈을 언어화했고 그로 인해 행동은 뒷전이 됐다. 이성만으로는 충분치 못하다. 추론만 일삼는 것은 소인배들의 버릇이다. 정말 굳센 영혼은 다른 언어를 가지고 있으며 사람들을 움직이는 것은 그 언어이다.

고대인들의 경우를 보라. 그들은 상징의 언어로 경건함과 권위를 세웠다. 현대인의 언어가 책에 기록돼 있다면 그들의 언어는 대지에 기록돼 있다. 신성시 여겨졌던 나무나 바위, 무덤 등이 그들의 책장이었고 기념비였으며 증인이었다. 왕권을 상징하는 징표만 있으면, 비록 병사 한 명 없었을지라도 위엄을 지킬 수 있었고 사람들은 그에게 복종했다. 하지만 오늘날 보라. 왕의 위엄은 어디에도 없다. 왕은 군대의 힘을 빌려서만 왕권을 유지할 수 있다. 백성은 더 이상 왕을 존경하지 않으며 벌에 대한 두려움 때문에만 복종한다.

고대인들의 웅변은 잘 정리된 말로서가 아니라 생생하게 표현된 상징 언어로 충만돼 있다. 말하는 대신 눈앞에 보여줌으로써 사람들의 정신을 사로잡았다. 그러니 젊은이들과는 말싸움을 하지 말

라. 그들의 이성에 호소하고 싶다면 그 이성에 옷을 입혀라. 당신의 언어를 마음에 스며들도록 하라. 논쟁은 견해를 확정할 수는 있지만 행동을 유발하지는 않는다. 어떻게 생각해야 하는지를 가르쳐주긴 하지만 무엇을 해야 하는지는 가르쳐주지 않는다. 그러므로 나는 에밀에게 하고 싶은 얘기가 있다 하더라도 진부한 말로써 설명하는 대신 그의 상상력을 일깨우는 일부터 시작할 것이다.

나는 가장 적합한 장소와 시간을 택해 그와 마주 대할 것이고 자연을 창조한 존재자를 증인 삼아 내 열망을 전할 것이다. 아마도 그 장소는 산으로 둘러싸인 숲이 될 것이고 주변의 바위들이 그와 내가 나눈 약속의 기념물이 될 것이다. 진솔한 억양과 몸짓에 섞여 나오는 내 얘기, 상징과 비유로 고무된 내 추론에 그는 감동할 것이다. 내가 내 의무를 새기는 동안 그도 그의 의무를 더욱 존경받을 만한 것으로 만들기 위해 마음 깊이 반추할 것이다.

나는 장황하게 말하지 않을 것이다. 나의 이성은 엄숙하겠지만 나의 마음은 그런 식으로 전달되지 않을 것이다. 그의 이익과 손실에 앞서 나의 이익과 손실을 얘기함으로써 그의 영혼을 편협함에 빠지지 않도록 할 것이다. 그는 감동할 것이고 나의 우정과 관용에 공감해 나의 가슴을 끌어안을 것이다. 나는 이렇게 얘기할 것이다. "너는 나의 작품이다. 너는 나의 보물이며 아들이다. 너의 행복이 나의 행복이므로, 너는 불행해져서는 안 된다. 네가 잘못된다면 너는 내 20년의 생애를 빼앗아가는 것과 같다. 뿐만 아니라 나의 노년 또한 불행해질 것이다."

사랑을 가르쳐 현명한 인간이 되게 하라

말을 할 땐 그가 귀 기울이지 않을 수 없을 만큼 매력 있게 해야한다. 그의 욕망을 질책하지 말고 그의 상상을 질식시키지 말라. 그에게 사랑과 여자에 대해, 즐거움에 대해 얘기해주어라. 그가 허물없이 당신을 대할 수 있도록 모든 노력을 다하라. 그러면 그는 당신이 기대하는 것보다 더 많은 얘기를 더 편안히 할 것이다.

이제 그는 당신을 친구처럼 여기고 보호자처럼 여길 것이다. 당신의 권위를 인정하고 당신의 규칙에 따를 것을 맹세할 것이다. 관능이 아닌 이성을 추종함으로써 자아를 확립하겠다는 의지를 보이며 당신의 조력을 아끼지 말아달라고 부탁할 것이다. 그렇다고 해서 당신은 그의 말을 곧이곧대로 믿어서는 안 된다. 관능의 마력은 결코 그 대상을 가리지 않는다. 당신의 학생이 아무리 고결하다 하더라도 그러한 함정에 빠질 위험은 도처에 깔려 있다. 그의 맹목적인 복종과 무분별한 약속을 경계하도록 충고하라. 여유를 갖고 생각해볼 기회를 갖도록 하라. 가장 약속을 잘 지키는 자는 가장 나중에 약속한다는 것을 잊지 말라.

권위를 확립한 뒤 가장 주의해야 할 일은 그 권위를 행사할 기회를 만들지 않는 일이다. 나는 에밀의 성향을 억압하는 대신 그것을 지배하기 위해 그것에 대해 충분히 알아볼 것이다. 그리하여 가능한 한 행복하도록 돌볼 것이다. 미래의 행복을 위해 현재의 행복을 포기하도록 만들지는 않을 것이다. 본능을 부정하는 우울한 가르침으로 그를 기만하지 않을 것이다.

나는 그에게 사랑을 가르칠 것이다. 진정한 마음과 마음의 결합이 얼마나 우아한 매력을 낳는지 느끼게 해줌으로써 방탕함에 대해 혐오감을 갖도록 할 것이다. 나는 그에게 사랑에 빠짐으로써 현명한 인간이 되게 할 것이다. 불타오르는 청년의 욕망을 이성의 권위로 통제하는 것은 참으로 옹졸한 일이다.

정념은 정념의 힘을 통해서만 극복된다. 자연의 폭정을 끝내는 것은 언제나 그 자연이다. 나는 그에게 평생을 같이 할 반려자에 대해 얘기해줄 것이다. 그에 대해 상상하도록 하고 열정을 품도록 할 것이다. 그런데 무엇이 진정한 사랑인가? 그것은 환영이고 허상이 아닌가? 사람들은 실제의 인물보다는 자신이 만들어낸 상상 속의 인물을 더 좋아한다. 거기엔 한계가 없다. 현실에선 사랑에 대한 환상에서 깨어나는 순간 사랑이 사라져버리지만 상상의 세계에선 그럴 일이 없다.

그렇다고 그에게 허무맹랑한 모델을 제시해 그를 기만하려는 것은 아니다. 세상에 완벽한 사람이란 없다. 그의 애인 역시 마찬가지다. 하지만 그 애인의 결점조차 사랑할 수 있고 궁극적으로는 그 결점을 보완할 수 있게 될 것이다. 나의 묘사가 선명하면 할수록 에밀은 그 존재를 갈망하게 될 것이다.

그리하여 나는 그 애인에게 이름까지 붙여준다. 나는 말한다. "네 미래의 연인을 '소피'라고 부르자. 좋은 이름이다. 설사 장차 선택할 네 아내의 이름이 그렇지 않더라도, 그 여자는 그런 이름을 가질 자격이 있을 것이다. 우리는 그 이름으로 경의를 표하도록 하자." 이렇게 하여 세부적인 설명을 덧붙인 뒤 유도하면 그의 의구심은 점차 확신으로 바뀌어갈 것이다.

여기에까지 이르렀으면 나머지는 쉽다. 그는 이제 ·세상에 내놓아도 별로 위험하지 않다. 다만 그를 관능으로부터 보호하기만 하면 그의 마음은 안전할 것이다.

사랑하는 여인의 특징과 품성을 머릿속에 그려둔 그의 행동이 어떨 것 같은가? 자기의 이상형과 닮은 사람이라면 호감을 가질 것이고 그렇지 않은 사람이라면 반감을 가질 것이다. 그것은 그가 처하게 될지 모를 위험으로부터 자연스럽게 그를 보호해줄 것이다. 그가 타락할 가능성은 이제 거의 없다고 봐도 좋다. 소피와 다른 여성들의 태도를 관찰할 수는 있겠지만 그들에게 빠지지는 않을 것이다. 그런데 관찰하는 일은 전혀 위험하지도 않을뿐더러 그의 마음을 견실하게 하는 데 더 도움이 된다.

청년의 탈선을 부추기는 것은 그의 관능이나 기질 때문이라기보다는 대부분 세론 때문이다. 그 시기의 젊은이들은 홀로 방탕해지지 않는다. 대부분 또래들과 어울려 타락의 늪으로 빠진다. 그때 도덕적인 설교는 곧잘 유치한 공자 말씀으로 치부된다. 그는 동료들과의 의리 때문에, 혹은 체면 때문에, 혹은 조롱당하지 않을까 두려워 자신의 몸을 대담하게 내던진다. 방탕해질 줄도 모르면서 방탕해지는 그 마음의 밑바닥에 허영심이 있다. 그는 자신의 기호에 따라 행동하는 것이 아니라 남의 기호에 따라 행동한다. 유혹은 허영심의 문을 통해 들어온다.

내 학생에게는 그럴 가능성이 전혀 없다. 그는 어떤 유혹의 격류에도 휩쓸리지 않을 것이다. 욕망이 그를 밀어붙인다 해도 그저 잠깐일 뿐이다. 그의 이상이 창녀나 유부녀로부터 그를 보호해줄 것이다. 물론 처녀도 교태를 부릴 수 있고 그런 만큼 그를 위험한 지경에 빠지도록 할 수는 있다.

하지만 그렇게 되기 위해서는 에밀이 진작에 그의 동료들로부터 배웠어야 할 것이 있다. 자신의 신중한 태도를 비웃는다든가, 자신을 속이고 남들처럼 불손해지는 법 따위를 말이다. 하지만 에밀보다 모방을 덜 하며, 남의 조롱에 의연한 사람이 있을까? 그는 조금의 편견도 없이 키워졌다. 그는 세론에 휘둘리지 않으므로 타인의 조롱에 무관심하다. 그를 움직이게 하려면 야유가 아니라 이치가 필요하다. 유혹이 들어설 자리는 전혀 없다.

학생에게 선생의 약점을 보여줘라

당신은 스무 살이나 먹은 에밀이 어찌 그리 순종적일 수 있는지 상상도 할 수 없을 것이다. 나는 에밀에 대한 나의 영향력을 확보하기 위해 15년이라는 세월을 헌신했다. 그동안 나는 그를 교육시키지 않았다. 교육 받을 준비만 시켰다. 이제 그는 충분히 교육 받을 만큼 순치됐다. 얼핏 보기엔 자유로워 보여도 지금 그는 내게 그 어느 때보다 얽매어 있다. 그는 나를 필요로 한다. 한때 나는 그의 신체의 지배자였다. 나는 그의 곁에서 한 발자국도 떠나지 않았다. 그러나 지금은 종종 홀로 있게 내버려둔다. 이제 나는 그의 의지를 지배하고 있기 때문이다.

이런 확신에 의해 나는 그를 저잣거리로 내보내는 데 아무런 거리낌도 없다. 만일 그를 위협할 적이 있다면 그것은 바로 그 자신이다. 그리고 그 자신이 적이라면, 그 과오는 우리에게 있다. 관능을 촉발시키는 상상을 심어준 것은 바로 우리이며 이 사회이기 때문이다.

만일 음란한 대상이 우리 눈에 띄지 않는다면, 추잡한 생각이 우리의 머릿속에 떠오르지 않는다면 그 욕구라는 것이 우리에게는 느껴지지 않을 것이다. 세상과 격리된 채 살아가는 사람은 죽을 때까지 그 순결을 잃지 않을 것임이 확실하다. 그러나 우리가 사는 사회는 그럴 가능성을 전혀 허용하지 않는다. 또 우리가 누군가를 교육시킨다는 것은 이 사회를 위해서이기도 하다. 사회 환경이 열악하다고 해서 그를 무지 속에 방치하며 키울 수는 없는 일이다. 그것은 적절한 일도 아니다. 그렇다고 애매한 방식으로 알려줘서도 안 된다. 뇌리에 각인된 욕망의 인상은 워낙 강렬해서 언제나 그를 따라다닐 게 뻔하다.

그러므로 당신의 청년을 세심히 보살펴라. 그는 다른 것들로부터 자신을 보호할 수는 있겠지만 자기 자신으로부터 스스로를 보호하지는 못한다. 그 몫을 당신이 담당해야 한다. 그와 함께 생활하며 그의 본능을 존중하되 남용하지 않게 하라. 당신의 학생이 비밀스럽게 그 본능을 만족시키는 법을 알게 되면 그는 항상 무기력한 상태에 빠져, 그 음울한 습관을 죽을 때까지 버리지 못할 것이다. 만일 타오르는 정욕에 항거할 수 없다면, 안타까운 일이지만 그를 여인에게 넘겨주어라. 자기 자신에게 질식당하느니 그 편이 훨씬 낫기 때문이다. 그리고 그 편이, 후일 그 자신의 폭군으로부터 그를 떼어놓는 것보다는 훨씬 쉬울 것이다.

당신의 학생이 나쁜 짓을 저질렀을 때는 그 사실을 인정하고 넘어가라. 당신의 질책이 무서워 당신을 속이지 않게 하라. 당신 또한 완벽한 사람이 아니다. 소인배 기질을 지닌 선생들의 공통점은, 학생들 앞에서, 스스로가 완벽한 인간인 것처럼 보이도록 행동한다는 것이다. 그 행동은 진실하지도 않거니와 현명한 방식도 아니다. 권위를 확고히 하는 것 같지만 오히려 권위를 잃는다.

왜 선생들은, 자신의 얘기에 귀 기울이게 하기 위해 듣는 사람의 입장에서 생각해보지 않는지를 모르겠다. 인간의 마음에 호소하기 위해서는 인간적인 면모를 보여줘야 한다는 사실을 그들은 왜 모른단 말인가? 완벽함에서 어떤 감동을 느낄 수 있단 말인가? 당신의 학생에게 당신의 약점을 보여줘라. 그와 같은 갈등을 당신도 겪고 있음을 알게 하라.

절제하면서 조화하도록 하라

인간이 타락하는 것은 젊은 시절의 무질서한 생활 탓이다. 악덕에 물들어 있으면서도 비열한 행동을 멈추지 않는 소인배의 정신들! 그들은 너무 어려서부터 망가져 조금의 생명력이나 고결함도, 일말의 양심도 남아 있지 않다. 그러면서 거만하고 교활하면 위선적이다. 그렇다고 대단한 악당이라도 되느냐 하면 그것도 아니다. 젊은 시절의 방탕한 삶이 그러한 인간을 만들어낸다. 그러한 인간을 지배하기란 아주 간단하다.

매사에 절제할 줄 아는 에밀이라면, 마음먹기에 따라 얼마든지 그들을 지배할 수 있을 것이다. 하지만 에밀에겐 그럴 마음이 없다. 그들을 경멸하기 때문에 그들의 복종조차 달가워하지 않는다. 그의 관심은 지금 세상과 반려자에게 가 있다.

사회에 첫발을 딛는 그의 출발은 그다지 화려하지 않을 것이다. 별로 눈에 띄지도 않을 것이다. 그래야 한다. 나는 그가 군계일학처럼 빛나 불행에 빠지지 않기를 바란다. 하긴 그는 첫눈에 사람을 혹하게 하는 그런 매력을 지닌 인물이 아니다. 그는 겸손하지도 거만하지도, 자신을 가장하지도 않는다.

그는 다른 사람보다는 자기 자신을 더 좋아한다. 그렇다고 남들에게 무관심하냐 하면 그런 것도 아니다. 예의범절에 관한 교육을 체계적으로 배운 법이 없어 행동이 뻣뻣할지는 모르지만 남들을 세심히 배려한다. 고통 받는 것을 보면 참지 못하기에 기꺼이 도와준다. 그는 논쟁을 좋아하지 않으며 반박을 일삼지도 않는다. 행복에 대한 감식안을 아직 갖추지 못한 그로서는 상대방을 논박하느니 보다는, 차라리 그 상대방이 세론에 안주해 행복해하는 것이 더 낫다고 여기기 때문이다.

그는 필요한 말만 할 뿐 수다스럽지 않다. 세상 만물의 진정한 가치를 아는 사람은 그렇게 많이 얘기할 수가 없다. 사람들이 기울이는 관심, 즉 자기에 대한 관심과 자기 말에 대한 관심을 정확히 분별할 수 있기 때문이다. 확실히 아는 것이 별로 없는 사람은 무엇이든 얘기하려고 한다. 왜냐하면 알고 있다는 것 자체가 그에게는 중요한 사건이기 때문이다.

에밀은 남과 대립하기보다는 기꺼이 순응하여 어울린다. 남의 눈에 띄는 것을 싫어하기 때문이다. 그는 주목 받는 것을 불편해한다. 그렇다고 소심하다거나 남의 이목을 두려워한다는 것이 아니다. 그는 언제나 소신껏 행동하며 최선을 다해 자신의 의무를 다한다. 그러면서 남들의 관습을 관찰해 잘 파악한다. 그것에 익숙해지기 위해서가 아니라 그런 관습을 별로 중요하게 여기고 있지 않기 때문이다. 이런 그의 침착한 태도를 거만하거나 불손한 것으로 오해하지 않았으면 좋겠다. 그는 자유로운 상태에서 자신을 가장하지 않는 것일 뿐이다.

언제나 풍부한 욕구를 가지고 있지만 그 욕구에 저항하는 이성을 지닌 에밀을 상상해보라. 그는 여자들 곁에 있으면 수줍어하고 당혹해할 것이 분명하다. 그것이 여인들을 불편하게 할까? 아니다. 대부분의 여자들이라면 그의 당혹스러움을 오히려 즐길 것이고, 그것을 더 부추기려고 할 것이다. 하지만 그는 상대에 따라 분별 있게 대할 것이다. 부인에게는 조심성 있게 대할 것이고 아가씨에게는 보다 친절하게 대할 것이다. 그는 언제나 질서를 존중할 것이다. 자연적 질서를 사회적 질서보다 우위에 둘 것이다. 그래서 신분 높은 사람보다는 평범한 사람을 더 존중할 것이다.

그 역시 다른 사람들로부터 존중 받고 싶기는 하겠지만 존경 받기를 바라지는 않을 것이다. 그 결과 공손하기보다는 애정이 넘치는 사람이 될 것이며 천 번의 칭찬보다는 한 번의 포옹에 더 감격할 것이다. 몸치장에 신경을 쓸지도 모르지만 그것은 멋을 내기 위해서가 아니라 좋은 인상을 주기 위해서이다.

그는 생긴 것과 관련해 사람들로부터 환영 받지는 못하겠지만, 사람들은 이상하게도 그를 좋아하게 될 것이다. 아무도 그의 재주를 칭찬하지는 않겠지만 사람들은 그를 재주 있는 자들의 심판자로 선택할 것이다. 그렇다고 자신의 재주를 뽐내지는 않을 것이다. 그는 어떻게 살아야 행복한지 알고 있으므로 자신의 길을 묵묵히 갈 것이다. 그는 이 여정을 조금도 쉬지 않고 소화해낼 것이며 사람들 틈에 섞여 갈 것이다. 그는 상식적인 인물일 뿐 그 이상도 이하도 되길 원하지 않을 것이다.

하지만 자기가 하는 일에 있어서는 최고가 되기 위해 성심을 다할 것이다. 달리기를 할 때는 가장 빨리 달리려고 할 것이며, 싸움을 한다 해도 절대 지지 않을 것이다. 당연히 그는 세상에서 가장 능숙하고 솜씨 좋은 장인이 되기를 원할 것이다. 그의 명예욕은 그 정도일 뿐이어서, 더 이상의 욕심으로 그 자신을 괴롭히는 일은 하지 않을 것이다. 더 유식하다든지, 더 돈이 많다든지, 더 존경 받는다든지 하는 등등의 일에 그는 무관심할 것이다.

인간과 자연을 존중하는 그는, 특히 자기를 닮은 사람에게 특별히 애착을 가질 것이다. 그는 자신이 선하다는 것을 알기에 그 본성으로부터 내미는 손을 기꺼이 잡을 것이다. 그러니 이제 우리는 소피를 찾아야 한다. 더 이상 지체해서는 안 된다. 행여나 에밀이 다른 여자를 소피로 오해하고 사귐으로써 우리 모두를 곤경에 빠뜨리기 전에 그녀를 찾아야 한다. 어디로 가서 그녀를 찾아야 할까? 시끌벅적한 도시는 아니다. 소음과 매연 가득한 파리에서는 아니다.

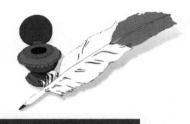

제5부   성년기
스무 살에서 결혼까지

에밀은 이제 성인이 되어 결혼할 때가 되었다. 우리는 그에게 반려자를 찾아주기로 약속했고 그녀의 이름을 소피라고 부르기로 했다. 자, 이제 소피를 찾으러 가야 한다. 그런데 그녀는 어디에 살고 있을까? 어딜 가야 그녀를 찾을 수 있을까? 그녀를 찾기 위해서는 먼저 그녀에 대해 알아야 하지 않을까? 그녀의 됨됨이에 대해?

남자와는 다른 성, 여자

에밀이 남자인 것처럼, 소피는 여자이다. 아니 여자이어야만 한다. 여자라는 성! 여자와 남자는 어떻게 다를까? 근본적으로는 다르지 않다. 여자도 남자와 똑같은 인간일 뿐이다. 신체 구조나 기능, 욕구의 측면에서도 남자와 크게 다르지 않다. 그러나 미세하게 접근해보면 여자와 남자는 여러 가지 점에서 다르다.

우선 눈에 띄는 것은 성과 관련된 차이이다. 이 성적인 차이가 정신적인 면이나 도덕적인 면에 영향을 끼치고 있음에 틀림없다. 남성이 남성으로서 완전하고, 여성이 여성으로서 완전하다면 그것은 자연의 특별한 사명이 부여됐기 때문이다. 만일 어느 한쪽의 성이 다른 한쪽의 성을 닮았다면, 그만큼 그 성은 완전하지 못할 것이다. 완전성이라는 것은 더함도 덜함도 없는 것이므로, 남자와 여자는 생김새뿐만 아니라 정신적인 면에서도 서로 다를 게 틀림없다.

두 성은 그 결합에 있어 공통적인 목적에 협력하지만 협력하는 방식은 다르다. 이 방식의 다름으로부터 정신적 관계의 차이가 생긴다. 남자는 강하고 능동적이며 여자는 약하고 수동적이다. 그런 만큼 남자는 원하는 바를 성취할 수 있어야 하며 여자는 저항하지 않는 것만으로 충분하다. 이 원칙이 맞다면 여자는 특히 남자의 마음에 들도록 창조됐다는 결론이 나온다. 남자도 여자의 마음에 들어야 하겠지만, 남자는 강하다는 한 가지 점만으로도 여자의 마음에 든다. 비록 이것이 사랑의 법칙은 아니지만, 그것은 자연의 법칙이다.

상황이 이렇다면 여자는 남자에게 도전할 것이 아니라 타고난 그 매력으로 남자의 강함, 즉 힘을 발휘할 수 있게 해야 하고 그 힘을 사용하도록 해야 한다. 그렇게 되면 남자는 여자의 그 협력으로 인한 승리에 기뻐한다. 여기에서 공격과 방어가 생기고 남자의 대담성과 여자의 소심성이 생긴다. 그리고 강자를 제압하기 위해 자연이 약자에게 수단으로 부여한 얌전함과 성적 수치심이 생겨난다.

그런데 역할상의 이러한 차이가 붕괴되면 어떻게 될까? 두 성 모두 파멸을 맞이할 것이다. 남자는 자연으로부터 부여받은 그 본성에 의해 질식당할 것이며 여자는 남자의 관능을 일깨우고 지배할 수 있기에 그 상대를 죽음으로 몰고 갈 것이다.

동물의 경우는 어떤가? 동물의 암컷에는 인간과 같은 성적 수치심이 없다. 동물의 욕망은 필요에 의해서만 일어나므로 그 필요가 충족되는 순간 욕망은 그친다. 그것은 마치 화물선이 짐을 다 실으면 더 이상 선적하지 않는 것과 같다. 반면 인간의 여성에게서 수치심을 제거해버린다면, 그 소극적 본능을 무엇으로 보충할 것인가? 여자가 남자에게 관심 갖지 않기를 기대한다는 것은 남자가 아무 것에도 쓸모없어지기를 기대하는 것과 같다.

만물을 주관하는 신은 인간을 명예롭게 해주고자 했다. 인간에게 무한한 애정을 줌과 동시에 그것을 규제할 수 있는 장치를 마련해주었다. 남자에겐 지칠 줄 모르는 열정을 주되 그것을 통제할 수 있는 이성을 같이 주었고, 여자에겐 무한한 욕망을 주되 그것을 억제할 수 있는 수치심을 같이 주었다. 덧붙여 신은 그 능력을 바르게 사용했을 때를 대비해 쾌감이라는 현실적인 보상까지도 마련해주었다. 확실히 이 모든 것들은 짐승의 본능보다 더 가치 있는 것으로 여겨진다.

그러므로 이렇게 유추해볼 수 있다. 겉보기에는 강한 쪽이 지배하고 있는 것처럼 보이지만 실제로는 약한 쪽에 의존하고 있다는 것이다. 그것은 여자의 환심을 사기 위한 가벼운 처신에 의한 것도 아니며, 보호자로서의 오만한 관용에 의한 것도 아니다. 두 성의 평화 공존이라는 자연 법칙에 의한 것이다.

여자가 남자에게 굴복한 것처럼 보이는 것이 연약함 때문인지, 아니면 자진해서 몸을 맡기는 것인지 생각해볼 일이다. 그 점에서 여자의 마음은 완벽히 그녀의 육체에 상응한다. 여자들은 자신의 연약함을 부끄러워하기는커녕 자랑스럽게 생각한다. 가벼운 물건 조차도 힘에 겨운 척한다. 왜 그런가? 단지 연약해 보이기 위해서가 아니라 훨씬 더 교묘한 대비에 의해서이다. 필요할 경우 여자는 자신이 약자라는 변명과 권리를 사용할 수 있도록 미리부터 준비하고 있는 것이다.

어떻게 하여 육체적인 것이 정신적인 것으로 인도하는지, 두 성의 결합으로부터 감미로운 사랑의 관념이 생겨나는지를 보라. 여성의 지배력은 남성이 원해서가 아니라 자연의 명령에 의해서 확보된 것이었다. 헤라클레스도 옴팔레 앞에서는 무릎을 꿇어야 했고* 삼손도 데릴라 앞에서는 힘을 못 썼다.** 그 지배력은 여성 본래의 것으로 그것이 남용된다 하더라도 박탈할 수 없었다. 만일 그럴 수 있었다면 여성들은 진작에 그 힘을 잃었을 것이다.

---

*그리스 신화에 나오는 영웅. 헤라클레스는 테스피오스 왕의 딸 50명을 범했지만 리디아의 여왕 옴팔레 앞에서는 사랑의 노예가 되어 꼼짝도 못했다.
**구약성서 『사사기』 참조. 삼손은 괴력을 지닌 이스라엘의 장사였지만 데릴라의 유혹에 넘어가 힘을 잃고 적의 포로가 되었다.

성적 행위와 관련해서도 두 성은 완전히 다르다. 남성은 행위의 순간에 있어서만 남성이지만 여성은 전생애를 통해, 적어도 청춘기 동안 여성이다. 여성은 매사에 있어 자신이 여성임을 환기시킨다. 결혼과 임신, 출산을 거쳐 수유하고 아이를 키우는 동안 인내심과 열정, 애정을 쏟아 가족을 돌본다. 그 모든 헌신적 돌봄이 사랑으로부터 나온다. 그렇지 않았다면 인류는 지속되지 않았을 것이다.

그런데 두 성은 권리나 의무에 있어 불평등하다고 불만을 제기하는 여자가 있다면, 그 태도는 옳지 못하다. 그 불평등은 인간이 만들어낸 제도가 아니다. 그것은 편견의 소산이라기보다는 이성의 소산이다. 여자는 자연으로부터 아이의 양육이라는 책임을 부여받은 만큼 그 아이의 아버지에 대해서도 책임을 져야 한다. 물론 남편도 그러한 아내에 대해 충분한 보상을 해야 하며 그 의무를 게을리하는 남자는 모두 야만적이다.

그러나 부정한 아내로 인한 폐해는 훨씬 더 크다. 그런 여자는 가정을 파괴하며 자연이 준 모든 관계를 유린한다. 남편이 아내를 신뢰할 수 없어 잠을 못 이룬다면, 내가 데리고 살고 있는 자식이 자신의 아이인지 아닌지를 몰라 전전긍긍한다면 그 얼마나 불행한 일인가?

그러므로 아내는 정절을 지켜야 하며 주변 사람들로부터 정숙하다는 평가를 받을 필요가 있다. 아버지가 자식을 사랑하는 일이 중요한 만큼 아내는 어머니로서 존경받아야 하기 때문이다.

나의 이러한 논리를 반박하기 위해 '모든 여자가 아이를 낳는 것은 아니지 않느냐'고 항변할지도 모르겠다. 그러나 그것은 잘못된 생각이다. 여자들은 무엇보다 아이를 낳고 키우는 데 최선을 다해야 한다. 도시의 수많은 여자들이 방종한 생활에 젖어 그 신성한 의무를 다하지 않는 것을 예로 들어 다시 내 논지를 반박한다면, 시골의 여자들이 정숙하게 살면서 도시 여자들의 불임을 보충해주고 있다는 점을 당신은 간과하고 있다. 설사 특정한 부류의 여자들이 자식을 낳지 않는다고 해서 어머니서의 의무를 다해야 할 그 역할이 축소되는 것은 아니다.

　어머니로서의 의무를 고려하지 않는 그 논리의 끝에는 남녀 평등이라는 사회적 시각이 깔려 있다. 그러나 다시 강조하지만 남녀 간의 획일적 평등은 가능하지도 않거니와 그래서도 안 된다. 여자가 아이를 낳아야 한다는 것은 물리칠 수 없는 대전제이다. 그런데도 한편으로는 아이를 낳아 키우면서, 다른 한편으로는 야외로 나가 남자처럼 노동을 한다거나 전쟁을 수행할 수 있겠는가? 카멜레온처럼 변신에 능해서 어떨 때는 강직하며 어떨 때는 부드러울 수 있겠는가? 물론 쉽게 아이를 낳고 거의 방치하다시피 키우며 노동에 참여하는 나라들이 있다는 것을 알고 있다. 하지만 그런 나라들에서의 남자의 역할은 또 다르다. 그들은 반나체로 살며 짐승들과 사투하듯 사냥을 하는가 하면 며칠씩 피곤한 몸으로 노역을 견디곤 한다. 한마디로 여자들이 강해지면 남자들도 강해진다. 둘 사이의 차이는 전혀 좁혀지지 않는다.

기질적으로나 체질적으로 두 성이 다르다는 것이 증명된 이상 교육 또한 달라야 한다. 그렇다면 여자는 어떻게 양육돼야 하는가? 이제부터 그것을 살펴보자.

딸을 여자로 키워라

우리의 성은 자연에 의해 결정된 것이므로 존중돼야 한다. 남자가 그렇듯, 여자 역시 존중돼야 한다. 존중한다는 것은 무엇인가? 여자로서의 가치를 인정하고 계발한다는 것이다. 남자도 마찬가지다. 두 성은 각기 장단점을 갖고 있는바 그 특정한 가치를 인정하고 계발해야 한다. 그런데 남자가 여자처럼 되려 한다거나 여자가 남자처럼 되려 한다면 어떻게 되겠는가? 득보다 실이 많지 않겠는가? 인간의 두 성은 상호 보완적인 관계이지 극복해야 할 관계가 아니기 때문이다.

그러므로 현명한 어머니라면, 딸을 여자로 만드는 데 힘써야 한다. 그렇다고 집에서 살림만 하도록 가르치라는 말은 아니다. 그녀 역시 생각하고 판단할 줄 알아야 한다. 자신의 외모를 가꾸듯 정신을 연마해야 한다. 그래서 자신에게 부족한 점을 보완해 남자를 인도할 수 있어야 한다. 그것이 자연이 그녀에게 준 무기이다. 하지만 그녀는 모든 것을 다 배우기보다는 여자가 알아야 할 것만을 배워야 한다.

남자와 여자는 서로를 위해 태어났지만 두 성 간의 관계는 조금 다르다. 남자는 욕망 때문에 여자에게 의존하고 있으나 여자는 그 욕망과 필요 때문에 남자에게 의존하고 있다. 남자는 여자 없이 살아갈 수 있지만 여자는 남자 없이 살아가기 어렵다.

여자가 필요한 것을 얻기 위해서는 남자로부터 인정받는 존재가 되어야 한다. 용모가 아름답다거나 두뇌가 총명하다는 것만으로는 충분하지 못하다. 여자는 자신을 위해서나 자식을 위해서 남자의 판단에 몸을 맡겨야 한다. 그녀의 명예는 행실에만 있는 것이 아니라 그녀에 대한 평판에도 있다. 따라서 한번 오명을 쓴 여자는 그 명예를 회복하기가 어렵다.

남자라면 스스로 바르게 행동하고 있는 한 사회적 평판에 초연할 수 있다. 하지만 여자는 아무리 바르게 행동한다 하더라도 그것만으로는 절반의 임무밖에 수행하지 못하는 것이 된다. 사람들이 그녀를 어떻게 판단하고 있느냐가 중요하기 때문이다. 이로 인해 여성의 교육은 남성의 그것과는 달리, 반대의 방식으로 진행돼야 한다는 결론이 나온다.

사내아이의 기질이나 품성은 절대적으로 어머니의 영향을 받게 돼 있다. 뿐만 아니라 남자의 품성이나 정열, 취미, 기쁨, 그리고 행복까지도 여자의 손에 달려 있다. 그러므로 여자의 교육은 모두 남자와 관련된 것이어야 한다. 어떻게 하면 남자가 즐거울 수 있는지, 평화롭고 화목할 수 있는지, 또 어떻게 하면 남자의 사랑과 존경을 받을 수 있는지 등등에 관해 어려서부터 교육받아야 한다. 이 원칙의 토대를 벗어나 가르쳐서는 안 된다. 그래서는 여자 자신의 행복뿐 아니라 남자의 행복에도 도움이 되지 않는다.

그렇다고 아무 남자든, 마음에 들기만 하면 된다는 것은 아니다. 경박하거나 어리석은 소인배의 마음에 들어서는 안 되고 진실로 사랑스러운 남자, 성실하고 재능 있는 남자의 마음에 들도록 노력해야 한다. 경박한 남자를 따르는 것은 자신의 천성을 버리는 것이다. 어리석은 남자를 좋아하는 여자는 어리석음에 틀림없다. 그런 남자를 유혹하려는 욕망은 그녀 자신의 어리석음을 드러내는 것이다. 그런 취향의 여자는, 설령 경박하지 않은 남자라고 할지라도 서둘러 그렇게 만들 것이다. 그러므로 남자의 경박함은 여자의 산물이다.

매력 계발의 교육

여자아이들은 태생적으로 몸치장하기를 좋아한다. 스스로 가꾸고 싶어 할 뿐만 아니라 남들로부터 예쁘다는 말을 듣고 싶어 한다. 그러므로 말귀를 알아들을 나이가 되면 남들이 어떻게 생각하고 있는지를 얘기해줌으로써 가르쳐 나가야 한다. 이 초기의 교육은 여자아이에게 매우 중요하다. 신체가 정신보다 먼저 발달하기 때문에, 초기의 교육은 신체의 연마여야 한다. 그런 점에서 남녀 모두는 동일하지만, 교육의 목적은 서로 다르다. 남자아이의 목적은 체력 계발에 있지만 여자아이의 목적은 매력 계발에 있다.

그렇다고 해서 이 계발이 독자적으로 이루어져야 한다는 것은 아니다. 다만 순서가 다를 뿐이다. 즉 여자에게는 무슨 일을 하건 우아하게 할 정도의 힘이, 그리고 남자에게는 수월하게 할 정도의 기교가 필요하다.

여자가 약하면 남자 역시 약하게 된다. 그러므로 장차 낳을 아이를 위해서라도 남자만큼은 아니지만 여자 역시 건강할 필요가 있다. 스파르타의 여자아이들은 사내아이들처럼 병정놀이를 하며 자랐다. 병사가 되기 위해서가 아니라 전쟁의 노고를 감당할 수 있는 아이를 낳기 위해서였다. 나 역시 그러해야 한다고 주장하는 것은 아니다. 그렇게까지는 아니더라도, 그리스 식의 교육이 가장 적당하지 않을까 생각한다. 그 나라에서 처녀들은 자주 대중 앞에 나타나 무리를 지어 성가를 부르며 춤을 추었고, 그럼으로써 그리스인들의 퇴폐적인 관능에 매혹적인 신선함을 불어넣어주었으며 체육 훈련의 부작용을 최소화시켰다. 남자들의 마음에 어떤 영향을 끼쳤든 그 관습은 여자들의 체질을 강화하는 데 아주 효과적이었으며, 자신의 품위를 지키면서 남을 기쁘게 해주고 싶어 하는 그 욕망에 의해 자신의 취향을 계발하는 데도 도움을 주었다.

그리고 처녀들은 결혼하면 더 이상 대중 앞에 자태를 드러내지 않았다. 그녀들은 오로지 가족에 헌신하며 살림만 하고 지냈는데, 이것이 자연의 이치로 보나 이성적 측면에서 보나 가장 합당한 여자의 생활 방식이었다. 이 땅에서 가장 튼튼하고 멋진 체격을 가진 남자들이 태어난 것은 바로 그런 어머니들로부터였다.

무엇보다도 그리스의 여인들은 그 의복을 입음에 있어 조금도 신체를 구속하지 않았다. 현대의 부인들이 즐겨 착용하는 코르셋에 대해 그녀들은 전혀 알지 못했다. 나는 이 코르셋의 폐해에 대해 구체적으로 거론하지는 않겠다. 하지만 자연을 거스르거나 속박하는 모든 취미는 악습일 뿐이다. 그것은 정신적인 면이나 신체적인 면에서 동일하게 진실이다. 아름다움은 건강함에서 나오는 것이지 결코 쇠약함에서 나오는 것이 아니다.

남녀를 불문하고 아이들은 많은 놀이를 가지고 있는데, 그중에는 각 성의 기질을 나타내주는 고유의 노리갯감이 있다. 남자아이들은 주로 북이나 팽이, 장난감 마차 같은 것을 좋아한다. 반면 여자아이들은 거울이나 보석, 인형 같은 것을 좋아한다. 즉 장식적인 것을 더 좋아한다. 이는 여성적 숙명을 암시하는 취미임에 분명하다. 장식이란 남들에게 예뻐 보이기 위한 기술의 산물이 아닌가? 하루종일 인형의 옷을 입히고 벗기며 장식에 몰두하는 어린 여자아이를 보라. 그 아이는 아직 취향도 정해져 있지 않고 특별한 손재주도 없지만 이 일을 하는 데 전혀 지루함을 모른다.

이것이야말로 가장 확실하게 결정된 아이의 취향이다. 이 취향을 잘 살려나가는 것이 교육의 첫걸음이다. 여자아이들은 이런 놀이를 통해 미래의 자기 자신을 상상하며 즐거워한다. 확실히 대부분의 여자아이들은 읽기와 쓰기는 마지못해 하지만 바느질 같은 일은 기꺼이 배운다.

이 최초의 길이 열리면 나머지를 따라가기는 쉽다. 뜨개질을 배우고 그림 그리기를 배우며 어머니의 기술을 통해 일상에 필요한 모든 기술을 배울 수 있다. 그리고 이런 일은 사내아이들에게서보다 여자아이들에게서 더 쉽다. 한마디로 유용한 기술을 배우는 데 그녀들은 금방 익숙해진다. 그리고 이 유용성에 대한 몰입이 그 나이와는 아직 관련 없는 모든 공부들을 추방한다.

나는 사내아이들에게조차 조기에 글을 읽고 쓰는 법을 가르치지 말 것을 주문했는데 하물며 여자아이들이라고 다르겠는가? 그 것은 때가 되면 저절로 배울 기회를 갖게 된다. 특히 여자아이들은 특유의 호기심 때문에 그 일이 더 쉽다. 굳이 가르쳐야 할 것이 있다면 계산하는 법일 것이다. 셈법만큼 일상에 유용한 지식도 없을 것이기 때문이다. 만일 계산할 줄 알아야만 버찌를 먹을 수 있다고 선언하면 그 어린아이는 누구보다 먼저 셈을 할 줄 알게 될 것이다.

여자아이에게 과제를 줄 때는 항상 잘 설명해주도록 하라. 그리고 반드시 해야 할 일을 주는 것이 좋다. 나태와 불순종은 가장 위험한 결점으로, 이 결점이 고착되면 치유하기 매우 힘들다. 여자아이는 무엇보다 일에 빈틈이 없어야 하며 부지런해야 한다. 또한 남들에게 구속받는 것에 익숙해야 한다. 그녀들에게는 불행한 일일지 모르지만 이는 여성의 숙명이다. 무엇보다도 예의범절이라는 속박에 별다른 고통을 느끼지 않도록 훈련할 필요가 있다.

만일 그녀가 쉼 없이 일만 하기를 고집한다면 그렇게 못 하도록 말려야 한다. 넘쳐서도 안 되고 모자라서도 안 된다. 초기의 무분별한 취향이 낭비나 경솔함, 변덕 같은 결점으로 발전하지 않도록 조심하라. 그러기 위해서는 그녀에게 극기하는 법을 가르칠 필요가 있다. 정직한 여인의 일생은 끊임없는 자신과의 싸움임을 잊지 말라. 여자는 자신이 남자에게 야기시킨 그 불행까지도 나누어 가져야 하기 때문이다.

순종적이고 온순하게 키워라

여자아이가 누려야 할 자유가 제한돼 있다는 그 점 때문에 자기에게 맡겨진 자유를 지나치게 탐닉하지 않도록 주의하라. 이 탐닉이 여러 악덕을 낳는데, 특히 변덕이나 집착을 낳지 않도록 해야 한다. 이러한 악습에 빠지면 오늘은 어떤 대상에 빠져 열중하다가도 내일이 되면 더 이상 바라보지도 않게 된다.

여자아이들이 놀이를 할 땐 항상 그녀들이 구속된 상태에 있다는 것을 잊어버리지 않도록 하라. 노는 중간에도 그만 하라고 하면 중단하도록 훈련시켜라. 이 습관적인 구속으로부터 여자의 온순함이 생겨나며 이 온순함이야말로 여자의 미덕이다. 남자라는 결점 투성이의 존재에 복종하도록 만들어진 그녀에게 이러한 온순함이 결여돼 있다면, 자신도 불행함은 물론 남편의 악덕만 더 증진시킬 뿐이기 때문이다. 남편을 제압할 수 있는 것은 결코 아내의 까탈스러운 성미가 아님을 남자들은 알고 있다.

하늘은 까탈스러운 사람이 되라고 그녀를 설득력 있는 존재로 만들지 않았다. 하늘은 지배자가 되라고 그녀를 온순한 존재로 만들지 않았으며, 욕을 하라고 부드러운 목소리를 주지 않았다. 또한 분노로 얼굴을 찡그리라고 그녀의 얼굴을 곱게 만들지 않았다. 여자는 화를 낼 때 자신의 입장을 망각한다. 물론 여자들도 불평할 수 있다. 그래서 비탄에 잠길 수도 있다. 하지만 어떠한 경우에도 화를 내며 으르렁대는 것은 옳지 못하다.

남녀에게는 저마다 취해야 할 고유한 태도가 있다. 지나치게 온순한 남편은 아내를 건방지게 만들 수 있다. 그러나 남편이 괴물이 아닌 이상 아내의 온순함은 그를 제자리에 있도록 만들며 제어하게 한다.

딸들을 순종적이고 온순하게 키워라. 그렇다고 해서 가혹하게 다루라거나 바보로 만들라는 뜻은 아니다. 오히려 나는 불순종의 벌이 무서워서가 아니라, 복종의 필연성을 모면하기 위한 일종의 지혜로운 처신에 대해서는 찬성하는 편이다. 문제는 그녀가 종속의 상태를 고통스럽게 받아들이게 하는 데 있는 것이 아니라 그 사실을 깨닫도록 하는 데 있기 때문이다. 일종의 기지에 해당하는 이러한 지혜는 여성의 타고난 재능이다. 다른 것들과 마찬가지로 이 자연적 성향 역시 나는 계발해야 한다고 생각한다.

장식품은 결점을 감추는 도구일 뿐이다

여성 특유의 기지는 그녀의 나약함에 대한 공정한 보상이다. 여자에게 그런 기지가 없었다면 그녀는 남자의 동반자가 되기보다는 노예가 됐을 것이다. 여자는 모든 점에서 남자보다 불리한 것만 갖고 있다. 단지 유리한 것으로는 기지와 아름다움뿐이다. 그러니 이 장점을 갈고 닦는 것이 당연하지 않은가?

그런데 어떤가? 아름다움의 생명은 너무나 짧지 않은가? 그것은 조만간 세월의 흐름에 묻혀버리기 마련이다. 남는 것은 기지뿐이다. 그러므로 기지만이 여성의 진정한 자산이다. 통속적 삶을 보완하는 그런 어리석은 기지가 아니라 여성의 자리를 지키게 하는 기지, 즉 남성의 유용한 점을 이용할 줄 아는 기지 말이다. 이러한 기지가 없다면 세상은 얼마나 삭막하겠는가?

여자는 화장을 함으로써 자신을 돋보이게 할 수 있다. 그러나 그러한 치장이나 장식으로는 진정하게 사람의 마음을 끌 수 없다. 사람의 마음을 끄는 것은 언제나 존재 그 자체를 통해서만 가능하다. 우리가 치장한 장신구는 하나의 장식품일 뿐이다. 이 점에서 여자아이들의 교육은 아주 잘못돼 있다. 어른들은 때때로 여자아이에게 상으로 장신구를 약속함으로써 아름다움에 대한 환상을 갖게 만든다. 장식품은 결점을 감추기 위한 도구에 불과하다는 것을 사람들은 모른다. 진정한 아름다움은 스스로 빛나는 것임을 사람들은 왜 모를까?

물론 치장이 필요할 경우도 있다. 그렇다 하더라도 그 치장이 호화로울 필요는 없다. 사치스러운 장식은 허영과 편견의 산물일 뿐이다. 그림을 전혀 그릴 줄 모르는 사람만이 화려하게 그린다. 화려한 장식은 그 이면의 추악함을 드러내줄 뿐이다.

치장에 대한 속성을 잘 알고 있는 여자들은 자신을 꾸미는 데 그다지 노력하지 않는다. 그럼에도 그녀들의 옷차림은 매력적이며 한층 나은 심미안을 과시한다. 자신을 치장하는 데 오랜 시간을 쓰는 여자들의 이면엔, 사실 허영심보다 더한 권태가 입을 벌리고 있다. 그러한 여자들은 일상의 지루함을 견디지 못해 스스로에게 절절 맨다.

스스로의 매력을 확보하지 않는 한, 외부로부터 얻는 어떤 매력에도 만족할 수 없다는 것을 알아야 한다. 이러한 인식 아래 교육에 힘쓸 때, 여자아이들의 언행은 점차 아름다움을 더해 간다. 자라면서 목소리는 낭랑해지고 태도는 우아해지며 걸음걸이엔 균형이 잡힌다. 그리고 어떤 옷을 입어도 남의 시선을 끄는 기교가 자신에게 있다는 것을 깨닫게 된다. 그쯤 되면 단순한 바느질이나 손재주로는 성에 차지 않게 된다. 노래나 춤처럼 보다 나은 재능이 나타나 그 유용성을 의식하게 한다.

그런데 엄격한 선생들은 그 유쾌한 재간들을 가르치기보다는 억압하려는 경향이 있다는 것을 나는 알고 있다. 이게 어찌 된 일인가? 그러한 재능을 발휘할 사람들이, 그렇다면 누구란 말인가? 그것을 남자들에게 가르쳐야 한다는 말인가? 노래는 죄악과 같고 춤은 악마의 발명품이므로 일과 기도 이외에는 어떤 즐거움도 가져서는 안 된다고 사람들은 말한다. 일과 기도만의 즐거움! 그것이 열 살짜리 소녀가 가져야 할 즐거움의 전부라니, 참으로 이상하지 않은가?

남자아이와 마찬가지로, 여자아이에게도 그 나이에 맞는 즐거움이 있다. 그녀에게 할머니처럼 살기를 강요해서는 안 된다. 그 연령에 맞는 활달함과 쾌활함으로 천진난만하게 춤추고 노래할 수 있어야 한다. 기독교는 그 모든 의무를 지나치게 강조하는 경향이 있어 그 의무를 공허하게 만들며 여자들을 필요 이상으로 침울하게 만든다. 결혼 생활이 그토록 엄격한 의무에 시달리며, 그토록 신성한 계약이 무시당하는 종교도 없을 것이다. 기독교는 여자들을 무뚝뚝하게 만들었다. 그 여파로 남편들이 아내에게 무관심하게 되었다고 말하면 이상한가?

나는 여자아이들이 미래의 남편을 즐겁게 해줄 재주를 연마하는 데 반대하지 않는다. 그 재주가 남용되지만 않는다면 말이다. 그 재주로 인해 남편의 고단함이 풀리고 가정에 행복이 깃든다면 그 얼마나 보람 있는 일인가? 그런데 그 재주를 익히는 일도 너무 이론화되고 일반화돼버려 따분함만 주고 있지 않은가? 가령 노래를 배우는 데 반드시 악보가 있어야만 하는가? 악보 없이도 멋지게 노래할 수 있지 않은가? 왜 선생들은 모든 학생들로 하여금 같은 태도와 같은 억양으로 노래하도록 가르치는가? 각자마다 어울리는 춤과 노래가 있다는 것을 왜 고려하지 않는가? 그런 선생들이야말로 예술에 대해서는 전혀 식견이 없다는 것을 스스로 고백하는 것과 같다.

여자아이들에게 남자 선생이 적합한지 여자 선생이 적합한지를 물어오는 사람이 있다. 나는 잘 모르겠다. 그녀들이 배우고 싶은 것을 자유롭게 배울 수만 있다면 굳이 구분할 필요는 없다고 생각한다. 즐거움만을 목적으로 하는 예능 공부에서는 모든 사람이 다 선생이 될 수 있다. 하지만 먼저 가르치려고 해서는 안 된다. 그녀들 쪽에서 원할 때 가르쳐야 한다. 그 배움이 보상의 성격을 띠어서는 안 되기 때문이다.

말하는 재능은 사람의 마음을 즐겁게 하는 기술 가운데에서도 으뜸에 속한다. 이 재능만이 습관에 의해 감각이 무뎌진 사람에게 새로운 재미를 줄 수 있다. 삶에 생동감을 주는 것은 언제나 정신을 통해서이다. 그리고 그것은 이야기를 통해 가장 빨리 전달된다. 여자의 혀는 유연해서, 남자보다 더 빨리 더 유창하게 말한다. 그래서 때로는 수다스럽다는 힐난을 받기도 하지만 나는 그 비판에 그다지 괘념하고 싶지 않다. 그녀들의 입과 눈이 민첩한 것은 같은 원인에서 기인한다. 남자는 자신이 알고 있는 바를 말하지만 여자는 남을 즐겁게 해줄 수 있는 것을 말한다. 그 때문에 남자에겐 지식이 필요하고 여자에겐 취미가 필요하다. 말을 하는 목적도 다르다. 남자는 유용성이, 여자는 즐거움이 목적이다. 두 성의 얘기에 공통적인 것이라곤 진실밖에 없다.

그러니 여자의 수다를 엄격한 질문으로, 가령 "그게 무슨 소용이지?" 하는 식으로 가로막을 필요는 없다. 그보다는 "그게 왜 재미있는데?"라고 반문함으로써 그 재잘거림을 저지하는 것이 낫다. 선과 악을 구분할줄 모르는 어린 여자아이들의 경우에는, 우선 듣는 사람의 기분을 헤아려 말하도록 규칙을 정해두는 것이 좋다. 이 규칙을 따르면서 거짓말을 하지 않아야 한다는 것은 물론이다.

보다 실제적인 것을 가르쳐라

나는 앞서 여자들의 의무에 대해 언급하면서 그것을 알기는 쉽지만 실행하기는 어렵다고 말한 바 있다. 그런데 실행하기 쉬운 방법이 있다. 자신의 의무를 사랑하면 된다. 그 길은, 그 의무로부터 얻을 수 있는 이익을 고찰함으로써 자연스럽게 열린다. 당신이 여자라면, 여자인 그 상태를 자랑스럽게 받아들여라. 그러면 당신의 사회적 신분이 어떠하든 선량한 여자가 될 것이다.

추상적이고 사변적인 진리의 탐구처럼 관념을 일반화하는 작업은 여자들에게 맞지 않는다. 여자들의 공부는 보다 실제적인 것이어야 한다. 원리를 발견하기보다는 원리를 적용하는 것이, 그리고 그 원리를 확립하도록 관찰의 결과를 남자들에게 인도하는 것이 그녀들의 몫이다. 여자들은 남자들에 비해 주의력과 정확성이 떨어질 뿐만 아니라 덜 활동적이고, 힘이 약하며, 사물에 대한 접촉이 보다 빈약하기 때문이다. 대신 여자들의 기교는 남자들보다 우월하므로 남자의 마음을 움직이는 데는 탁월하다.

남자의 마음을 움직여 필요한 것을 얻기 위해서는 그들의 속성을 연구해야 한다. 남자의 말이나 행동, 시선, 몸짓을 통해 그들의 감정을 간파할 수 있어야 하고, 그 결과 자신의 의중을 상대방 남자에게 전달할 수 있어야 한다.

남자는 여자보다 심리적 추론에 더 밝을 것이지만, 남자의 마음을 읽어내는 능력은 정작 그 남성 자신보다 여자가 더 뛰어날 것이다. 그래서 경험적인 윤리를 발견해내는 것은 여자들의 몫이며 그것에 체계를 부여하는 일은 남자들의 몫이다. 여자는 더 많은 기지를 갖고 있지만 남자는 더 많은 재능을 갖고 있다. 여자는 관찰하고 남자는 추론한다.

이러한 협력의 결과 인간의 정신은 그 스스로 획득할 수 있는 가장 밝은 지혜에 도달할 수가 있다. 바로 이런 식으로 인간은 자연으로부터 얻은 도구를 끊임없이 완성시켜 나갈 수 있는 것이다.

사교계는 여자들의 책이다. 그녀들이 정념에 눈멀어 그것을 잘못 읽지 않도록 주의하라. 참된 가정의 어머니라면 마치 수녀원에 칩거하듯이 자신의 집안에만 칩거할 것이다. 결혼하려는 딸이 있는가? 그녀를 위한다면 수녀원의 딸을 보살피듯 그렇게 가르쳐라. 쾌락의 진정한 의미, 어머니 자신이 하나의 쾌락을 포기하면서 맛보았던 그 쾌락의 의미를 알게 하라.

프랑스에서는 여자아이들이 수녀원에 살고 부인들이 사교계를 드나든다. 옛날에는 정반대였다. 처녀들이 밖에서 놀았고 부인들은 가정을 지켰다. 아이들은 공개적으로 놀이와 축제를 즐겼다.

중요한 것은 공개적으로, 그렇다! 공개적으로 아이들을 놀게 하라. 춤이든 연극이든 연회든 있는 그대로 보여줘라. 당신의 딸이 때 묻지 않았다면, 당신이 편견의 굴레를 씌우지 않고 허영의 환상에 빠지지 않도록만 했다면, 그리하여 참된 즐거움에 대한 취향을 그 마음속에 길러주기만 했다면 그런 것은 전혀 위험하지 않다. 오히려 소란스러운 쾌락을 맛볼수록 훨씬 더 빨리 그것에 싫증을 느낄 것이다.

가정의 평화가 무엇인지 알지 못하는 사람은 결코 가정을 평화롭게 꾸려가지 못한다. 어린 시절부터 그러한 가정 생활을 경험하도록 신경 써라.

소피에 대하여

이상이 소피가 교육받아온 정신이다. 이제 에밀의 아내가 될 그녀의 됨됨이에 대해 알아보자. 소피는 좋은 가정에서 선량한 성품을 지니고 태어난 인정 많은 여자다. 얼굴은 평범하지만 상냥한 태도가 몸에 배어 있고 다정다감하다. 세상에는 그녀보다 훌륭한 가문과 훌륭한 자질을 갖고 태어난 사람이 분명히 많다. 하지만 그 자질과 성품이 그녀만큼 잘 조화되어 있는 여자도 없을 것이다.

소피는 결코 아름답다고 할 수 없다. 하지만 보면 볼수록 예쁜 것이 소피이다. 그녀의 매력은 남달라서, 다른 사람이라면 호감을 잃기 시작할 지점에서 오히려 더 호감을 얻기 시작한다. 그리고 한 번 얻은 호감은 더 이상 잃지 않는다. 그녀는 사람을 현혹시키지는 않지만 사람의 이목을 끈다.

소피는 몸치장하기를 좋아하고 또 그 방법도 잘 알고 있다. 그녀의 옷차림은 화려하지는 않지만 우아함과 소박함이 잘 조화되어 있다. 그녀는 유행에 신경 쓰지 않으며 그런 것이 무엇인지조차 모른다. 하지만 그녀의 옷맵시는 어느 곳 하나 흠잡을 데가 없을 정도로 매혹적이다. 수수하지만 멋지다. 그럼에도 그녀는 자신의 매력을 뽐내려고 하지 않는다. 오히려 그것을 감추는데, 그럼으로써 그것을 상상하도록 한다.

소피는 몇 가지 점에서 천부적인 재능을 타고 났다. 청아한 목소리와 우아한 자태가 음악과 무용에 심취하도록 해서, 아버지로부터는 음악을 어머니로부터는 무용을 배웠고 비록 전문가 수준은 아니지만 그것을 즐길 줄 알았다. 그러나 무엇보다도 그녀는 세세한 가정사에 정통했다. 바느질은 물론 요리와 부엌일에도 남다른 재능이 있었다. 그녀가 할 줄 모르는 바느질은 없었고 거기에서 남다른 기쁨을 느끼기도 했다. 그녀는 계산에도 밝아 집 안에서는 급사장 역할을 했다. 그러면서 집을 관리하는 법을 배우기도 했다.

그녀의 결점이 아주 없는 것도 아니다. 이를테면 그녀는 일종의 결벽증에 가까운 버릇이 있어서 더러운 것에 아주 예민했다. 맛있는 음식을 좋아하고, 또 그 요리에 대한 취향이 없지 않았음에도 행여 자신의 옷을 더럽힐까봐 부엌에 드나들기를 꺼려했던 것도 그런 이유에서다. 마찬가지로 그녀는 정원을 돌보는 일에도 소극적이었다. 거름 냄새가 싫었기 때문이다.

그녀의 이러한 결점은 어머니로부터 영향받은 바가 크다. 그녀의 어머니는 청결함을 여자의 의무 가운데 가장 으뜸으로 쳤다. 불결한 것만큼 사람을 불쾌하게 하는 것은 없다고 그녀는 자신의 딸에게 수없이 설교했다. 그러나 그것이 하나의 집착으로 변질되지 않은 것은 그 신경 씀에 사치스러운 구석이라곤 전혀 없었기 때문이다. 청결함을 추구하되 그 청결함의 추구가 영혼을 성가시게 해서는 안 된다는 것까지 알고 있는 그녀는, 한마디로 순결한 여인인 것이다.

소피가 맛있는 음식을 좋아한다고 나는 이미 얘기했다. 그러나 탐식을 하지는 않았다. 습관에 의해, 그리고 절제해야 한다는 미덕의 힘에 의해 그 버릇은 자연히 교정됐다. 그녀는 적당히 먹고, 먹는 일을 즐길 줄 알았다. 그래서 맛있는 음식이 없어도 그다지 괴롭지 않았다.

소피는 뛰어나지는 않지만 그 마음이 상냥하고 견실해서 말을 하면 사람들이 잘 따랐다. 그녀의 말엔 꾸밈이 없었는데, 왜냐하면 그녀의 정신이 독서에 의해 형성되지 않았기 때문이다. 그녀의 남다른 재기는 부모와의 대화를 통해서, 그리고 나름대로의 세상에 대한 관찰을 통해 계발됐다. 소피는 천성이 명랑해 어려서는 장난도 심했지만 그 경박함은 그녀의 어머니에 의해 교정됐다.

소피는 감수성이 예민해 곧잘 심란해하지만 그것이 타인에게 폐가 될 정도로 노골적이지는 않다. 그녀에게 마음 아픈 얘기를 해보라. 그녀는 화를 내지는 않지만 마음은 슬픔으로 가득 찰 것이다. 그래서 어디론가 울러 갈지도 모른다. 하지만 그것도 그때뿐이다. 그녀의 부모가 한마디 하는 순간 그녀는 흐느낌을 멈추고 다시 평상심을 찾을 것이다. 그 나이 또래의 아이들이 그렇듯이, 그녀도 가끔 변덕스러운 면모를 보이기는 한다. 그러나 그것 역시 잠시일 뿐 곧 뉘우치고 본래의 자기로 돌아간다. 한마디로 그녀는 자신이 잘못한 일에 대해서는 흔쾌히 그것을 인정하고 교정한다.

소피는 신앙을 가지고 있지만 특정한 교리나 교파에 얽매어 있지는 않다. 그녀의 믿음은 오로지 도덕적 차원에서 형성된 것일 뿐이다. 그녀의 부모 역시 그 점에 대해 지나친 설교를 늘어놓지 않는다. 대신 해야 될 행동과 해서는 안 될 행동을 몸소 실천을 통해 가르친다. 소피는 미덕이 여자를 얼마나 명예롭게 하는지를 알기에 늘 정숙하다. 그녀는 은은히 자기 자신을 관찰하며 스스로 빛나기를 원한다. 커가면서 혼자 있는 시간이 많아졌을 때, 그녀는 자신의 내면에서 사랑에 대한 욕망이 불타오름을 느끼고 누군가를 갈망한다. 그녀에겐 대중의 환호가 아니라 한 사람의 애인이 필요하다. 그녀는 자기에게 맞는 정직한 한 남자를 생각한다.

소피는 조숙하므로, 남자와 여자에 대해 잘 알고 있다. 어떤 남자와 여자가 훌륭한지도 잘 알고 있다. 남자가 여자에게 그렇듯,

여자 역시 남자에게는 타고난 심판자이다. 그녀는 남녀 간의 상호 의무와 권리를 알고 있기에 자신의 주장을 펼 줄 안다. 하지만 그 권리 행사는 겸손하게 이루어질 뿐이다. 특히 여자에 대해서는 이러쿵 저러쿵 헐뜯지 않는다. 그것이 동성에 대한 예의라고 생각하기 때문이다.

진부한 표현들, 입에 발린 찬사나 칭찬, 겉치레에 불과한 인사성 발언을 그녀는 할 줄 모른다. 그녀는 말을 이리저리 돌려서 하지도 않는다. 친절과 몸에 밴 예의로 간단히, 그러면서도 공손히 대답할 뿐이다. 허례와 허식을 모르는 그녀이기에, 누군가 만일 그녀를 즐겁게 해준답시고 달콤한 말을 속삭인다면 그녀는 분개할 것이다. 하지만 표면적으로 화를 내기보다는 차갑게 받아들임으로써, 아니면 풍자적으로 응대함으로써 상대방을 난처하게 할 것이다. 정당한 평가에 대해서는 기꺼이 호응할 것이지만 환심을 사려는 아첨에 대해서는 단호히 피할 것이다.

소피는 이제 다 큰 처녀가 되었다. 그녀의 부모도 그것을 알고 있다. 어느 날 그녀의 아버지는 딸을 불러 앉혀놓고 결혼과 여자의 행복에 대해 얘기하기 시작한다. 사람이 왜 결혼을 해야 하는지, 여자에게 결혼이 왜 중요한지, 남자가 무엇이며 한 남자의 아내로서 사는 일이 어떤 삶인지, 그 삶이 행복에 어떤 영향을 끼치는지에 대해 차근 차근 설명한다. 그리하여 건강하고 품행이 바른 청년을 찾아 나설 때가 됐음을 지적하고 보다 넓은 세상으로 나아갈 것을 주문한다.

이제 소피의 부모는 도시에 사는 숙모에게 딸을 맡겨 거기에서 겨울을 나도록 조치했다. 물론 그 여행의 이유를 숙모에게는 따로 얘기해두었다.

숙모는 소피를 사교계에 등장시켜 청년들을 만나보게 했다. 소피는 일군의 남자들, 특히 용모가 단정하고 상냥해 보이는 남자들을 피하지 않았다. 그러나 그뿐이었다. 두세 번 그들과 대화를 하고 난 뒤 그녀는 더 이상 그들을 만나지 않았다. 그녀는 마음을 여는 대신 더 겸손한 태도와 차가운 공손함으로 그들을 피해 갔다. 소피는 자신이 원하는 남자를, 기대했던 세상을 만나지 못한 채 도시에 염증을 느끼고 시골로 돌아갔다. 약속했던 날짜보다 훨씬 앞당겨서였다.

소피는 우울했다. 그녀는 자주 울적한 몽상에 빠져 남몰래 눈물을 흘리기도 했다. 처음 부모는 그녀가 사랑에 빠진 줄 알았다. 하지만 아무리 물어보아도 소피는 고개를 저었다. 자신의 딸이 결코 거짓말을 하지 않는다는 것을 그녀의 부모는 잘 알고 있었다.

소피의 우울증이 점점 더 깊어가자 그녀의 어머니가 나서 딸의 고민을 들어보았다. 그러나 딸은 자신의 마음을, 숨길 수 없는 관능의 혼란을 좀체 추스를 수가 없었다. 이내 그 부끄러움이 단서가 되어 딸의 마음을 짐작한 어머니는 그녀를 부드럽게 위로해주었다. 어머니는 현명한 사람이어서 딸을 위해 같이 눈물을 흘렸을 뿐 질책하거나 마음 상하게 하지 않았다.

그런데 소피는 왜 그러한 고통에 대해, 떳떳이 치유할 수 있는 고통에 대해 참고 견디려고만 했을까? 어째서 그녀는 당당하게 남편감을 선택하지 못하고 전전긍긍했을까? 자신이 감당해야 할 운명을 스스로 통제하지 못했을까? 왜 여러 차례의 혼담을 거절해버렸을까?

이유는 간단했다. 평생을 같이할 동반자를 발견하지 못했기 때문이다. 젊은 한때를 즐길 목적으로 사귈 생각이었다면 그 선택이 그리 어렵지는 않았을 것이다. 그러나 소피는 그런 선택을 할 수가 없었다. 그녀에겐 애인이면서 남편인 사람이 필요했다. 그런데 사교계에서 만난 청년들이란 다 똑같았다. 들떠 있는 정신과 가벼운 행실, 경박한 언사는 혐오감만 들게 할 뿐이었다. 소피는 자신이 찾고 있던 청년을 만나지 못했다.

소피가 찾고 있던 청년, 장차 자신의 배필이 될 이상형의 그 남자를 소피는 어떻게 그릴 수 있었던 것일까? 사실 그녀는 한 권의 책에 매료돼 소설 속의 주인공에게 푹 빠져 있었다. 『텔레마코스의 모험』*이라는 책이었는데 그녀는 주인공인 텔레마코스를 너무 사랑해 가슴앓이를 하고 있었다. 자신도 모르게 그녀는 유카리스**의 연적이 돼 있었던 것이다.

소피는 진정으로 사랑하는 남자가 아니라면 결혼하지 않겠다고

---

*17세기 말에 발표된 페늘롱의 장편소설로 호메로스의 『오디세이아』에서 암시 받아 쓴 작품. 율리시스의 아들 텔레마코스가 아버지를 찾아다니며 겪는 고난과 모험을 그리고 있다.
**텔레마코스가 처음 도착한 칼립소 여신의 섬에 있는 요정. 텔레마코스를 사랑한다.

마음먹었다. 친절하고 견실하며, 정직한 열정으로 세상을 살아갈 남자, 그런 남자가 아니라면 차라리 독신으로 생을 마감하리라고 결심했다.

소피를 찾아 떠나다

얘기를 더 이상 돌리지 않는 것이 좋겠다. 나는 진작부터 에밀의 배필을 정해 놓았는데 이제 그를 그녀에게로 이끌 시간이 온 것 같다. 우리는 소피를 찾아 파리를 떠난다. 때론 걷고, 때론 뛰면서 방랑자처럼 시골을 유랑한다. 굳이 서두를 필요도, 그렇다고 일부러 보폭을 줄일 필요도 없다. 우리의 여행은 그 자체로서 하나의 즐거움이다. 주변 풍광이 아름다울 때 우리는 서두르지 않고 그것을 감상하며 걷는다. 우리는 절대 역마차를 이용하지 않는다. 인생에 바쁠 일이 무엇이 있던가? 삶을 향유하지 못한다면, 그 인생이 우리에게 무슨 쓸모가 있는가?

말을 타고 가는 여행이 아니라면, 걷는 것만큼 훌륭한 것이 또 있을까? 도보 여행은 홀가분하다. 걷고 싶으면 걷고 쉬고 싶으면 쉴 수 있다. 운동도 된다. 사물을 관찰하고 음미하는 데도 최적이다. 인간이 즐길 수 있는 자유를 모두 누릴 수 있는 것, 그것이 도보 여행이다.

우리는 계속 앞으로 나아가 어느 인적 없는 산골에 도착한다. 배가 고프다. 다행히 한 농부를 만나 그의 집에 초대 받는다. 농부가 마련해준 식사는 비록 초라하지만 달고 맛있다. 그런 우리를 바라보며 농부가 말한다.

"신이 두 분을 저 언덕 너머로 인도하셨더라면 더 좋은 대접을 받았을 텐데 유감이군요. 그곳엔 자비심 많고 선량한 분이 살고 있지요. 또 저보다 부자구요. 이곳 사람들 모두가 그분의 덕을 보고 있지요."

선량한 사람이 살고 있다는 말에 에밀의 표정이 밝아진다. 그는 내게 그곳으로 가볼 것을 조른다.

"주위의 칭송을 듣고 있는 사람이라면 반드시 뭔가 있을 거예요. 아마도 그 역시 우리를 환대할 거예요. 선생님, 우리 그곳으로 가요."

그 집의 위치를 자세히 확인하고 나서 우리는 길을 떠난다. 가는 도중 비가 쏟아져 잠시 숲 속에 몸을 피한다. 낯선 길을 헤매느라 예상보다 늦긴 했지만, 마침내 우리는 길을 제대로 찾아내 마을로 들어선다. 저녁이 다 됐을 무렵 그 집에 도착한다. 우리는 주인에게, 길을 잘못 들어 그러니 하룻밤만 묵고 가게 해달라고 청했다. 우리의 여행 목적에 대해서는 말하지 않았다. 주인은 정중하게 그런 우리를 맞아들였다. 그 기품으로 보아 틀림없는 상류사회 출신다웠다.

하인의 안내를 받아 들어간 방은 작지만 깨끗했다. 속옷과 편하게 갈아입을 옷까지 준비돼 있어 마치 우리를 기다리고 있기라도 한 것 같았다. 에밀은 깜짝 놀라 감탄사를 연발했다.

우리는 젖은 옷을 갈아입고 주인을 만나러 다시 갔다. 주인이 우리에게 자신의 아내를 소개하고는 서둘러 준비시킨 저녁 식사 자리로 안내했다. 나와 에밀, 주인 내외가 앉고 조금 있자 젊은 처녀가 들어왔다. 그녀는 우리를 향해 공손하게 인사한 뒤 자신의 자리로 가 말없이 식사에 열중했다. 우리의 화제는 길을 잃고 헤매던 때의 얘기로 이어졌다. 집주인이 에밀을 향해 말했다.

"젊은이는 참으로 의젓한 청년 같군요. 당신들의 모습을 보니 텔레마코스가 자신의 스승과 함께 비에 젖어 칼립소 섬에 도착한 것 같습니다." 이 말을 들은 에밀이 말했다.

"정말 그런 것 같습니다. 칼립소에서의 환대를 지금 우리가 받고 있는 것 같습니다."

"그리고 유카리스의 매력 또한 말입니다."

그러나 에밀은 『오디세이아』는 읽어 알았지만 『텔레마코스의 모험』에 대해서는 알지 못했다. 나는 순간 젊은 처녀의 눈시울이 붉어진 것을 보았다. 그녀는 고개를 숙인 채 숨도 제대로 못 쉬고 있었다. 딸의 당혹스러워하는 모습을 눈치 챈 어머니가 눈짓을 보내자 아버지는 화제를 바꾸어 자신의 삶에 대해 얘기하기 시작했다. 자신의 은둔 생활과 과거의 불행에 대해, 그리고 아내의 헌신적인 사랑과 결혼 생활에서 얻는 위안에 대해, 또 현재의 평온한 삶에 대해 부드러운 어조로 말을 이어갔다. 얘기는 감동적이었으며 음미할 만했다. 그러나 자신의 딸에 대해서는 한마디도 하지 않았다.

에밀은 감격에 겨워 식사하는 것마저 잊고 귀를 기울이더니, 마침내 주인의 얘기가 부부간의 정에 대한 화제로 이어지자 격정적인 태도로 주인과 부인의 손을 잡고 키스를 퍼부었다.

모든 사람이 에밀의 순수한 열정에 매료됐다. 소피라고 예외가 아니었다. 그녀는 몰래 에밀을 훔쳐보면서 자신이 그토록 그리던 청년이 마침내 나타났음을 알아챘다. 말 한마디, 몸짓 하나 하나에 겸손함과 활달함이, 부드러움과 의젓함이 묻어났다. 에밀의 눈물을 보면서 하마터면 그녀까지도 눈물을 흘릴 뻔해 자제하기가 힘들었다. 이 모든 광경을 어머니가 놓칠 리 없었다. 그녀가 말했다.

"소피야, 진정해라. 우리의 불행을 생각하면 너 역시 슬픔을 참기 어렵겠지만, 너까지 울어서는 안 된단다. 이제 우리를 위로해 줄 사람은 너밖에 없으니 약해져서는 안 돼."

소피라고 했던가? 에밀은 깜짝 놀라 처녀를 바라보았다. 오, 당신이 내가 찾고 있던 그 소피라는 여자란 말인가? 그는 다시 그녀를 유심히 살펴보았다. 설렘과 확실치 않은 생각들이 그의 머릿속을 휘저어 정신을 차릴 수가 없었다. 갑자기 세계가 정지한 것 같았다. 지금 이 순간 자신이 해야 할 일이 무엇인지 몰라 그는 간절한 시선으로 나를 바라보았다. 그의 눈엔 자신을 도와달라는 비난과 애원이 섞여 있었다.

세상에 에밀만큼 자기 감정에 솔직한 사람이 있을까? 네 사람이 지켜보고 있는 가운데 그는 혼란스러운 감정으로 소피의 시선을 받으며 안절부절못한다. 그것이 사랑의 증표라고 단언하기에는 아직 이를 것이다.

하지만 그는 소피에게 마음이 쏠려 있다. 그것으로 충분하다. 이런 면에 소피의 어머니는 눈치가 빠르다. 그녀의 경험은 두 사람의 마음을 이미 읽고 있다. 불현듯 텔레마코스가 찾아왔고 그를 보살펴야 할 때가 왔다. 어색한 침묵을 깰 요량으로 그녀가 자신의 딸에게 말을 시키자 천성적으로 마음이 상냥한 소피는 수줍게 대답한다. 그 목소리를 듣는 에밀의 마음이 요동친다. 틀림없는 소피다. 소피가 그의 마음속으로 벼락같이 들어왔다. 그는 마치 독주를 들이키듯이 그녀의 말을 들으며 취해갔다.

에밀은 소피의 행동 하나하나를 놓치지 않았다. 그녀가 말하면 귀를 기울였고 그녀가 눈을 감으면 그도 눈을 감았다. 그녀의 영혼이 그의 몸을 움직이는 것 같았다. 이제 몸을 떠는 것은 소피가 아니라 에밀이다. 그런 에밀을 보는 소피의 마음은, 그러나 한결 가라앉아 있다. 드디어 성공한 것이다. 텔레마코스를 찾았던 것이다.

에밀과 소피의 만남

다음 날 아침 우리는 떠나기 위한 준비를 마쳤다. 에밀은 주인이 내준 속옷을 정성 들여 입었다. 나는 그 모습을 보고 속으로 웃었다. 속옷을 돌려주기 위해서라도 다시 이 집을 방문해야 한다는 구실을 만드는 그 속셈이 짐작 갔기 때문이다.

우리를 배웅하기 위해 소피가 나타났을 때, 나는 소피 역시 좀 더 옷차림에 신경을 쓰고 나타나리라 기대했지만 그 짐작은 틀렸다. 그런 범속한 치장은 단지 잘 보이기 위한 경우에만 하는 일이다. 진정한 사랑은 그러한 교태를 넘어선다. 소피는 오히려 전날 저녁보다 더 소박하게 입고 나타났다. 그랬음에도 그녀의 자태는 온몸으로 매력을 뿜어내고 있다. 두 사람은 인사도 변변히 하지 못한 채, 서로 눈길을 피한다. 수줍은 연정이 그들을 공범처럼 결속시키고 있다는 것을 한눈에도 알 수 있다.

우리는 소피의 부모에게, 빌려 입은 옷가지를 돌려주기 위해 다시 방문하고 싶다는 얘기를 하고 허락받았다. 짧은 순간이었지만, 그 허락이 떨어지기 전까지 얼굴을 붉히며 서 있던 두 사람의 표정이라니! 그 표정이 모든 것을 설명해준다.

에밀은 연인의 집을 나오긴 했지만 더 멀리 가고 싶어 하지 않았다. 그는 가능하면 근처에 숙소를 잡고 싶어 했다. 나는 그에게 이렇게 말했다.

"참으로 경솔하기 짝이 없구나. 너는 벌써 정념에 눈이 멀었니? 예의도 없고 이성도 없구나. 너는 그녀를 사랑한다고 생각하면서 그 사랑을 모욕하고 있어. 연인의 집에서 방금 나온 사람이 근처에 묵고 있다는 것을 사람들이 알면 뭐라고 수군대겠니? 그녀에 대해 어떻게 생각하겠어? 이러쿵저러쿵 좋지 않은 소문이 나돌지 않겠니? 그렇게 해서 사랑하는 사람의 평판을 떨어뜨리는 게 네가 할 일이니? 참으로 불쌍하구나."

"그게 무슨 상관입니까?" 하고 얼굴을 붉히며 그가 말했다. "사람들의 그런 의심을 제가 왜 신경 써야 하죠? 선생님께서는 그런 것에 개의치 말라고 평소 제게 가르치셨잖아요. 제가 그녀를 얼마나 존중하고 있는지 누구보다 잘 아시잖아요. 저의 이 열정은 오히려 그녀를 명예롭게 할 거예요. 그녀는 그런 대접을 받을 만한 자격이 충분해요. 제가 마음을 다해 경의를 표하는 것인데, 그게 왜 모욕이 된다고 생각하시죠?"

"사랑하는 에밀!" 나는 그를 껴안으며 말했다. "너는 하나만 알고 둘은 모르는구나. 네 입장만 생각하지 말고 상대방 입장도 생각해봐. 여자의 명예는 남자의 명예와는 아주 다르단다. 여자의 명예는 다른 사람들에 의해 좌우된다는 것을 알아야지. 그 점을 고려하지 않고 행동한다면, 너는 결국 네 명예 또한 해치는 꼴이 되고 마는 거야. 그리고 또 이걸 알아야 해. 너와 소피는 아직 약혼한 사이가 아니야. 소피가 너와 결혼할 거라고 누가 말해준 적이라도 있니? 네가 그쪽의 감정을 알아? 그쪽의 부모님이 마음을 두고 있는 청년이 있는지도 모르잖아? 그런데 쓸데없는 행동으로 오해를 사게 된다면, 결국 너는 그 처녀에게 씻을 수 없는 상처만 안겨주게 돼. 만에 하나 그로 인해 그 처녀가 불행해진다면 너는 좋겠니? 그것이 너의 명예가 될 수 있겠어?"

에밀은 단박에 내 말을 알아들었다. 그는 언제 그랬냐는 듯이 걸음을 더욱 빨리 해 그 집으로부터 멀어지고자 했다. 자기가 사랑하는 여자의 명예가 걸린 일이라는 생각이 이 순결한 영혼의 발걸음을 재촉했던 것이다.

우리는 멀리 떨어져 있지만, 마음만 먹으면 언제라도 갈 수 있는 거리에 집을 마련하기로 했다. 알아보니 8킬로미터쯤 떨어진 곳에 도시가 하나 있었다. 우리는 마침내 안착할 곳을 찾았다.

이제 큰 어려움은 모두 극복되었다. 남은 일은 그가 행복하게 살도록 해주는 일뿐이다. 인생은 불확실하다. 막연한 미래를 위해 현재를 희생하는 그릇된 신중함은 피하도록 하자. 삶의 행복도 맛보기 전에 죽는 일이 없도록 언제나 행복하게 해주자. 인생을 향유할 절호의 시기가 있다면, 탄생과 소멸의 양극단으로부터 가장 멀리 떨어져 있는 청년기의 끝 무렵이 바로 그때 아니겠는가? 그런데도 불행한 청년이 있다면, 그는 즐거움이 없는 곳에서 즐거움을 찾기 때문이며, 막연한 미래를 위해 현재를 돌보지 않기 때문이다.

스무 살이 넘은 에밀은 심신이 건강하고 발랄하다. 그는 본성적으로 선하며 아름다움을 사랑하고 자유로운 열정을 가지고 있다. 나름대로의 지혜와 재능도 충분하다. 재물에는 큰 관심이 없으면서도 먹고살아갈 생계 수단을 가지고 있다. 그런 그가 지금 첫사랑의 불길에 휩싸여 있다. 그는 자기의 사랑에 확신과 열정을 지닌 채 도취돼 있다. 누가 이 순간을 방해할 것인가.

착하디 착한 에밀이여, 사랑하고 사랑받아라. 소유하기 전에 향유하라. 지상에 너의 낙원을 만들고 행복의 끈을 길게 늘어뜨려라. 내가 도와주겠다. 하지만 에밀, 그러한 시기도 무한정 지속되는 것은 아니니, 언젠가는 끝나고 말 것이다. 그러나 그 아름다운 추억이 네 기억 속에 충분히 각인되도록, 그래서 이 시기의 행복을 만끽하면서 조금도 후회하지 않도록 내가 도와주겠다.

당연하지만, 에밀은 빌려온 옷가지들을 돌려줘야 한다는 사실을 잊지 않았다. 우리는 그 임무를 수행하기 위해 말을 타고 소피의 집을 향해 떠났다. 그러나 생각보다 길 찾기가 어려워 몇 번인가 길을 잃곤 했다. 하지만 우리는 침착하게 길을 되짚어가며 마침내 집을 찾았다.

우리는 이제 구면이었고 환대를 받았다. 에밀과 소피는 인사를 나누기는 했지만 어색했는지 이렇다할 대화는 없었다. 하긴 여러 사람이 보고 있는 데서야 무슨 말인들 할 수 있을까? 우리는 정원을 산책했다. 정원은 화단 대신 꾸민 텃밭과 온갖 종류의 과실수들이 들어찬 과수원으로 나뉘어 있었고 그 사이로 실개천이 흘렀다.

"아름다운 곳이군요!" 에밀이 감탄사를 연발했다. "알키노스의 정원을 보고 있는 기분이에요." 소피는 알키노스가 무엇인지 몰라 궁금해하자, 그것을 눈치 챈 어머니가 대신 질문했다. 대답은 내가 했다.

"알키노스는 코르키라 섬의 왕이지요. 그의 정원을 호메로스가 묘사했는데, 화려하지는 않았지만 매우 아름답다는 평을 들었지요. 알키노스에게는 사랑스런 딸이 있었다는 것도 말해야겠군요. 그런데 그 딸이 머지않아 남편을 갖게 될 것이라는 꿈을 꾼 다음 날, 한 이방인이 손님으로 찾아와 환대받았다는군요."

그 순간 소피가 얼굴을 붉히며 고개를 숙였다. 몹시 당혹스러워하는 그 모습이 재미있었는지, 아버지가 중간에 나서며 얘기를 이어갔다.

"그 딸은 공주의 신분임에도 손수 빨래를 하곤 했단다. 더럽다고 몸을 사리거나 하지는 않지."

소피는 그것이 자신을 빗대어 한 말이라는 것을 알고 열심히 변호했다. 이때만은 수줍음 따위의 기색도 없었다. 아버지가 그렇게 얘기한 것은 놀리려는 마음에서 일부러 한 것이었다. 자기의 딸이 빨래든 뭐든 시키기만 하면 기꺼이 한다는 것을 아버지는 누구보다 잘 알고 있었다.

그녀는 얘기하는 동안 불안한 마음으로 나를 훔쳐보았는데, 자신을 변호하게 하는 두려움을 그의 순진한 마음에서 읽은 나는 속으로 미소 짓지 않을 수 없었다. 이 사소한 장면은 곧 잊혀졌다. 다행스럽게도 에밀만은 이 일에 대해 아무것도 알지 못했다.

우리의 산책은 천천히 계속 됐다. 두 젊은이는 우리의 완만한 보폭에 적응하기 힘들었는지, 어느 순간부터인가 조금씩 우리를 앞서 걷더니 멀어져갔다. 마침내 그들은 나란히 걸으며 대화를 시작했는데 얘기는 주로 에밀이 하는 것 같았다. 그렇게 한 시간쯤 흘렀다. 우리는 돌아가기 위해 그들을 불렀다.

그들은 우리 쪽으로 왔지만 걸음이 느렸다. 그러다 그들의 대화가 들릴 수 있는 지점에 이르자 그들은 갑자기 말을 멈추고는 우리 쪽으로 바쁘게 다가왔다. 에밀의 눈이 환희에 빛나고 있음을 알 수 있었다. 그러나 소피는 그렇게까지는 아니었다. 그녀는 공공연하게 둘만의 교제 시간을 가진 것에 대해 약간 당혹스러워하는 것 같았다. 그녀에게 나타난 가장 큰 변화는 나에 대한 태도에서였다.

그녀는 내게 경의를 표했고 내 말에 귀 기울였다. 진심으로 나를 존중하며 나의 호감을 사기 위해 애쓰고 있다는 것을 알 수 있었다. 에밀이 애인과의 첫 대화에 나를 중요 인물로 등장시켰음이 틀림없었다. 그렇게 생각하니 내 마음이 뿌듯해졌다. 참으로 아름다운 한 쌍이다.

그 후로도 우리의 방문은 계속됐다. 에밀과 소피의 교제는 더욱 빈번해졌고 대화의 양도 많아졌다. 에밀은 사랑에 취해 벌써 자신이 원하는 것을 이루었다고 생각하는 눈치였다. 하지만 그것은 착각이다. 그는 소피에게서 아직 어떠한 고백도 듣고 있지 못했다. 그녀는 그의 말을 열심히 듣고는 있지만 자신의 생각을 전달하는 데는 극도로 신중했다. 에밀 역시 그녀의 겸손한 성품을 이해하고 있기에 그 점에 대해서는 충분히 이해하고 있다. 그는 분명 소피와 결혼하고 싶어 한다. 그렇다면 부모님의 허락을 얻어야 한다.

그는 소피에게 자신이 결혼 허락을 간청할 테니 승낙해줄 것을 요구했다. 소피는 반대하지 않았다. 에밀과 나는 이 문제에 대해 그녀의 아버지와 상의했다. 소피의 아버지는 그 결정은 전적으로 본인의 몫이라고 말하며 에밀을 놀래켰다. 그런데 정작 당사자인 소피는 아무 말이 없다. 그는 불안해졌고 점점 자신이 없어져갔다.

에밀은 문제가 무엇인지 전혀 감조차 잡지 못하고 있다. 자신을 좋아하지 않는가? 사랑하고 있지 않는가? 그런데 결혼 얘기만 나오면 소피의 태도는 냉랭하게 굳어진다. 그는 두렵고 떨려 그녀 앞에 있기조차 괴롭다. 어떤 때는 인내에 한계를 느껴 가슴속의 분노가 폭발할 것만 같다. 그녀의 끈질긴 저항과 침묵에 지친 그가 나에게 도움을 요청했다.

나는 소피를 만나 얘기를 들었다. 짐작하던 대로였다. 나는 사실 일찍부터 그 문제를 알고 있었다. 에밀은 부자이고 소피는 가난하다. 이 불균형을 해소하기 위해서는 에밀의 남다른 생각이 필요하다. 그렇다고 자존심 강한 소피가 이 문제를 거론할 수는 없다.

그렇다면 에밀은 어떤가? 그는 이 문제를 생각해본 적이 한번도 없다. 자신이 부자인지도 모른다. 그는 그런 것에 대해서는 관심조차도 없다. 그런 그가 이토록 미묘한 문제를 이해할 리가 없지 않은가? 재산의 많고 적음이 사람들의 편견에 어떤 영향을 미치는지 내가 설명해주자 에밀의 안색이 환해졌다. 그는 기쁨에 겨워 그 문제라면 자신 있다는 듯, 자기는 언제라도 모든 재산을 포기할 수 있으니 당장 실행하자고 나를 잡아끌었다.

"얘야!" 내가 그의 성급한 행동을 제지하며 말했다. "너의 그 미숙한 머리는 한 치 앞도 내다보지 못하는구나. 그랬다가는 사태만 더욱 악화시킬 뿐이라는 것을 너는 모르니? 네게 재산이 많다는 것은 미덕이나 악덕이 아니야. 소피가 네 재산을 두려워하고 있다고 생각하니? 너의 그 재산 때문에 결혼할 결심을 못한다고 생각하니? 그녀가 주저하고 있는 것은 그런 차원이 아니란다. 부유함 자체의 문제가 아니라, 부유한 자의 마음에 불러일으키는 그 영향 때문이지. 그녀는 부유한 사람에게는 항상 재산이 먼저라는 것, 인간의 가치보다 돈이 우선한다는 것을 알고 있어. 그 두려움 때문에 마음을 못 여는 거야. 그러니 에밀, 그녀의 두려움을 몰아내기 위해 네가 할 일이 무엇인지 차분히 생각해보렴. 재산을 없앰으로써 목적을 이루려 하지 말고 새로운 재산을 보여줌으로써 그녀를 사로잡을 생각을 해. 네 머릿속에 들어 있는 보석, 그 어떤 재산보다도 가치 있는 재물을 보여줌으로써 말이야. 물론 그 일은 하루아침에 이루어지지 않지. 영혼이 지닌 고귀한 보물의 힘으로 그녀의 저항을 극복하도록 해봐. 크고 넓은 사랑으로 그녀를 감싸 안도록 해. 일시적 열정이 아닌 한결같은 사랑으로 그녀와 그녀의 가족을 보살피고 섬기면 돼. 그래서 그것이 무너지지 않는 원칙의 결과임을 그녀에게 증명해보렴."

나의 이 말에 에밀이 얼마나 큰 기쁨과 위안을 느꼈는지 상상해보라. 그의 성격을 이해한다면 이제부터 그가 어떤 행동을 했을 것인지 짐작하기란 그리 어려운 일이 아닐 것이다. 이렇게 해서 나는 두 사람의 중재자가 되었고 선생이 되었다. 이 얼마나 보람 있고 아름다운 일인가. 이때만큼 내가 행복했던 적은 없다. 나는 즐거운 마음으로 기꺼이 나의 임무를 수행했다. 나는 그녀의 집에서 환영받는 존재가 되었다. 소피는 그 어느 때보다 내게 친절했으며 공손했다.

에밀은 그녀와 나 사이의 발전된 관계에 대해 누구보다도 기뻐했다. 그는 산책 도중 그녀가 자기 대신 내 팔을 잡고 걸어도 마음을 놓았다. 그는 우리의 감정을 읽으려고 애썼으며 우리가 무슨 말을 하는지 관심을 갖고 지켜보았다.

두 사람은 이제 공식적인 연인 관계로 인정받았다. 때때로 에밀은 애인으로서의 권리를 요구하며 소피를 귀찮게 했다. 구박을 받을 때도 있었지만 그런 것엔 개의치도 않았다. 그는 애인의 자격으로 그녀와 함께 있을 수 있다는 사실만으로도 행복해했다. 소피는 그가 해야 할 일을 요구하면서 때로는 명령하는 식으로 관계를 이어나갔다. 집을 방문하는 횟수와 시간까지 정해가면서 말이다. 에밀은 그러한 결정에 군말 없이 따랐다.

둘은 허물이 없어져 한층 진전된 관계를 보여준다. 두 사람은 노래 부르기를 좋아해서 같이 노래 부르고 춤도 춘다. 모르는 것이 있으면 서로 가르쳐준다. 이제 서로는 서로에게 선생이다. 에밀은 손재주가 좋아 고장 난 클라브생을 고친 뒤 조율하기까지 한다. 그는 자신의 손으로 할 수 있는 일은 언제나 스스로 한다는 원칙을 세워놓고 있다. 그는 소피를 위한 일이라면 무엇이든 하려 한다. 모르는 것이 있으면 최선을 다해 가르친다. 소피의 집안은 그 사랑에 힘입어 아연 활기를 띤다.

에밀은 자기가 아는 것을 가르쳐주면서도 겸연쩍어한다. 하지만 그는 열심이다. 철학과 물리학, 수학, 역사까지 가르친다. 추론 능력이 떨어져 소피가 이해하는 데 장애가 없지는 않지만 윤리나 취미와 관련된 분야에서는 상당한 진척을 보인다. 그들은 무엇이 미덕이고 고귀한 것인지에 대해 밀담을 나눈다. 사랑의 가치, 인간의 가치, 그리하여 자연의 가치에 대해 때론 격정의 눈물을 흘리면서 대화한다. 영혼의 고양이 그들에게 쾌감을 주고 환희에 젖게 한다.

늘 좋은 날만 있는 것은 아니다. 가끔 그들은 다투기도 한다. 하지만 그것은 일시적 소동일 뿐이다. 불화를 겪고 난 뒤 그들의 결합은 더욱 공고해진다. 한번은 이런 일이 있었다. 그즈음 에밀은 종종 사랑의 표시를 하고 싶어 해 소피로부터 옷자락에 키스하는 것을 허락받고 있었다. 하지만 시간이 흐를수록 그는 자신의 애정 표현을 좀 더 강하게, 공개적으로 하길 원하게 되었다. 그리하여 어느 날 에밀은 자신의 생각을 말했는데, 소피는 그러한 일은 허락할 수 없다며 냉담하게 물리쳤다. 그러면서 화가 나 그에게 몇 마디 쏘아붙였고 에밀 역시 자제하지 못하고 맞대응을 했다. 그렇게 해서 그들은 그날 서로에게 불만을 가진 채 헤어졌다.

소피는 우울하고 슬펐다. 그녀는 자신의 잘못을 후회했다. 그 슬픔을 그녀는 어머니에게 털어놓았고 어머니는 금방 사태를 알아차렸다. 그녀는 딸에게 사과할 것을 요구했으며 아버지는 명령했다.

다음 날 에밀은 여느 때보다 좀 더 일찍 왔다. 그의 얼굴은 우울해보였다. 인사를 하게 되었을 때 소피가 그에게 손을 내밀었다. 키스를 허락한다는 무언의 뜻이었다. 하지만 상황을 눈치 채지 못한 그는 키스까지는 하지 못하고 가볍게 손만 잡았다. 소피는 무안했지만 더 이상 어쩌지 못하고 슬며시 손을 거두어들였다. 거기에 소피의 아버지가 기름을 부었다. 그는 당황해하는 딸을 보면서 농담을 던져 그녀를 더욱 난처하게 만들었다. 그녀는 슬픔으로 가슴이 미어터질 것만 같았다. 그녀는 결국 눈물을 흘리고 말았다. 이를 본 에밀이 그녀 앞에 무릎을 꿇었다. 그리고는 그녀의 손에 격정적으로 키스를 퍼부었다.

그녀의 아버지가 웃음을 터뜨렸다.

"자넨 너무 너그럽구먼. 나라면 그런 말을 한 그 입을 가만두지 않겠네."

그 말에 고무된 에밀이 그녀의 어머니를 쳐다보았다. 그의 눈이 열망에 불타올랐다. 어머니가 고개를 끄덕이자 그는 떨면서 소피에게 다가갔다. 그녀는 입술을 피하기 위해 뺨만 내밀었다. 하지만 에밀은 그 순간 작심한 사람처럼 무례했다. 아니 격정을 이기지 못했다. 그녀가 저항했지만 일시적일 뿐이었다. 아, 그 얼마나 달콤한 키스였을까.

이 모든 것이 공개된 자리에서 일어났기에 가능했다. 그렇지 않고 둘만이 있는 자리에서 그랬다면 어찌 됐을까? 소피의 어머니는 역시 지혜로웠다. 구실을 만들어 에밀과 단둘이 있게 된 뒤 그녀는 바로 그 점을 지적하며 애정 표현의 자유와 책임, 의무에 대해 내게 자문할 것을 당부했다. 무엇이 명예를 존중하는 일이고, 무엇이 예의 바른 행동인지에 대해 말이다. 그는 무슨 말인지 알아들었고 그 의무를 성실히 이행했다. 그러면서 소피에 대해 더 정확히 이해할 수 있었다. 그녀는 자신이 에밀에게 함몰될까봐 두려웠던 것이다. 자신의 불꽃이 그를 태울까봐 두려웠던 것이다. 그러므로 그녀의 엄격성은 자존심에서 연유하는 것이 아니라 겸손함에서 연유하는 것이다.

이러한 일이 있고 난 뒤 소피는 한결 더 상냥해졌다. 애인에게는 아직도 엄격했지만 다른 사람들에 대해서는 좀 더 너그러워졌다. 그 까다로움의 편차가 고의로 조성된, 일종의 전략적 결과물이었을까? 사람들은 그렇게 이해하고 싶을지도 모르겠다. 애인보다는 다른 사람에게 더 상냥한 태도를 보임으로써 그의 마음을 장악하려는 의도로 읽혔다면 말이다. 하긴 그녀는 필요에 따라 그를 불안하게 할 줄도 알고 안심시켜줄 줄도 안다. 하지만 절대 고통을 주지는 않는다.

에밀과 소피의 사랑

사랑의 포로가 된 에밀은 소피를 보러 갈 때 말을 이용했다. 조금이라도 더 빨리 보기 위해서였다. 그럴 때마다 소피의 가족들이 우리를 마중나왔다. 멀리서 소피가 보이면 에밀은 나는 듯이 달려가 말에서 뛰어내렸다. 에밀의 말은 기관차처럼 잘 달렸다. 에밀이 내리고 나자, 자유로워졌다고 느꼈는지 그의 말은 고삐 풀린 망아지처럼 들판을 마구 내달렸다. 내가 뒤쫓아가 겨우 그 말을 끌고 돌아왔다. 그것을 본 소피가 에밀에게 주의를 주었고, 에밀은 뒤늦게 사태를 깨닫고는 크게 부끄러워하며 달려와 말 고삐를 잡았다.

그런데 소피는 말을 무서워하는 경향이 있어 가까이 오지 못한다. 할 수 없이 에밀이 먼저 말을 타고 떠날 수밖에 없다. 소피와는 동행할 수가 없다. 그러한 사실을 깨달은 뒤 그는 더 이상 말을 타려 하지 않았다. 말을 이용하는 것이 꼭 편한 일만은 아니라는 사실을 깨달았던 것이다.

그런 일이 있고 나서부터 우리는 걸어서 왕래를 했다. 우리는 아침 일찍 출발해 저녁 늦게 돌아왔다. 소피의 부모는 딸의 애인이 자신의 집에서 자는 것을 허락하지 않았기에, 우리는 거의 매번 도착하자마자 발길을 돌려야 했다. 그 모습이 보기 딱했던지, 하루는 소피의 어머니가 제안을 했다. 자신의 집에서는 자고 갈 수 없지만, 가끔 잠을 잘 수 있도록 마을 근처에 방을 하나 얻어보면 어떻겠느냐고 말이다. 그런 쪽으로는 전혀 생각해보지도 않았던 소피는 이 말을 듣고 어머니에게 감사의 키스를 퍼부어댔다. 에밀의 기쁨이야 말해 무엇하랴.

에밀과 소피를 중심으로 한 우리의 관계는 점점 더 확고해져갔다. 순수한 우정과 친밀감이 우리를 감쌌다. 우리는 소피의 어머니가 지정한 날에만 방문을 했지만, 늘 함께 갔던 것은 아니다. 때론 에밀 혼자만 가는 날도 있었다. 그도 이제 다 큰 어른이다. 나는 그를 믿기에 지나치게 보호하려고 하지 않는다. 그러한 신뢰 없이 영혼을 고양시킬 수는 없는 일이다.

어느 날인가는 혼자 떠났는데, 그 다음 날 돌아오기로 한 계획을 바꿔 그날 저녁에 돌아오고 말았다. 나는 은근히 걱정이 돼, 그를 포옹하며 왜 이렇게 일찍 왔느냐고 물었다. 그는 다소 화가 난 듯한 어조로 이렇게 말했다.

"일찍 오고 싶어 온 게 아니에요. 소피가 가라고 해서 온 거예요. 제가 돌아온 것은 소피 때문이지 선생님 때문이 아니란 말입니다."

그 순진한 솔직함에 감동해 나는 그의 볼에 키스하며 말했다.

"오, 에밀. 진실한 나의 벗이여! 네가 돌아온 것은 그녀 때문일지 몰라도 너의 그 품성은 나 때문에 있게 된 거네. 너의 돌아옴이 그녀의 작품이라면 너의 솔직함은 내 작품이지."

나는 그의 고백을 들으면서 나에 대한 소피의 마음을 짐작했지만, 그 고백의 가치를 떨어뜨리지 않으려고 그의 귀가는 전적으로 그 자신의 공로라는 점을 강조했다. 하지만 분명한 것은 그가 균형 있는 사고를 하고 있다는 점이었다. 그는 비록 사랑의 포로가 돼 있지만 자신의 본분을 망각하고 있지는 않았다. 그는 일주일에 한두 번의 방문만 허용된 상태여서 시간이 많았다. 그럴 때 그는 다시 에밀이 되어, 주변의 들판을 쏘다니며 박물학 공부를 계속했다.

농사일에도 열심이어서 그는 스스로 밭을 갈았다. 현지의 농토를 조사해보고, 자기가 알고 있는 경작법과 비교해 어느 것이 더 나은지를 연구한 다음, 그것을 응용해 마을의 농부들에게 전파하기도 했다. 한마디로 그는 손색없는 농부였다. 마을 사람들도 처음에는 비웃었지만 그가 농업에 대해 실제적인 지식과 경험을 갖고 있다는 것을 알고는 더 이상 비웃지 않았다.

그는 이웃의 일도 열심히 거들었다. 지붕을 개량하도록 하고 필요하면 자금도 지원했다. 일손이 필요하면 일꾼을 사서 도와주기도 했고 버려진 땅을 개간할 수 있도록 연장이나 도구를 사서 지원하기도 했다. 이웃간의 불화를 조정하는 것도 그의 몫이었다. 흔한 말로, 싸움은 말리고 흥정은 붙였다. 가난한 사람을 무시하지 않았으며 불행한 사람을 보고 외면하지 않았다. 이웃 농부들의 식사 초대에도 기꺼이 응했다. 그는 언제나 모든 사람을 공평히 대했고, 재력으로서가 아니라 인품으로서 선행을 베풀었다.

농사일 말고도 우리가 하는 일이 또 하나 있다. 우리는 일주일에 한 번씩, 그리고 일기가 불순해 들판을 돌아다닐 수 없을 때면 어느 목수의 집으로 일하러 간다. 우리는 이 일을 형식적으로 하는 것이 아니다. 진짜 목공으로서 일한다. 한번은 소피의 아버지가 와서 구경하기도 했는데, 그는 몹시도 감탄했는지 자신의 아내와 딸에게도 우리 얘기를 했다.

"작업장에 가서 그 청년이 일하는 것을 보시오. 그럼 그가 가난한 사람을 멸시하고 있는지 어떤지 알게 될 것이오."

소피가 이 이야기를 어떤 심정으로 들었을지 당신은 상상할 수 있을 것이다. 소피와 그의 어머니는 에밀 몰래 작업장으로 가 그의 일하는 모습을 보고 싶어 나에게 언제쯤 가면 좋을지를 상의해왔다. 내가 날짜를 지정해주자 그날 모녀는 마차를 타고 우리가 일하는 곳으로 왔다.

소피가 작업장으로 들어섰다. 그녀는 한쪽 구석에서 셔츠 차림으로 일하고 있는 청년을 보았다. 머리카락은 아무렇게나 흩어져 내려와 있었고 이마는 땀에 젖어 번들거렸다. 그 청년은 자신의 작업에 몰두해 있느라 그들이 온 것도 몰랐다. 소피가 감동에 젖은 시선으로 그를 바라보았다. 그는 끌과 망치를 들고 나무에 구멍을 파고 있었다. 내가 그의 소매를 잡아당기자 그가 몸을 돌렸다. 순간 그는 모든 것을 알아보았다. 그는 즐거운 비명을 지르며 공구를 내던지듯 하고는 모녀에게로 달려갔다. 하지만 그는 고용된 사람이었으므로 길게 짬을 낼 수는 없었다. 그는 곧 자신의 일로 되돌아갔고, 그가 일하는 동안 소피는 작업장을 둘러보았다. 작업장의 주인인 목수가 나타나자 소피의 어머니가 물었다.

"이분들의 급료가 어떻게 되나요?"

"부인, 일당 20수씩에 식사를 제공합니다. 하지만 저 청년은 본인만 원한다면 더 벌 수도 있을 겁니다. 이 근방에선 최고의 일꾼으로 소문나 있으니까요."

이 말을 들은 어머니는 다시 한번 감동에 젖어 에밀에게 달려가 그를 껴안으며 눈물을 글썽였다.

모녀는 우리와 함께 돌아가고 싶어 했지만 그럴 수가 없었다. 무엇보다 에밀이 완강히 반대했다. 자신은 고용된 몸인데다 시일에 맞춰 납품해야 할 물건이 있어 시간을 낼 수 없다는 것이 그 이유였다. 어머니는 납득이 안 가는 눈치였다. 감정이 상한 어머니는 돌아오는 길에 딸을 향해 이렇게 말했다.

"참으로 이상한 일이구나. 그렇게까지 하지 않아도 충분히 살아갈 수 있을 텐데 말이다. 다른 데는 돈을 잘 쓰면서 이런 문제 하나를 해결하지 못하고 절절 매다니 원."

소피가 대답했다.

"어머니, 그렇지가 않아요. 돈이 아무리 많아도 약속을 깨서는 안 되죠. 저는 마음만 먹으면 에밀이 얼마든지 자리를 비울 수 있다는 것도 알아요. 그로 인한 손해를 돈으로 보상하면 되니까요. 하지만 그것은 돈에 굴복당하는 것이고, 돈으로 모든 일을 해결할 수 있다는 위험한 생각에 빠지게 되는 일이죠. 저는 에밀이 그런 사고방식에 젖어 있지 않았으면 해요. 어머니는 지금 그의 마음이 편할 것이라고 생각해요? 누구보다도 고통스러울 거예요. 그가 자신의 근무시간을 지키며 일하는 것은 모두 다 저를 위해서예요, 어머니."

소피가 사랑하는 사람에 대해 관대하기만 한 것은 아니다. 오히려 그녀는 때로 과격하리만큼 단호하고 까다롭다. 적당히 사랑받느니 사랑받지 않는 편이 더 낫다고 생각하는 것이 그녀다. 누구보다도 그녀는 스스로를 존중하기에, 타인으로부터도 그러한 대접을 받기를 원한다. 만일 누가 여성적인 매력에 반해서만 그녀를 사랑한다면 그녀는 그를 경멸할 것이다. 그녀는 인간의 미덕을 더 높은 가치에 두기에 자신의 의무를 게을리 한 채 다른 것에 마음을 빼앗기는 것 역시 경멸할 것이다. 그래서 그녀는 무엇보다 신의를 중요시한다. 그녀는 에밀이 약속한 시간에 나타나는 것을 가장 좋아한다. 좀 더 일찍 나타나거나 늦게 나타나는 것도 그녀에겐 결격 사유 가운데 하나다. 일찍 나타나는 것은 그녀보다 자기 자신을 더 생각하는 일이며, 늦게 나타나는 것은 그녀를 무시하는 일이다.

그런데 그런 일이 한번 있었다. 물론 쓸데없는 의심이 낳은 오해였지만 말이다.

어느 날 저녁 우리는 초대를 받았다. 소피의 가족들이 우리를 마중 나왔지만 우리는 나타나지 않았다. 밤이 지나고 날이 밝도록 우리는 나타나지 않았다. 무슨 일이 있었던 것일까? 소피는 우리가 죽은 걸로 생각했다. 그녀는 뜬눈으로 밤을 새우며 눈물을 흘렸다.

우리의 안부가 걱정돼 심부름을 보냈던 사람이 이튿날 오게 돼 있어 그녀는 초조한 심정으로 그를 기다렸다. 때가 되어 심부름꾼이 돌아왔다. 그런데 그는 혼자 온 것이 아니라 또 한 명의 심부름꾼과 함께 왔다. 그 또 한 명의 심부름꾼은 우리 쪽에서 보낸 사람이었다. 그가 우리는 무사하며, 곧 도착할 것이라고 전했다. 그리고 얼마 안 있어 우리가 나타났다.

그러자 소피의 태도가 돌변했다. 자존심 강한 그녀는 우리가 살아 있다는 점에 안심했지만 그냥 넘어가지는 않았다. 그녀는 인사도 제대로 받지 않았으며, 완강한 침묵을 지킴으로써 항변했다. 어머니 역시 어색한 태도로 우리를 맞았다. 당황한 에밀은 아무 말도 하지 못했다. 이럴 땐 내가 나서는 수밖에 없었다.

약간의 시간이 흐른 뒤, 나는 해명하기 위해 소피에게 다가갔다. 그리고 그녀의 손을 잡으며 말했다.

"소피, 화났겠지만 내 말을 들어봐. 어제 우리는 운이 없었어. 소피가 누구보다도 공정하고 이성적인 사람이라는 걸 잘 알아. 그러니 내 말을 듣고 나서 판단해. 우리는 어제 네 시쯤 출발했어. 그래야 약속 시간에 닿을 수 있을 테니까. 우리가 절반 이상 왔을 때였나, 어디선가 신음소리가 들려왔어. 그냥 지나칠 수가 없어 달려갔지. 한 농부가 쓰러져 있었는데, 말을 타고 오다가 떨어져 다리가 부러졌다는 거야. 어떻게든 돕지 않으면 안 되는 상황이었지. 그런데 그는 꼼짝도 할 수 없었어. 조금만 움직여도 아파했기 때문에 말에 태울 수도 없었고. 할 수 없이 우리는 숲 속에 말을 매어두고, 팔을 마주잡고 들것처럼 만들어 그를 태운 뒤 조심스럽게 그의 집까지 데려다줬어. 그에게 길을 물어가면서 말이야. 시간이 아주 많이 걸렸지. 그런데 어땠는지 알아? 그 농부는 우리가 알던 사람이었어. 우리가 처음 이 곳에 도착했을 때 우리를 환대해주던 사람이었단 말이야. 우리가 너무 지치고 힘들었기 때문에 그동안 미처 몰랐었던 거지. 그런데 소피, 그의 아내가 세번째 아이를 임신하고 있었는데, 남편의 불행에 충격을 받은 나머지 그만 조산을 하고 말았어. 임산부를 도와줄 사람이 아무도 없는데 말이지. 할 수 없이 에밀이 나섰지. 그는 숲 속에 매어둔 말을 타고 의사에게 달려갔어. 그리고 한시가 급한 까닭에 의사에게 말을 주고는 자신은 걸어서 돌아왔어. 심부름꾼을 불러 상황을 알린 것도 그즈음에서였지. 더 이상 자세히 얘기하지는 않겠어. 나머지는 별로 중요한 것이 아니니까."

나는 거기에서 말을 멈추고 더 이상 얘기하지 않았다. 잠시 침묵이 흘렀다. 에밀이 자리에서 일어났다. 그는 소피에게 다가가더니 확고한 목소리로 말했다.

　"소피, 내 운명은 당신에게 달려 있어요. 당신은 나를 괴롭힐 수도 있고 죽게 할 수도 있어요. 하지만 내게 있는 도의적 권리까지 빼앗을 수는 없어요. 그 권리는 그 무엇보다도 더 신성하죠. 그러니 당신을 위해 그 권리를 포기하라고 강요하지 말아요. 난 그렇게 할 수 없으니까."

　이 말이 떨어지자 마자 소피는 자리에서 일어나 그의 목을 감싸 안았다. 그리고는 한없이 다정한 표정으로 에밀에게 손을 내밀며 말했다.

　"에밀, 이 손을 잡아요. 이 손은 당신의 것이에요. 언제든 당신이 원할 때 나의 주인이 돼주세요. 당신은 나의 남편이에요. 당신의 그 명예를 더럽히지 않도록 노력할게요."

　그녀가 그의 볼에 키스를 했다. 좌중에 환희의 물결이 출렁였다. 아버지는 기뻐 손뼉을 치며 '다시 한번!'을 외쳤다. 소피는 본능적으로 두 번이나 더 볼에 키스를 해주었지만, 곧 자신의 행동을 깨닫고는 얼굴을 붉히며 어머니의 품안으로 뛰어들었다.

진정으로 자유로운 영혼, 에밀

마침내 모든 거리낌은 제거되었다. 그들은 결혼하기를 열망하고 있었고 그 기회가 왔다. 하지만 내 마음속엔 아직도 일말의 거리낌이 남아 있었다. 그 일이 있고 난 지 이틀 뒤, 나는 편지 한 통을 들고 에밀에게 갔다. 그의 얼굴을 들여다보며 내가 말했다.

"만일 말이다. 소피가 죽었다면 어떻게 하겠니?"

그러자 그가 비명을 지르며 일어나더니 나를 멍한 눈으로 바라보았다.

"대답해봐. 어떻게 할지."

나는 태연하게 다그쳤다. 나의 태연함에 기가 질렸는지 그는 분노에 가득 찬 목소리로 말했다.

"어떻게 하겠느냐구요? 나는 그런 소식을 전한 사람과는 다시 얼굴을 보지 않을 겁니다."

"안심해라, 그녀는 살아 있으니까." 나는 미소를 지으며 말했다. "소피에겐 아무 일도 없어. 너만 생각하고 있지. 오늘 저녁에 우리가 오기를 기다리면서 말이야. 그 전에, 나랑 산책이나 좀 할까? 얘기도 나눌 겸."

우리는 집을 나와 산책로로 들어섰다. 에밀은 지금 과도한 열정에 사로잡혀 있어 과거처럼 이성적인 대화에 몰두하기 어려웠다. 그 열정을 나의 가르침 쪽으로 끌어와 주의를 기울이도록 할 필요가 있었다. 앞서 말한 소피의 죽음 운운은 그래서 해본 소리였다. 그는 이제 긴장한 자세로 내 말을 경청할 자세가 돼 있었다.

"에밀, 행복해야 한다. 감성을 지닌 모든 존재라면 행복해야 하지. 그것이야말로 자연이 우리 마음속에 새겨넣은 최초의 욕망이니까. 하지만 행복이란 무엇일까? 어떻게 해야 행복할 수 있을까? 누구나 행복을 추구하지만 진정으로 행복하게 살다 가는 사람은 별로 없어. 대부분 그것을 갈망하다가 죽지. 에밀! 네가 태어났을 때, 난 너를 꼭 행복하게 해주겠다고 맹세했다. 네 행복을 위해 내 일생을 바치겠다고 말이야. 그래서 네가 행복해지면 나 역시 행복할 것이라고 믿었지. 그것을 마음에 새겼고 그 각오에 따라 방법을 모색했어.

그러나 때로는 아무것도 하지 않는 것이 가장 지혜로울 수 있어. 어떻게 하는 것이 현명한지를 모를 땐 말이야. 행복이 어디에 있는지도 모르는데 그것을 찾아 헤매다가는 자칫 행복으로부터 더 멀어질 수도 있으니까. 하지만 아무것도 하지 않고 가만히 있는다는 것은 누구나 할 수 있는 일이 아니야. 참으로 어려운 일이지. 사람들은 무익하게 있기보다는 행복을 추구하며 자신을 속이는 편을 택하지. 그러므로 행복의 지도를 잘못 읽으면 그곳을 찾아가기가 더욱 힘들어져.

나는 그런 잘못을 범하지 않으려고 노력했다. 나는 자연이 가리키는 방향을 따라 걸어왔어. 결국 행복의 길과 자연의 길이 한 가지라는 것을 뒤늦게 깨달았지만 말이다. 그런데 내가 제대로 걸어

온 것일까? 훗날 너는 알 수 있을지 모르겠다. 혹여 네가 나의 심판자가 된다면 나는 너의 그 판정을 달게 받겠다. 자부심을 가지고 내가 얘기할 수 있는 것은, 너는 행복에 필요한 조건들을 모두 갖추었다는 것이다.

에밀, 너는 자연이 준 모든 좋은 것들을 다 가졌다. 네가 겪어야 했을 운명적인 불행조차도, 더 큰 불행을 견딜 수 있게 한 것에 불과했지. 너는 누구에게도, 어떤 것에도 예속받지 않고 자랐어. 너는 선량했으며 올바른 길을 걸었어. 너는 세상 사람들의 편견으로부터도 자유로웠지. 네가 정념의 파고를 넘어야 했을 때 나는 네가 침몰당하지 않도록 너를 보호했다.

그러나 에밀, 내가 아무리 너의 영혼을 보호했다지만 그것이 완벽할 리는 없다. 네게 이제 새로운 적이 나타났으며 그 적을 나는 어찌 할 도리가 없어. 그 적은 바로 네 자신이기 때문이지.

이제껏 너의 자유로운 영혼은 모든 것을 겪어왔어. 가난이나 육체적 고통 따위는 문제도 아니었지. 하지만 네가 모르는 마음의 고통이 지금 너를 옭아매고 있어. 너는 네 굴레에 묶여 있지. 네 욕망의 노예가 되어 너도 모르는 사이에 공격받고 있어. 너는 병들지 않았음에도 아플 수 있고, 죽지 않았음에도 무덤 속의 고통에 시달릴 수 있지. 하나의 거짓말이나 하나의 과오, 하나의 의혹이 너를 절망에 빠지게 할 수 있어. 너는 이제 존재의 고뇌로 인해 미친 듯이 몸부림치는 연극 무대의 주인공이 된 거야.

에밀, 그러니 이제 네 마음에서 일어나는 욕망을 통제할 때가 왔다. 인간의 고통은 결핍으로부터 오는 것이 아니라 집착으로부터 온다는 것을 너는 알고 있을 거야. 욕망을 충족하면 할수록 결핍은 더 커지지. 집착하면 할수록 고통도 증가해. 그러니 욕망의 문제는, 해결을 통해서가 아니라 해소를 통해 극복해야만 해. 인간? 너는 인간이 언제까지나 살 수 있으리라고 생각하니? 그렇지 않지. 모든 존재는 유한한 만큼 언젠가는 우리 곁을 떠나게 돼 있어. 그런데도 마치 영원히 지속될 것처럼 애착을 갖지.

에밀, 소피도 마찬가지야. 소피도 언젠가는 죽어. 그런데도 넌 소피의 죽음에 대한 하나의 의혹만으로도 그렇게 두려워하고 있어. 그녀는 너보다 먼저 죽을 수도 있고, 아니 어쩌면 지금 죽어 있을 수도 있어. 인간은 누구나 한 번의 죽음을 겪게 되지. 그런데 너는 또 하나의 죽음에 얽매어 있음으로써 두 번 죽을 기회를 마련해 놓은 꼴이야. 그런데도 네가 지금 행복하다고 말할 수 있을까? 그러한 불안감에 시달리면서 행복하다고? 너는 어쩌면 그 때문에, 네게 남겨진 것들조차 향유하지 못하고 죽어갈 수도 있어.

정념에 지배당하는 한 너는 항상 불안하고 가엾은 인간이 될 뿐이야. 정념의 법칙이 너의 율법이 되는 순간 너의 자유는 없어. 너의 이성도 없어. 이성이 없으니 똑바로 마주 대할 수도 없지. 그것을 가리켜 미덕이 없어진 상태라고 말하지. 인간의 삶에서 미덕을 빼버린다면, 그러한 삶은 죽은 것이나 마찬가지야.

나의 에밀, 용기 없이는 행복할 수 없고, 자신과의 싸움 없이는 미덕을 지닐 수 없어. 미덕은 힘에서 나오는 거야. 힘이 미덕의 바탕이지. 미덕은 성품에서는 유연한 자의 몫이지만 의지에서는 강한 자의 몫이야. 우리는 신을 선한 존재로 그리기는 하지만 덕 있는 존재로 그리지는 않지. 신은 힘의 대상이 아니기 때문이야.

에밀, 나는 너를 덕이 있게 키우기보다는 선량하게 키웠어. 그런데 이 선량함은 약해. 정념의 충격을 받으면 견디지 못하고 부서지지. 그러므로 선량한 사람은 오로지 자기 자신에 대해서만 선량할 뿐이지.

덕이 있는 사람이란 어떤 인간일까? 극기할 줄 아는 사람이지. 자신의 감정을 다스릴 줄 아는 사람이지. 그때서야 인간은 자신의 이성과 양심에 따라 행동할 수 있어. 지금까지 너는 겉으로만 자유로웠을 뿐이야. 이제까지 아무런 명령도 받아보지 않은 노예의 자유가 그것이지. 그러니 이제 진정한 자유인으로 거듭 나도록해. 네 마음을 다스려 너 자신의 주인이 되도록 해봐. 그러면 덕이 생겨.

그 과정은 어렵지만 복잡하지는 않아. 네 마음속의 정념을 네가 지배하면 돼. 미덕의 정념만 남겨두고 다른 모든 정념을 지배하도록 해봐. 그러면 넌 자유로워질 거야. 하지만 예속당하면 넌 노예의 상태로 전락할 거야. 그때의 정념은 악이지. 정념엔 허용이나 금지가 없어서, 지배하면 선이 되지만 예속당하면 악이 돼. 우리는 정념이 깃드는 것을 막을 수는 없지만 그것을 지배할 수는 있어. 불륜조차도 그 정념의 지배 아래서 행해지는 것이 아니라면 죄가되지 않아. 하지만 사랑조차도 정념에 예속된 것이라면 죄가 되지.

에밀, 인간을 이해해라. 인간의 한계에 대해 연구해보아라. 그 한계를 이해하기만 하면, 그 한계가 넓든 좁든 불행에 빠지지 않는다. 사람이 불행해지는 것은 그 한계를 넘어서려 할 때이지. 가능하지도 않은 것을 가능한 것처럼 생각할 때 불행해져. 가질 수 없는 것을 가질 수 없다고 생각하면 자유로워지지. 기대하지 않으면 번민 또한 없기 때문이야.

오만으로부터 오는 환상을 경계하도록 해. 진정한 현자는 늘 겸손하지. 왜냐하면 그는 삶의 덧없음에 대해 늘 관조하기 때문이야. 없는 것을 찾으려 하지 말고, 가지고 있는 것을 더 잘 소유하는 데 우선 힘을 사용하도록 해. 원하는 게 적으면 더 쉽게 부유해질 수 있지. 모든 것이 소멸과 생성을 거듭하는 이 지상에서 영원한 구속의 끈을 매듭지어 무엇하겠는가?

오, 에밀, 나의 아들이며 벗인 에밀이여, 너를 잃는다면 나에게 무엇이 남겠는가? 하지만 나 역시 언젠가는 너를 잃겠지.

에밀, 현명하고 행복하게 살기를 원한다면 사라지지 않을 아름다움 외에는 집착하지 말아라. 네게 주어진 조건 안으로 네 욕망을 국한시켜라. 하고 싶은 일보다는 해야 할 일을 먼저 하라. 필연의 법칙을 도덕률로 삼아 집착하지 않도록 하라. 잃는 법을 배워라. 삶을 관조함으로써 초월하는 법을 배워라. 역경 속에서도 견디는 법과 의무에 충실히 하는 법을 배워라.

그러면 너는 운명에 지배당하지 않을 것이며 행복할 것이다. 욕망의 파도에 아랑곳없이 평화로울 것이다. 부서지기 쉬운 것을 갖고 있을지언정 깨지지 않을 것이며 아무것도 소유하고 있지 않음에도 풍족할 것이다. 세론에 지배받지 않는 너는 언제까지나 자유로울 것이다. 에밀, 얼마나 많은 사람들이 두려움에 사로잡혀 전전긍긍하는지, 삶이 끝나는 순간 존재하기를 그친다고 생각하는지 너는 아니? 집착의 굴레로부터 빠져나오지 못하는지를?

하지만 삶의 덧없음을 아는 너는, 죽는 순간 다시 존재가 시작된다는 것을 알 것이다. 죽음은 악인에게 있어서는 삶의 끝인지 모르지만, 올바른 사람에게 있어서는 시작인 셈이지."

에밀은 불안한 마음으로 내 얘기를 다 들었다. 그는 내 얘기로부터 어떤 불길한 결론이 나올지 몰라 두려워하면서, 마치 외과 의사 앞에 썩은 부위를 내맡긴 환자처럼 떨었다.

"제가 어떻게 해야 하나요."

그가 눈을 내리깔며 물었다. 나는 단호하게 대답했다.

"소피를 떠나!"

"뭐라고요? 지금 뭐라고 말씀하셨어요? 소피를 떠나라니, 그런 말씀 마세요. 저보고 배신자가 되라는 말씀인가요? 선생님이 무슨 말씀을 하셔도 저는 지금의 이 상황을 파기하지 않을 거예요."

그는 격렬하게 말을 내뱉었다. 그의 분노를 나는 진작에 예상하고 있었다. 나는 그의 감정이 가라앉을 때까지 아무 말 하지 않고 기다렸다가 말문을 열었다.

"에밀, 이제까지 너는 커다란 행복을 맛보았다. 그러한 행복은, 앞으로 더 없을지도 모른다. 관능의 즐거움은 일시적이어서 시간이 흐르면 쇠락하지. 설사 우리가 행복을 떠나지 않더라도, 행복이 우릴 떠날 때가 온다. 그러므로 방법을 바꿔야 해. 우리가 여기 온 지도 넉 달이 넘었어. 너는 그 동안 환희를 맛보느라 몰랐겠지만, 곧 추운 겨울이 올 거야. 눈이 내리고 강풍이 불어닥치겠지. 눈은, 봄이 돼서야 녹을 거야. 때가 되면 봄은 오고, 그때까지도 결혼 약속은 유효해.

너는 지금 소피와 결혼하기를 간절히 원하고 있지만, 그것은 상대가 적합해서가 아니라 네 욕망이 원하기 때문이야. 사랑만으로 모든 것을 해결할 수 있는 것은 아니지. 나는 그녀가 덕망 있고 정숙한 처녀라는 것을 알지만 그것만으로 충분할까? 미덕만 중요한 게 아니라 성격도 중요해. 네가 그녀의 성격을 다 안다고 하기엔 너무 일러. 넉 달 간의 사랑? 그것이 무엇을 보증할 수 있다고 생각하니? 아마 두 달만 보지 않아도 너는 그녀를 잊을지 몰라. 그녀 또한 마찬가지지. 변함없이 정숙하겠지만 너를 사랑하지 않을지도 몰라. 그 무엇도 관계를 보장할 수 있는 장치는 없어. 너희들이 스스로 시험해보기 전까지는 말이야. 그런데 너희들은 아직 한 번도 그런 시험을 거쳐본 적이 없지.

소피의 나이 이제 열여덟 살도 안 됐어. 넌 스물두 살이고. 그 나이는 연애할 나이일지언정 결혼할 나이는 아니지. 너는 그 나이에 소피가 엄마 노릇을 할 수 있다고 생각하니? 얼마나 많은 처녀들이 이른 나이에 결혼해 고통 받는지를 너는 알아? 성장기에 있는 여자가 아이를 잉태하면 필요한 영양분이 둘로 갈라져 아이도 어머니도 건강할 수가 없어. 그로 인해 가정이 불행해져도 너는 좋다고 생각하는 거니?

그리고 너도 마찬가지야. 남편과 아버지의 노릇을 해야 하는데, 그리 간단한 문제가 아니지. 가정을 이루는 순간 너는 국가의 일원이 되는 것이야. 국가의 질서에 네가 편입되는 거지. 그러려면 조국이 무엇이고 법이 무엇인지, 정부가 무엇인지 알아야 해. 누굴 위해 목숨을 바치고 희생을 치러야 하는지 알아야 하지. 그런데 넌 모르고 있어. 사회의 질서를 이해하고 그 안에 네 위치를 잡기에는 아직 이르지.

그러니 에밀, 소피를 떠나야 해. 그녀와 완전히 헤어지라는 말이 아니야. 더 튼튼한 몸과 마음으로 돌아오기 위해 떠나라는 거야. 결혼할 자격을 더 갖추기 위해 떠나라는 거야. 가장으로서 네 임무를 완수할 태세를 마련하라는 거지."

그는 쉽게 수긍하지 않았다.

"왜 꼭 그래야만 합니까? 왜 저를 기다리고 있는 행복을 박차라는 말입니까? 청혼을 받아들이지 않고 시간을 끌다니요. 정 그렇다 하더라도 결혼하고 나서 떠나면 안됩니까? 결혼시켜주십시오. 그런 후에 선생님의 말씀을 따르겠습니다."

"결혼하고 떠난다니, 에밀, 그런 엉터리가 어디 있니? 애인이라면 그럴 수 있다. 하지만 남편이라면 아내를 떠나서는 안 돼. 네가 지금 뭘 염려하고 있는지 난 알아. 그러니 너의 결심을 내가 도와주지. 너는 네 의사로서 떠나는 것이 아님을 밝히렴. 마음 내키지는 않지만 나 때문에 떠난다고 말이야. 그게 싫다면 넌 이성의 지시에 따르지 않는 것이 되니, 다른 선생을 구하는 것이 좋을 거다. 에밀, 너는 나와 했던 약속을 잊지는 않았겠지? 소피를 떠나라. 그래야 해."

에밀은 고개를 숙인 채 한동안 말이 없었다. 잠시 후, 결심이 섰는지 고개를 들고 내게 말했다.

"언제 떠나야 하죠?"

"일주일 후에. 소피가 마음의 준비를 할 수 있도록 여유를 둬야지. 여자들은 마음이 약해서 조심해 다루지 않으면 안 되거든."

나는 에밀을 믿었다. 그리고 그는 나의 기대대로 두려움 없이 맞서나갔다. 소피 역시 처음에는 충격이 컸지만, 자존심 강한 여자답게 헤어져야 한다는 사실을 담담하게 받아들였다. 하지만 그녀는 눈물을 흘렸다. 에밀 앞에서가 아니라 내 앞에서였다.

나는 그녀를 위로해주었고 안심시켜주었다. 서로 간의 마음이 변치 않는 한 2년 후엔 결혼하게 해줄 것이라는 점도 분명히 약속했다. 두 사람은 나를 믿었다. 나는 두 사람의 신뢰의 한가운데 서 있었다.

마침내 작별해야 할 날이 왔다. 소피의 아버지는 나를 껴안으며 변함 없는 존경과 신뢰를 보였다. 에밀은 거의 제정신을 잃은 사람처럼 울면서 눈물을 흘렸다. 집안의 모든 사람들과 포옹하면서, 평상시 같으면 우스꽝스러웠을 행동을 반복하며 슬픔을 드러냈다. 소피는 매우 침착했다. 안색은 창백했지만 자세는 꼿꼿했으며, 눈물도 흘리지 않았다. 에밀의 뜨거운 포옹에도 냉정을 잃지 않았다. 무관심으로 포장된 그 내면의 탄식을, 그러나 나는 알 수 있었다. 나는 가슴이 아팠다.

　나는 에밀을 잡아끌다시피 하고 집을 빠져나왔다. 그냥 놔두었더라면 그는 결코 떠나려 하지 않았을 것이다.

Emile ou de l'education

루소의 생애와 사상

　루소(Jean Jacques Rousseau)는 1712년 스위스 제네바에서 가난한 시계공의 아들로 태어났다. 어머니가 그를 낳은 후 며칠만에 죽자 아버지와 고모에 의해 양육되었지만, 그 과정은 순탄치가 않았던 것으로 알려져 있다. 매우 음울한 가정 환경에서 자랐을 것으로 짐작되는 이 무렵, 아버지가 한 퇴역 장교와 싸우다 칼을 휘두르는 사건이 발생하자 제네바를 떠나 리옹으로 간다. 그는 불과 열 살 때 집을 나와 외가에 의탁하게 되는데 이 부분도 확실치는 않다. 외가가 아니라 숙부의 집이라는 설도 있다. 어쨌든 그의 소년 시절이 매우 불행했던 것만은 사실인 것 같다.

　열여섯 살 때 제네바를 떠나기 전까지 6년 동안의 참담했던 소년기가 대략 어떠했는지는, 그가 쓴 『에밀』을 탐독해보면 알 수 있다. 글은 글쓴이의 정신을 그대로 반영한다. 소년의 눈에 비친 당시의 시대적 정황, 아이를 대하는 어른들의 태도나 교육에 임하는 자세 등이 그의 글엔 오롯이 노출돼 있다. 16세 때 모험가의 삶을 꿈꾸며 제네바를 떠난 그 시기에 후원자인 바랑 남작부인을 만났

'백과전서' 파를 이끈 디드로   사상적 동지였던 볼테르

기에망정이지, 만일 그런 행운이 없었다면 그의 삶은 얼마나 누추하게 변질됐을까 하는 의문은 그래서 어쩔 수 없이 든다.

거의 독학으로 철학과 문학, 음악을 공부하는 동안 파리에서 디드로를 만난 것 또한 그에게는 행운이었다. 디드로는 프랑스 계몽주의 학자들이 당시의 학문과 기술을 집대성하여 출간하는 대규모 출판 사업인 〈앙시클로페디L' Encyclopédie〉(백과전서)의 편집자였으므로 그와 어울리는 동안 자연스럽게 지식인 집단에 합류할 수 있었다.

루소는 곧 이 지적인 철학자들의 모임에서 중심 인물로 부상한다. 〈앙시클로페디〉의 집필자들은 주로 급진적 개혁론자들이었는데, 그중에서 음악에 관한 항목을 집필한 루소의 글이 가장 독창적이고 유려했던 것으로 알려져 있다.

루소가 사상가로서의 입지를 굳히게 된 것은 1750년 디종의 아카데미 현상 논문에 〈학예론〉이라는 글이 당선되면서부터였다. 이 글에서 그는, 인간은 본래 선하지만 사회와 문명 때문에 타락해 간다는 그의 주된 생각을 여실히 드러내고 있다. 이 생각은 곧 그의 두번째 논문인 〈인간불평등기원론〉을 통해 한층 발전된 사고로 이어진다.

여기서 그는 인간이 왜 불평등하게 되었는지 그 기원에 대해 질문하며, 그 불평등이 자연법에 의해 정당화될 수 있는지를 따진다. 그는 인간의 불평등을 자연적인 것과 인위적인 것으로 구분해 논하는데, 그가 문제 삼는 것은 인위적 불평등에 관해서이다. 그는 인간이란 본래 선하며 자유로운 존재라고 주장한다. 인간이 악하게 된 것은 자연의 산물이라기보다는 사회의 산물이라는 것이다.

인간이 어떻게 자유를 상실하고 불평등한 상태로 전락하게 됐는지를 천착한 이 논문에 뒤이어 루소는 〈사회계약론〉을 발표함으로써 그의 사상 체계를 굳건히 한다. 〈사회계약론〉은 '인간은 자유롭게 태어났음에도 사슬에 묶여 있다'는 유명한 선언으로 시작된다. 그리하여 시민사회나 국가가 제대로 된 사회계약만 맺을 수 있다면 지금보다는 훨씬 더 나은 자유를 얻을 수 있다고 설파하며 정치적 문제로 운신의 폭을 넓힌다.

이 과정에서 그는 〈정치 경제론〉, 〈언어기원론〉 등을 발표하면서 당대의 지식인들과는 사상가로서의 보폭을 달리하며 분명한 견해 차이를 보인다. 이때부터 백과전서파 철학자들이나 볼테르 등과도 소원해지기 시작하는데, 특히 1758년에 발표한 〈달랑베르에게 보내는 연극에 관한 편지〉 이후 디드로와는 절교 상태에 이르게 된다.

이후 루소는 파리를 떠나 몽모랑 시 인근의 친구네 집에 머물며 왕성한 저술 활동을 한다. 서간체 연애소설인 『신(新) 엘로이즈』와 소설 형식으로 쓴 교육론 『에밀』을 집필한 것도 이 무렵의 일이다. 특히 『신 엘로이즈』는 대단한 성공을 거두어 널리 읽혔을 뿐만 아니라 낭만주의 문학이 발전하는 데도 지대한 공을 끼쳤다. 무엇보다도 여성 독자들이 열광했다. 덕분에 루소는 생애의 고비마다 이 여성 독자들의 도움을 많이 받았다.

그러나 『에밀』만은 달랐다. 이 책은 출판되자마자 세상을 들끓게 하면서 사회 주도층 인사들을 모두 적으로 돌려놓았다. 특히 치안판사와 목사들은 이 책의 내용을 문제 삼아 끊임없이 그를 비난했다. 신앙의 문제와 관련해 신의 존재를 의심하면서 성서의 권위를 부정하는 발언을 그들은 묵과할 수 없었던 것이다.

급기야 루소는 파리대학 신학부의 고발로 인해 법정에서 유죄를 선고받고 도피하지 않으면 안 되었다.

이후 루소는 프랑스를 떠나 스위스와 영국을 전전하며 자신을 옹호하는 글을 남겼는데 그 대표적인 저술이 말년에 쓴 『고백록』이다. 『루소는 장 자크를 심판한다』라는 책 역시 그러한 차원에서 집필됐다.

그는 20년 넘게 함께 지내온 테레즈 르바쇠르와 1768년에 결혼해 가정을 이루었지만 말년의 생애는 그리 평온하다고 할 수 없었

후원자 바랑 부인   아내 테레즈 르바쇠르

다. 그는 피해망상에 괴로워했고 그러면서 적들과의 싸움을 그치
지 않았다.

그런 와중에 그의 육체와 영혼은 지쳐갔다. 초기의 열정을 녹여
온화한 서정성으로 집대성한 『고독한 산책자의 몽상』을 쓰기 시작
했지만, 때는 너무 늦어 그는 이 책을 완성하지 못했다. 그는 1778
년 프랑스 파리 북쪽의 지라르댕 후작의 영지인 에르므농빌로 피
신했다가 그곳에서 죽었다.

『에밀』에 대하여

『에밀』은 교육서이자 철학서인 동시에 인간 성장의 내면을 기록한 보고서이기도 하다. 그러나 이 놀라운 책이 출판되었을 때 기성세대가 보여준 반발은 대단히 격렬했다. 루소가 그러한 측면을 간과했던 것일까? 그렇지는 않았던 것 같다. 그렇다기보다는, 예상되는 그 반발이 비본질적인 것이라고 판단했을 가능성이 높다.

루소는 이 책의 서문에서 집필 동기를 밝혔는데, 그것이 어느 어머니*의 요청과 권유에 의해 시작되었으며 교육에 대한 사람들의 주의를 환기시키는 데 그 목적이 있음을 고백하고 있다. 아울러 교육에 대한 자신의 생각이 졸렬할 수도 있다는 것과 그럼에도 그것이 더 좋은 생각을 싹트게 하는 밑거름이 될 수만 있다면 만족할 수 있다고 천명했다.

루소의 이러한 천명은 물론 겸양의 표현일 뿐이다. 그리고 '어느 어머니'의 요청과 권유에 의해 집필하게 됐다는 고백 또한 사실

---

*뒤팽 부인의 며느리였던 슈농소 부인을 가리킨다.

여부를 떠나 비본질적인 것일 뿐이다. 그의 연대기에 의하면 그는 비교적 이른 나이인 만 18세가 되던 해에 처음 가정교사 자리를 얻어 학생들을 가르쳤던 것으로 알려져 있다. 동기야 어떠했건, 이로 미루어 그는 학생을 가르친다는 일에 남다른 취향과 기호가 있었던 것으로 보인다. 이것은 그가 아버지에게 쓴 편지에서 '자기가 할 수 있는 직업 가운데 가정교사 자리가 그래도 가장 적성에 맞는 것 같다'는 고백을 통해서도 확인된다.

정작 그 자신은 한 번도 정식 교육을 받지 못한 처지였음에도 교육의 전선에 자신의 열정을 쏟고 싶어 한 이 아이러니를 어떻게 해석해야 할까? 문제의 현장으로부터 떨어져 있었기 때문에 그 문제를 더 잘 볼 수 있었다고 봐야 하지 않을까? 과연 그의 문제 제기는 다분히 전방위적이어서 교사와 학생, 자연과 사회, 관습과 도덕의 영역에까지 두루 미치지 않는 곳이 없다. 그는 아이나 학생만을 가르치려 한 것이 아니었다. 그의 지적과 훈계는 어른의 양식으로 대변되는 기존의 질서를 뒤흔들기에 충분했고 그런 만큼 반발 또한 컸다.

교육을 가리켜 '백년지대계'라고 한다. '천년지대계'라고 한들 과장일까? 무엇을, 왜, 어떻게 가르치느냐에 따라 삶의 명운이 엇갈리고 그 삶은 다시 국운의 앞날에 영향을 끼친다. 우리는 모두 자식을 바르게 교육시키고 싶어 하지만 정작 어떤 교육이 바른 교육인지 알지 못한다. 바른 교육에 앞서 '바른 인간'에 대한 가치관이 정립돼 있지 않기 때문이다.

바른 인간에 대한 질문은 당연히 인간 일반에 대한, 그래서 삶이란 무엇이며 어떻게 살아야 하는 것인지에 대한 질문을 수반한다. 루소는 잘 사는 삶, 혹은 행복하게 사는 삶을 자연적 삶에 비추어 설명한다. 자연 친화적일수록 그 삶은 행복하지만 자연으로부터 멀어질수록 그 삶은 불행하다.

그런데 우리는 자연으로부터 너무 멀리 떨어져 나와 있다. 나무는 어려서부터 가지를 바로잡아주지 않으면 점점 더 바로잡기 힘들어지는데 사회라는 이 나무는 너무 뒤틀린 채 굵게 성장해버렸다. 우리는 사회적 악습에 물들어 있으면서도 그것의 심각성을 전혀 알지 못한다. 우리는 모두 병들어 있음에도 아픔을 느끼지 못하고 있다. 기왕의 체제에 안주해 있는 교육은 그러므로 모두 잘못돼 있다. 아이들에겐 무엇인가 새로운 교육이 필요하다.

새로운 가르침은 아주 어렸을 때부터 시행하지 않으면 안 된다. 교육은 아이가 탄생하는 순간부터 지속적으로 이루어져야 한다. 전체가 5부로 구성돼 있는 『에밀』의 제1부는 '모든 것은 조물주에 의해 선하게 창조됐음에도 인간의 손길만 닿으면 타락하게 된다'는 기조하에 출생에서 다섯 살까지의 발육에 대해 논하고 있다.

이 시기는 본능적 욕구의 시기이므로 아이의 발육을 억압하거나 왜곡하지 않는 것이 중요하다. 젖은 반드시 모유를 먹이는 것이 좋으며 신체발부를 자유롭게 해야 한다. 아이의 성장을 가로막는 배내옷은 입히지 말아야 한다. 아이는 도시보다 시골에서 키우는 것이, 정신적으로나 육체적으로 훨씬 더 바람직하다. 인간은 한곳에 모여 살면 모여 사는 그만큼 더 타락한다.

루소는 또 아이의 변덕에 휩쓸려 아이가 원하는 것이면 무조건 들어주어서는 안 된다고 경고한다. 그것이 결국은 아이의 장래를 망치는 지름길이기 때문이다.

당신의 아이를 불행하게 만드는 확실한 방법이 있다. 아이가 갖고 싶어 하는 것이면 무엇이든 갖게 하라. 하나를 가지면 둘을 갖게 하라. 욕망은 날로 증대될 것이고 그에 따라 당신의 능력은 고갈될 것이다. 언젠가 당신은 아이의 요구를 거절해야만 할 시기가 올 것이고 그러면 아이는 미칠 것이다. 원하는 것을 갖지 못하는 고통보다 익숙하지 않은 당신의 그 거절 때문에 아이는 더 고통스러울 것이다. 원하기만 하면 모든 것을 손에 쥘 수 있었던 아이는 그 거절을 배신으로 여길 것이다. 아이는 이치를 따질 줄 모르므로 당신의 어떠한 설명도 변명으로 받아들일 것이다. 그는 사방에서 악의를 볼 것이고, 이는 아이의 본성을 비뚤어지게 해 모든 사람들을 미워하게 할 것이다.

제1부가 유아기의 교육에 대해 다루고 있다면 제2부는 다섯 살에서 열두 살까지의 아동기의 교육에 대해 다루고 있다. 이 시기는 아이가 말을 배우면서 경험을 학습하는 시기이다. 그러므로 이 시기에는 섣부른 지식을 주입하려 해서는 안 된다. 관념보다는 사물

에 대한 관찰을, 추론보다는 경험을 통한 깨달음이 더 필요한 시기이다. 읽고 쓰는 것에 몰두하게 하기보다는 본능적으로 지니고 있는 감각 기관을 훈련하는 데 더 노력해야 한다.

특히 이 시기의 교육에 있어서 중요한 것은 서둘지 말라는 것이다. 루소는 그 부분을 이렇게 지적한다.

아이들을 교육하는 데 있어 지켜야 할 준칙이 하나 있다. 그것은 서둘러 가르치지 말라는 것이다. 당신의 자녀를 빨리 가르치고 싶은가? 그렇다면 느긋하게 대응하라. 그것이야말로 아이를 가장 빨리 깨우치는 길이다. 에밀이라면 분명 열 살이 되기 전에 글을 읽고 쓸 줄 알게 될 것이다. 왜냐하면 나는 그가 열다섯 살이 되기까진 아무래도 좋다고 생각할 것이기 때문이다. 읽고 쓰는 것도 중요하지만, 그것에 염증을 느끼지 않도록 하는 일은 더욱 중요하다. 그래서 아직 학문을 사랑할 수 없는 아이에게 학문을 싫어하도록 만들지 않아야 한다.

흔히 우리는 조기 교육을 강조한다. 하지만 이는 아이로 하여금 더욱 빨리 오류에 빠지게 할 뿐이다. 지식이나 관념이 아닌 감각과 경험을 통한 이해는 필연적으로 더딜 수밖에 없다. 하지만 이 더딤은 궁극적으로 느린 것이 아니다. 잘못 가르치느니 아예 가르치지 않는 것이 오히려 더 효율적이기 때문이다.

제3부는 소년기의 교육으로 열두 살에서 열다섯 살에 해당하는

시기이다. 앞서의 아동기가 소극적 교육의 시기였다면 이 시기는 적극적 교육의 시기이다. 감각에 이성을 더한 훈련을 실시해야 하는 시기, 즉 학문을 가르쳐야 할 시기이다.

그러나 이때도 책 속의 지식에 의존하는 교육이 돼서는 안 된다. 타인의 지식이나 경험보다는 자신의 관찰에 의해 체현된 지식이 중요하다. 편견이나 고정 관념에 휩쓸리지 않아야 함은 물론이다.

내가 그의 머릿속에 진리를 넣어주고자 하는 것은, 진리 대신 배울지도 모를 오류로부터 그를 보호해주기 위함이다. 이성이나 판단력은 천천히 다가오지만 편견은 떼를 지어 몰려온다.

장차 사회인이 되기 위해 필요한 유용한 기술과 지식을 익혀야 하는 것도 이 시기의 일이다. 노동이야말로 신성한 것이며, 게으른 귀족의 삶보다 장인의 삶이 훨씬 더 가치 있다고 강조한다.

아이를 서재에 붙잡아두지 말고 목공실에 있게 하라. 그의 손이 철학자가 되게 하라. 그의 영혼이 노동자의 손을 갖도록 하라. 순수하게 이론적인 지식이 아이들에게는 적절치 않다고 나는 이미 말한 바 있다.

제4부는 청년기의 교육으로 열다섯 살에서 스무 살까지의 나이가 이 시기에 해당한다. 이때가 인간으로서는 제2의 탄생기라고

할 수 있다. 이때 청년은 도덕적이며 종교적 감정이 싹튼다. 또 성에 눈을 뜨는 시기이기도 하다. 기질의 변화와 함께 신체는 더욱 성숙해져 성인으로서의 징후가 나타난다. 때때로 정념이 그의 마음을 뒤흔들어 격랑을 일으킨다.

윤리적 자아에 눈을 뜨기 시작한 그는 이제 정념을 다스릴 줄 알아야 한다. 그러나 무조건적인 규제나 억압을 통해 이 목적을 달성하려 한다면 그것은 어리석은 일이다. 감추어 보호하기보다는 체험을 통해 깨닫게 하는 것이 중요하다. 사실을 에둘러 설명하지 말라. 설교로서 감화시키려 하지 말라. 자연에 의탁하라.

자연에서 오는 본능적 충동은 항상 바르다. 이 사실을 하나의 준칙으로 세워두자. 본래 인간에게 악함은 없다. 그러므로 인간의 마음에 악이 깃들었다면 우리는 그 악의 경로를 추적할 수 있다. 인간이 본래부터 지니고 있는 자연적 정념은 자기애 또는 넓은 의미에서 이기심이라고 부를 수 있는 것밖에 없다. 이 정념은 누구와 어떤 관계를 맺느냐에 따라 선용되기도 하고 악용되기도 한다. 그런데 아이들은 천성적으로 타인에겐 무관심하다. 그러므로 이기심의 안내자인 이성이 발달하기 전까지는 오로지 자연이 그에게 요구하는 일만 하도록 보호하는 것이 중요하다. 그러면 그는 선한 일만 하게 될 것이다.

그렇다고 하더라도, 자연의 인간을 길러내기 위해 그를 미개인으로 만들어서는 안 된다고 충고한다. 중요한 것은 사회적 통념에 휘둘리지 않아야 하는 것이며 스스로 깨달은 것 외에 어떤 권위에 의해서도 지배돼서는 안 된다는 것이다.

자연적인 정신의 발달은 결코 퇴행하지 않는다. 숲 속에서라면 아둔한 채 머물러 있었을 인간도 사회에서라면 보고 듣는 일만 한다 하더라도 지각 있는 인간이 될 수 있다. 못할 짓을 본다 하더라도 그것에 가담하는 잘못만 범하지 않는다면 언제나 배울 것은 있다.

이제 그는 성년기에 접어들고 있다. 육체뿐만 아니라 정신적으로도 그는 이미 어른이다. 자신이 해야 할 일과 하지 말아야 할 일을 구분할 줄 아는 분별력과 사회인이 되기 위한 능력을 겸비하고 있다. 그러니 이제 그에게도 배우자가 필요하다.

제5부는 성년기에 이른 에밀이 배우자를 찾아가는 과정을 그리고 있다. 그래서 가정을 꾸리고 사회의 일원으로서 그 의무를 다해야 한다. 그런데 어떤 배우자를 만나 결혼할 것인가?

루소는 이 장에서 에밀에 대응하는 소피라는 처녀를 등장시킨다. 이 처녀를 통해 결혼이란 무엇이며 남녀가 할 일이란 무엇인지, 그 역할과 책임에 대해 얘기한다.

남녀의 성은 조화로워야 한다. 한쪽이 강하면 다른 쪽은 약해야하고, 이쪽이 능동적이면 저쪽은 수동적이어야 한다. 남성은 자신이 원하는 것을 추진할 수 있어야 하며 여성은 그 일에 협력해야 한다. 적어도 저항하지 말아야 한다. 이것이 사랑의 법칙은 아닐지 몰라도 자연의 법칙임에는 틀림없다.

　루소는 또 부부 사이의 윤리에 대해서도 언급한다. 정숙할 의무에 관한 한 남녀간의 차이는 없다. 하지만 그 의무 위반으로 인한 폐해의 책임은 남자보다 여자에게 있어 더 크다. 여자의 부정은 가정을 해체시킨다. 여자가 남편을 배신해 다른 남자의 아이를 낳아 기르고 있다면, 그 혼란으로 인한 불행은 그 무엇보다 치명적이다.

　그러므로 여인의 용모가 지나치게 뛰어난 것도 결과적으로는 마이너스 요인이다. 외모의 아름다움으로 인한 효용은 일시적일 뿐이어서 수주일만 지나면 무감각해지기 때문이다. 하지만 그로 인한 위험은 보다 항구적이다. 아름다운 용모에 천사 같은 마음씨를 지니고 있지 않는 한 그러한 여자와 함께 사는 남자는 언제까지나 불행하다. 그는 늘 자신의 아내를 지키기 위해 노심초사하지 않으면 안 되기 때문이다.

　그런 측면에서 소피야말로 에밀에게는 가장 잘 어울리는 배필이다. 그녀는 뛰어나게 아름답지도 않거니와 부자도 아니다. 귀족다운 나태에 젖어 있지도 않다. 학식이 그다지 풍부하지도 않다. 하지만 성정은 반듯하며 현모양처로서의 가정 교육을 충실히 받은 여인이다.

　에밀과 소피는 곧 사랑에 빠진다. 그 사랑은 소박하지만 격렬하면서도 은은하다. 루소는 이 장면에서 소설가다운 필치로 이 첫사랑을 그려낸다.

오늘날 교육 문제 만큼 심각한 것도 없다. 교육의 중요성에 대해서는 누구나 인정하면서도 어떻게 가르쳐야 할지에 대한 견해는 중구난방이다. 그러나 교육의 핵심만 이해하고 있다면 이러한 혼란도 정리될 수 있다고 믿는다. 그 핵심은 '인간을 인간답게 길러야 한다' 는 것이다.

어떻게 기르는 것이 인간답게 기르는 것인가? 그에 대한 질문과 해답이 루소의 『에밀』에 담겨 있다. 교육의 근본을 바로 세우고 싶다면 『에밀』을 읽어야 한다. 사람을 가르치는 문제에 관한 한 『에밀』 만큼 커다란 성찰적 안목을 보여준 책은 없기 때문이다.

이 땅의 교육자라면 반드시 음미해야 할 다음과 같은 루소의 명언!

아이들을 제대로 가르치려면 오로지 한 가지, 자유를 잘 규제하기만 하면 된다. 할 수 있는 일과 할 수 없는 일, 가능한 것과 가능하지 않은 것에 대한 규칙만으로 아이를 가르칠 자신이 없는 사람은 교육에서 손을 떼야 한다. 이 두 영역을 확장하거나 축소하면서 아이를 가르쳐라. 아이를 밀든 당기든 이 필연의 끈을 통해서만 제어하라. 그러면 아이는 불평을 늘어놓지 않을 것이다. 사물의 힘만으로 아이를 통제하므로 어떤 악도 싹트지 않는다. 왜냐하면 정념은 그것이 효과를 거두지 않는 한 자극받지 않기 때문이다.

자신의 의도를 남의 도움 없이 행동으로 옮겼을 때만이, 진정 자신의 의지대로 행동한 것이 된다. 그런 점에서 최고의 행복은 권력에 있는 것이 아니라 자유에 있다. 자유로운 사람은 자신이 할 수 있는 일만 하되, 하고 싶은 일만 한다. 이것이 중요하다. 이것이 나의 원칙이며 교육에 접목시켜야 할 핵심이다.

1712년_ 6월 28일, 스위스 제네바 그랑 뤼 거리에서 아버지 이삭 루소Isaac Rousseau와 어머니 쉬잔 베르나르Suzanne Bernard 사이에서 태어남. 생후 9일만에 어머니가 죽자 아버지와 고모에 의해 양육됨.

1720년_ 아버지와 함께 역사, 문학, 윤리 서적들과 함께 플루타르크 영웅전 등을 탐독함.

1722년_ 아버지와 한 퇴역 장교와의 싸움으로 제네바를 떠나 니옹으로 이사, 외가에 맡겨졌다가 다시 사촌 아브라함과 함께 제네바 근처 랑베르셰 목사의 집으로 들어감.

1724년_ 제네바로 돌아와 사법서사 마스롱의 집에서 수습 서기로 일함. 다음 해에 조각가 아벨 뒤코묀과 도제 계약을 함.

1728년_ 3월, 교외를 산책하고 돌아오다 도시의 출입문이 닫힌 것을 보고 제네바를 떠나기로 결심, 다음 날부터 방랑생활을 시작함. 안시 성에 도착하여 한 사제의 소개로 바랑Warens 부인을 만남.
4월, 바랑 부인의 권유로 가톨릭으로 개종. 3개월간 토리노의 베르첼리스 부인의 집에서 하인으로 일하다, 구봉 신부의 비서로 자리를 바꿈.

1729년_ 6월, 바랑 부인이 살고 있는 안시 성으로 돌아옴. 라자르회 신학교에 들어갔다가 성가대원 교육을 받음.

1730년_ 봄에 성가대장 르메트르와 함께 리옹으로 갔다가 그가 간질 발작을 일으키자 홀로 안시로 돌아옴. 바랑 부인을 만나지 않고 파리로 떠났다가 여기저기 떠돌아다니며 음악교사를 함.

1731년_ 6월, 다시 파리로 와서 스위스 대령의 조카 집에서 하인 노릇을 함.
9월, 상베리의 바랑 부인 집에 정착. 지적조사소 서기가 됨.

1732년_ 서기를 그만두고 음악 개인교사가 됨.

1735년_ (혹은 1736년) 여름에서 가을까지 바랑 부인과 샤르메트에 체류.

1737년_ 화학 실험 사고로 실명할 뻔한 뒤 유언장을 작성.

7월, 유산 상속 문제로 제네바를 다녀옴.

1738년_ 샹베리로 돌아오나 바랑 부인과 사이가 멀어짐. 이듬해까지 혼자 샤르메트에서 독학을 함.

1740년_ 샹베리를 떠나 리옹으로 감. 리옹 법원장 마블리 가의 가정교사가 됨. 「생트 마르 씨의 교육에 대한 연구」를 씀.

1741년_ 마블리 가의 가장교사를 그만두고 샹베리로 돌아옴.

1742년_ 「새로운 악보에 대한 연구」를 과학 아카데미에 제출, 음악 자격증을 수여 받음.

1743년_ 1월, 『현대음악론』을 출간. 『보드르 씨에게 보내는 편지』 출간. 뒤팽 Dupin 부인을 소개받음.

5월, 오페라 「바람기 많은 뮤즈의 여신들」 집필. 베네치아 대사에 임명된 몽테귀 백작의 비서 일을 수락 후, 9월 베네치아에 도착.

1744년_ 「정치제도론」, 「사회계약론」을 구상함. 몽테귀 대사와의 갈등 끝에 10월 파리로 돌아옴.

1745년_ 3월, 오를레앙 출신의 여관 하녀 테레즈 르바쇠르Thérèse Levasseur를 알게 됨. 오페라 「바람기 많은 뮤즈의 여신들」 완성하여 라슐리외 공작 앞에서 공연함.

'백과전서' 파인 디드로, 콩디야크를 알게 됨. 볼테르와 라모의 오페라 「라미르의 잔치」의 개작을 부탁받고 이를 계기로 볼테르와 편지를 교환함.

1746년_ 『실비의 오솔길』을 집필. 테레즈와의 사이에서 첫째 아이가 태어나지만, 고아원에 맡김.

1747년_ 5월, 아버지 사망. 어머니의 재산을 상속받음.

1748년_ 후원자인 에피네 부인을 알게 됨. 테레즈와의 두번째 아이를 고아원에 보냄.

1749년_ 달랑베르로부터 『백과전서』의 음악 부문을 의뢰받고 집필 시작. 뱅센 감옥에 갇힌 디드로를 만나러 가던 중 디종 아카데미의 현상논문 모집 주제 '학문과 예술의 발달은 도덕의 순화에 기여했는가'에 응모하기 위해 집필.

1750년_ 7월, 디종 아카데미에 〈학예론〉이 당선. 연말에 책으로 출간.

1751년_ 뒤팽 부인의 집 비서를 그만두고 악보 필사로 생계를 이음. 봄에 셋째 아이가 태어나지만 고아원에 보냄. 폴란드 왕이 쓴 〈학예론〉의 반론에 대해 『그림에게 쓴 편지』로 응수.

1752년_ 오페라 「마을의 점쟁이」를 집필. 퐁텐블로에서 「마을의 점쟁이」를 왕에게 선보이고 호평을 받았으나, 다음날 왕의 알현을 거부하고 퐁텐블로를 떠남. 12월, 프랑스 극장에서 「나르시스」를 상연.

1753년_ 3월, 오페라 극장에서 「마을의 점쟁이」를 초연. 디종 아카데미 현상논문 공모 주제 '인간 불평등의 기원은 무엇인가, 그 불평등은 자연법에 의해 허락될 수 있는가?'에 응모하기 위해 생 제르맹의 숲 속에서 구상. 『프랑스 음악에 관한 편지』 출간으로 오페라 극장의 무료 입장을 정지 당함.

1754년_ 6월, 테레즈와 함께 제네바로 떠남. 샹베리에서 바랑 부인과 만남. 제네바에 도착하여 신교로 재개종, 시민권을 되찾음. 「정치제도론」과 산문 비극 「루크레티우스」의 초고 작업.

10월, 파리로 돌아감.

1755년_ 4월, 『인간불평등기원론』 출간.

1756년_ 4월, 테레즈와 함께 에피네 부인이 마련해준 집 레르미타주로 옮겨 감. 생 피에르 신부의 「영구평화론」, 「다원의회론」의 발췌문을 씀. 『신 엘로이즈』 구상.

1757년_ 우드토 부인과의 사랑, 디드로와의 갈등을 겪은 후, 에피네 부인과 작별하고 테레즈와 함께 몽모랑 시에 거주함.

1758년_ 3월, 「달랑베르에게 보내는 연극에 관한 편지」 완성. 『신 엘로이즈』의 완성을 출판사에 알림. 『에밀』 집필 시작.

1759년_ 『에밀』 제5권 집필.

1760년_ 『사회계약론』 집필.

1761년_ 1월, 『신 엘로이즈』가 파리에서 출간되면서 큰 성공을 거둠. 『에밀』, 『사회계약론』 완성.

1762년_ 4월, 『사회계약론』 출판. 5월, 『에밀』이 출간되었으나 6월 9일 국회에서 금서처분을 하고 루소에게 구속영장이 발부되자 그날 오후 쉬스베르누 공화국으로 도피. 11일, 『에밀』이 불태워짐. 『사회계약론』, 『에밀』은 제네바에서 금서 처분을 받음.

7월, 바랑 부인 사망. 프리드리히 2세, 루소의 체류를 허락함.

1763년_ 3월, 『에밀』을 비난한 파리 주교의 교서에 대항하여 『크리스토프 보몽에게 보내는 편지』 출간.

5월, 제네바 시민권 포기.

1764년_ 10월, 『산으로부터의 편지』 출간. 『고백록』 집필 시작. 식물학에 정열을 쏟음.

1765년_ 3월, 『산으로부터의 편지』가 분서 처분됨. 베른에서 추방되어 베를린, 바젤을 거쳐 파리에 도착함.

1766년_ 흄과 함께 영국에 도착, 치즈위크에 정착함. 『고백록』의 앞부분 집필.

1767년_ 11월, 『음악사전』 파리에서 출간.

1768년_ 테레즈와 정식 결혼.

1770년_ 리옹으로 감. 오페라 「피그마리온」 완성. 악보 필사와 식물 채집에 열중.

12월, 『고백록』 완성.

1771년_ 「마을의 점쟁이」, 「피그마리온」 상연. 『폴란드 정치론』 집필 시작.

1772년_ 『대화록-루소는 장 자크를 심판한다』 집필 시작.

1776년_ 『대화록』 완성. 『대화록』의 원고를 노트르담 성당의 대제단에 바치려고
했으나 실패함. 10월, 산책 도중 사고를 당하자 사망했다는 오보가 나
감. 가을, 『고독한 산책자의 몽상』「제1의 산책」을 집필. 겨울, 「제2의
산책」을 집필.
1777년_ 『고독한 산책자의 몽상』「제3의 산책」부터 「제7의 산책」까지 집필.
1778년_ 『고독한 산책자의 몽상』「제3의 산책」부터 「제10의 산책(미완)」을 집필.
7월 2일 오전 11시경 발작으로 인해 사망. 4일, 포플러나무 섬에 안장됨.
1794년_ 10월, 루소의 유해가 팡테옹으로 이장됨.